IQ가 아닌 BQ가 답이다!

바이블 지수

저자 김민호

요단
JORDAN
PRESS

바이블 지수

IQ 가 아닌 **BQ**가 답이다!

초판 1쇄 인쇄 2020년 5월 15일

지은이 김민호
발행인 이요섭
펴낸곳 요단출판사
기획 박찬익
편집 송수자
디자인 디자인이츠
제작 박태훈
영업 김승훈 김창윤 이대성

등록 1973.8.23. 제13-10호
주소 07238) 서울특별시 영등포구 국회대로 76길 10
기획 문의 (02)2643-9155
영업 문의 (02)2643-7290
팩스 (02)2643-1877

온라인 구입 요단인터넷서점 www.jordanbook.com

값 15,000원

ISBN 978-89-350-1814-7 03230

바이블 지수

IQ가 아닌 BQ가 답이다!

김민호 지음

요단
JORDAN PRESS

여는글

바이블 지수와 하브루타

○ 저서의 목적

세계적인 인물이었던 아인슈타인, 록펠러, 폴 사무엘슨, 조셉 퓰리처, 조지 소로스의 공통점은 무엇인가? 그들은 모두 유대인이다. 유대인은 세계 0.2%의 인구로 역대 노벨상의 대략 1/4을 수상했고, 세계 100대 기업 창업주·소유주의 40%를 차지하며, 아이비리그 대학교수의 30% 그리고 미국 법조계의 20%를 차지하는 사람들이다. 전 세계 정치, 경제, 언론, 학문 등 모든 분야에서 그들은 리더십을 발휘하고 있다.

유대인은 다른 인종과 어떤 차이점이 있는가? 처음에는 많은 이들이 그들의 IQ에 집중했다. 과학자 아인슈타인이 유대인이었기에 당연히 IQ에 차이가 있을 것이라고 생각했다. 그러나 이는 사실이 아니었다. 왜냐하면, 핀란드 헬싱키 대학의 연구에 따르면, 유대인의 평균 IQ는 95에 불과했다. 참고로, 미국인 평균은 98이었고, 한국인 평균은 106이었다고 한다.

개인적으로는 유대인은 IQ가 높은 것이 아니라 BQ가 높은 것이라 생각한다. IQ가 지능의 발달 정도를 측정하는 지능지수라면, 성경의 적용 능력을 측

정하는 지수를 '바이블 지수', BQ라고 말하고 싶다. 즉, 성경 말씀을 자신의 생활과 사회에 적용하는 능력이 뛰어난 것을 BQ라고 하고 싶은 것이다.

유대인이 BQ가 높다면 이 능력은 어디에서 출발했을까? 그것은 그들만의 독특한 학습방식에서 출발한다. 유대인들은 '하브루타'라고 부르는 토론식 학습을 한다. 미국에서 유대인들이 설립한 사립대학 중에 가장 오래된 뉴욕에 있는 예시바 대학의 도서관에 가면 가끔 특이한 장면을 목격한다. 책을 보며 조용해야 할 도서관의 일반적인 모습이 아니라, 학생들이 서로를 마주보며 마치 싸움이라도 하듯이 큰 소리로 떠들고 있는 것이다. 사실 이 장면은 학생들이 토론하는 장면이다. 도서관에서 혼자 공부하는 것이 아니라 옆에 있는 학생들과 토론하며 공부하는 '하브루타'를 하는 것이다.

하브루타는 짝을 이뤄서 서로 질문을 주고 받으면서 토론 형식으로 공부하는 유대인의 학습법이다. 이는 기본적으로 토라를 공부할 때 사용되던 학습법인데, 현재는 다양한 부분에서 활용된다. 하브루타는 유대교육 방식의 기초가 되어 독특한 토론 문화를 형성했다. 이와 같이 이해하지 못하거나 의문이 가는 것은 주저함 없이 질문하고 답하는 유대인 특유의 문화는 가정, 학교, 직장에서도 일반화되어 있다.

많은 사람이 유대인의 영향력을 보고 그들의 노하우인 하브루타에 관심을 두게 되어 학습방법에 하브루타를 활용하고, 비즈니스 커뮤니케이션에도 접목하는 등 다양한 노력을 기울인다. 최근에는 하브루타식 토론을 배우는 전문 강의도 손쉽게 찾아볼 수 있다.

그러나 이 모든 노력은 질문형 토론 스킬을 배우는 약간의 유익만을 줄 뿐이지 유대인들의 숨겨진 노하우를 전혀 습득하지 못한다. 왜일까?

이는 유대인들이 토라를 토론한다는 것을 간과했기 때문이다. 즉, 성경을 토론하는 것이 하브루타의 핵심인데, 이를 실천하지 않고 기능적인 것만을 모방한다. 정리하면, 성경을 토론하여 그 안에서 삶의 지혜를 함께 발견하고, 이를 현실에 적용하는 것이 진정한 하브루타이다. 유대인들에게는 성경이 지혜의 근본이며, 이를 사회에서 실천해야 한다는 강한 믿음이 있다.

중요한 것은 유대인들이 성경을 어떻게 토론하는가이다. 첫째, 유대인들은 자신들의 성경을 '토라'(모세오경에 해당)라고 불렀다. '토라'는 원어로 율법이라는 의미이다. 이는 유대인들이 성경의 말씀을 '법'으로 이해했으며, 반드시 지켜야 하는 사회적인 약속으로 받아 들였다는 의미다. 그들은 이를 선택이 아닌 필수로 생각했으며 토론은 성경의 법을 그들의 삶과 일터에 적용하기 위함이었다.

다시 말하면, 유대인들은 성경을 법으로 이해하고, 법적으로 토론하고 그 토론의 결과물을 사회에 실천하기를 희망했다. 그리고 그와 같은 적용과 실천이 유대인이 각 분야에서 놀라운 결과를 이끌어내도록 만든 원동력이 되었다.

둘째, 유대인들은 토론할 때 탈무드를 인용했다. 유대인들에게 토라 다음으로 중요한 책이 탈무드이다. 참고로, 탈무드는 유대인 율법학자들이 율법, 관습, 해설 등을 집대성한 책이다. 탈무드는 많은 이야기가 포함되어 있는데, 그 이야기에는 수많은 지혜, 교훈 그리고 격언이 있다. 탈무드를 통해 유대인들은 성경의 내용을 정확히 이해했고, 현실에 어떻게 적용하면 좋을지 배울 수 있었다.

따라서 이 책은 우선, 성경을 법으로 토론한다. 여기서 저자는 일반적인 성경공부와 성경을 법으로 토론하는 것이 어떻게 다른지 소개하고자 한다. 그리고 다음으로 탈무드 대신 교훈적인 영화를 소개하고자 한다. 탈무드가 이야기를 담고 있듯이, 영화는 스토리를 가지고 있다. 이 스토리가 사람들에게 성경을 현실에서 이해하는데 도움을 줄 것이다. 마지막으로, 토론을 통해 발견된 중요한 지혜를 어떻게 기업과 정책에 적용하는지 보여줄 예정이다. 이러한 방식이 진정한 하브루타이며, 우리 사회를 이상적으로 변모시켜 줄 노하우가 될 것이라 믿는다.

○ 저서의 구성

최근에 TV 프로그램에서 다양한 토론 프로그램들이 등장했다. 소통이 사회적 이슈가 되면서 서로 다른 생각을 건전하게 나누는 것이 필요하다는 인식 때문이다. 독자들도 토론을 통해 자신의 의견을 피력하고 논리력과 설득력을 함양할 수 있기에, 본 책은 토론 형식으로 구성한 것이다. 저자는 미국변호사로서 정부, 기업, 대학에서 협상과 커뮤니케이션을 강의하고 있으며 따라서 저자의 전문성은 이 책에서도 자연스럽게 반영된다.

토론의 방식은 주로 TV토론 형식을 취했으며, 경우에 따라 모의법정 토론방식으로도 활용된다. 유대인의 하브루타 방식을 따르기 위해, 각 Chapter 마다 3개의 토론(토라, 탈무드, 적용)으로 구성되며, 다음과 같은 구성을 갖게 된다. 이 방법이 바로 BQ(바이블 지수)를 높이는 방법이 될 것이다.

토라 : 성경이슈를 법으로 토론

▼

탈무드 : 성경이슈에 관련된 영화소개 및 토론

▼

적용 : 토론의 지혜를 기업과 정부에 적용하기 위한 제안

이러한 토론에 개연성을 더하기 위해 기본적으로 변호사, 신학교수, 평론가를 토론자로 등장시킨다. 이들은 각자의 시각과 지식으로 토론을 이어가게 되고 그 토론이 끝나면 정책박사가 등장하여 토론내용을 기업과 정부에 적용하는 제안을 하게 된다.

기업과 정부 등 조직을 운영하다 보면 스스로에게 많은 질문을 갖게 된다. 때로는 해오던 데로 조직을 이끌고, 전체를 위해 작은 것을 희생시키며, 실리를 위해 명분을 포기하는 경우가 많다. 그리고 스스로에게 질문한다. "내가 지금 잘 하고 있는 것인가?" 때로는 이러한 질문을 할 겨를도 없이 정신 없이 달린다. 남이 달리고 있으면, 남보다 빨라야 하고, 남보다 더 많은 것을 얻어야 하기 때문이다.

그래서 우리는 항상 바쁘다. 그리고 많은 삶의 무게를 지고 있고 현실과 미래에 대해 염려한다. 그러는 사이 우리는 과연 성경을 사회에 적용하려고 시도해 보았을까? 사실 성경을 적용하기보다는 사회에서 배운 이론을 적용하기에도 바빴고 나의 촉, 감, 그리고 경험을 적용하기에 정신이 없었다.

따라서 이 책은 성경을 어떻게 사회, 특히 기업과 정부에 적용할 수 있는지 그 노하우를 제공하고자 한다. 위에서 보여준 것처럼, 각 주제마다 토라, 탈무드, 적용의 순서로 구성될 예정이다.

첫째, 토라 부분에서 성경주제를 법으로 토론한다. 그 성경주제들은 사실 사람들에 가장 관심이 많았고 역사적으로 논쟁이 많이 되었던 내용이다. 역사적으로 논쟁이 되는 이슈들을 법으로 해석하면 너무 쉽게 해결되는 경험도 하게 된다. 필요한 경우에는, 실제 법률사례로 함께 소개하여 독자들이 현실감 있게 접근하도록 배려했다.

둘째, 탈무드 부분에서 교훈이 될 할리우드 영화를 소개한다. 영화의 스토리는 성경내용을 쉽게 이해하도록 돕는 매개체가 될 것이다. 영화는 사람의 뇌리 속에 오랫동안 기억된다. 바꿔 말하면, 영화를 배경으로 성경을 토론하면, 이 또한 오랫동안 기억될 가능성이 높다. 영화에 등장하는 인물과 에피소드를 성경과 법의 시각으로 바라보는 것은 많은 재미를 느끼게 할 것이다. 또한, 독자들이 지루하지 않도록 영화에 감추인 비하인드 스토리도 함께 제공할 것이다.

마지막으로, 정책박사가 발견된 지혜를 어떻게 기업과 정부에 적용할 수 있을지 제안한다. 이는 성경의 지혜를 기업과 정책에 적용하는 과정을 보여준다. 그 이후에는, 제안된 내용이 잘 이해될 수 있도록, 모범사례를 소개해서 독자들이 좀 더 현실적으로 이해할 수 있도록 도움을 줄 것이다.

○ 저서의 독자

그렇다면, 이 책은 어떤 이들에게 도움이 될까? 첫째, 이 책은 기독교에 대해 관심 있는 사람들에게 추천된다. 물론 기독교인들이라면 성경을 보는 지평을 넓히는 좋은 기회가 될 것이다. 법으로 성경을 해석하는 과정에서 그 동안 답답했던 부분을 속 시원히 알게 되는 새로운 경험을 하게 할 것이다. 그러나 종교와 상관없는 일반 독자라도 이 책을 통해, 기독교를 정확히 이해하는 좋은 기회가 되리라 생각한다. 성경은 전 역사를 통해 최고의 베스트셀러다. 이 베스트셀러를 정확히 이해하는 것은 자신에게도 진정 행복한 시간일 것이다. 이런 맥락에서, 이 책은 기독교인들이 주변의 일반 친구들에게도 선물하기 더없이 좋은 책일 것이다.

둘째, 이 책은 누구나 읽을 수 있는 인문서적이며, 교양서적이다. 성경을 법과 영화로 토론하는 과정에서, 다양한 역사, 문화, 사회현상 등을 분석해 주고 있기 때문이다. 예를 들면, 흑인해방을 위한 미국 대법원 판결, FBI의 숨은 역사, 트럼프 대통령의 『The Apprentice』(트럼프가 진행하던 미국 NBC 방송의 리얼리티쇼) 등을 재미있게 소개한다. 무엇보다도 토론은 TV프로그램을 보는 듯한 재미를 줄 것이다.

셋째, 이 책은 이 사회가 이상적으로 변화되기를 꿈꾸는 이들에게 추천한다. 성경이 기업과 정부정책에 적용되기를 원하는 이들은 꼭 읽어야 하는 책이다. 우리의 경영이 바른 방향으로 가고 있는지, 우리의 미래를 어떻게 기획해야 할지에 대한 아이디어를 제공해 줄 것이다.

기대하기는 이 책을 통해, 더 많은 사람이 기독교에 대해 정확히 이해하기를 바란다. 더 나아가서는 성경은 단순히 활자로 남아 있는 것이 아니라 사회에 적용되어야 하는 지혜임을 인지하기를 기대한다.

또한, 이러한 성경토론 및 적용방식이 다른 학자들에 의해 더 많이 발전하기를 희망한다. 이 책에서 시도한 방식보다 더 발전한 방식이 소개되어 성경을 적용하려는 노력이 확대되기를 희망한다. 그것이 진정한 하브루타 정신이기 때문이다. 이 책의 출간을 위해 다양하게 도움을 주신 모든 분들께 감사의 인사를 함께 전하고 싶다.

2020년 4월

차례

Topic 1

성경을 법으로 푼다?

- 동일한 뿌리, 법학과 신학
- 영화 《루터》: 법학과 신학을 전공한 루터
- 치열한 관할권 경쟁
- 영화 《네고시에이터》: FBI와 경찰의 관할권

Topic 1

성경을 법으로 푼다?

"

사회자 여러분 안녕하십니까? 오늘 이후로 총 10회에 걸쳐 다양한 주제로 토론 프로그램을 진행하게 될 사회자입니다. 본 프로그램은 '바이블 지수를 높이자!'란 주제로 기획되었습니다. 우선, 토론 프로그램을 위해 총 세 분을 모시게 되었습니다. 변호사님, 신학교수님 그리고 사회평론가님이십니다. 그리고, 정책 소개를 위해서는 토론 후반부에 정책박사님도 초청하게 됩니다. 세 분의 패널 인사하시죠?

변호사 안녕하십니까? 성경을 법으로 해석하는데 많은 관심을 가지고 있는 변호사입니다.

신학교수 성경이 교회에만 머무는 것이 아니라, 사회에 적극적으로 적용되는 것을 꿈꾸는 신학교수입니다. 저는 성경 말씀이 생명력이 있다는 것을 증명하고 싶습니다.

평론가 저는 사회평론가로서, 사회현상을 연구하고 평론하고 있습니다. 이 프로그램에서는 다양한 영화를 소개하고, 최근 사회현상을 소개하여 좀 더 토론이 풍부해질 수 있도록 기여하겠습니다. 참고로, 저는 기독교인은 아니어서 비 기독교인을 대변하고 있다고 생각하면 좋을 것 같습니다.

사회자 세 분 인사해 주셔서 감사합니다. 교수님 '바이블 지수'가 무엇인가요?

신학교수 BQ, 즉, 바이블 지수는 제가 제안한 용어입니다. 한마디로 성경 활용능력을 말합니다. 제가 어렸을 때는 IQ가 무척 중요했어요. IQ가 높으면 주입식 교육에서 공부를 잘하고 성공할 수 있다고 생각했거든요. 최근에는 DQ(디지털 활용능력), EQ(감성지수), NQ(네트워크 관리를 통한 공존지수) 등 다양한 용어가 등장했어요.

평론가 가장 최근에는 MQ(도덕지수), GQ(정부 품질인증 지수)등으로 확대되고 있습니다. 왜냐하면, 사회가 다변화하는데, 기존의 IQ는 일부분이고 다양한 능력이 필요하다는 것을 인지한 거예요.

신학교수 맞아요. 제가 안타까운 것은 그런 많은 지수 중에 BQ(바이블 지수)가 없다는 것입니다. BQ는 성경의 말씀을 사회에 적용할 수 있는 능력을 의미합니다. 성경이 교회에만 머물러 있고, 사회에 적용이 안되면 너무 안타깝지 않겠습니까?

사회자 그러면 바이블 지수를 높이면 어떤 일이 일어날까요?

신학교수 무엇보다 성경이 원하는 사회가 만들어지겠지요. 길을 잃었던 사회가 바른 길을 찾고 희망이라는 꿈을 꾸게 될 것입니다. 그 과정에서 아마 이 사회에 없던 새로운 정책이 소개될 거예요. 많은 분이 성경은 따분하고 구식이라고 생각하는 이들이 많아요. 그러나 그 반대입니다. 성경이 적용되면, 정말 새롭고 창의적인 것들이 나오기 때문입니다. 그리고 그러한 창의성이 성경을 적용하는 이들을 탁월하게 만들 것입니다.

사회자 교수님의 눈이 반짝거리시네요. 정말 기대되는데요. 성경을 적용해서 창의성을 발휘하고 탁월하게 된 사례가 우리 주위에 있을까요?

신학교수 물론입니다. 유대인들이 바로 대표적인 사례입니다.

사회자 유대인들이요? 왜 그런가요?

신학교수 유대인의 탁월성은 모든 통계가 말해 주고 있습니다. 유대인은 세계 인구의 0.2% 밖에 안됩니다. 그럼에도 노벨상 수상자의 약 1/4이 유대인이고, 세계 100대 기업의 창업주 혹은 소유주 40%가 유대인입니다. 대단하죠?

평론가 저도 들었습니다. 마이크로소프트, 페이스북, 오라클, 월마트, IBM, 코카콜라, GM, CNN, 구글, 코스트코, 리바이스, 골드만삭스, 유니버설스튜디오 등이 유대인에 의해 설립되거나 운영되는 기업들이에요.

사회자 정말 이름만으로도 압도되네요. 그렇다면 유대인들은 어떻게 그렇게 창의적이고 탁월하죠?

신학교수 그들은 바이블 지수가 높기 때문입니다. 유대인들은 어떻게 바이블 지수를 높이는지 알고 있습니다.

사회자 그 노하우가 뭐죠?

신학교수 바로 '하브루타'입니다. 하브루타가 그들의 바이블 지수를 높였고, 정치, 경제, 문화 등 다양한 분야에서 창의성과 탁월성을 발휘하게 했습니다.

평론가 저도 들어서 알고 있습니다. 두 명이 한 조가 되어 대화식으로 공부하는 토론식 공부방식 아닌가요? 질문, 답변을 위한 다양한 소통 노하우를 사용하다 보면 자연스럽게 암기력, 창의력, 협동심이 강해지는 공부방법이요. 그래서 많은 대안학교, 학원, 코칭 프로그램에서 접목되는 프로그램으로 유명하고요.

신학교수 평론가님 말씀이 옳습니다. 그런데 사실 유대인들이 단순히 토론을 했기 때문에 그런 결과를 낼 수 있었던 것은 아닙니다. 이 하브루타는 토라(성경)를 공부할 때 활용된다는 것을 간과한 것이지요. 성경에는 수많은 진리가 있는데, 그것을 정확히 이해하고, 삶에 적용하기 위하여 토론, 즉 하브루타를 하는 것입니다. 토론 때문이 아니라, 성경을 정확히 이해하고 적용하려는 노력이 지금의 유대인이 있도록 만들지 않았나 생각합니다.

사회자 그러면 그 대목에서 질문이 생기네요? 우리나라 교회들도 성경을 공부하지 않나요? 제가 알기로는 예배 이후에 성경공부를 따로 하고 있다고 들었는데요? 성경공부와 하브루타는 다른가요?

신학교수 중요한 차이가 있습니다. 하브루타는 성경을 법으로 토론하는 것입니다.

사회자 성경을 법으로 토론한다는 것은 무슨 의미인가요?

신학교수 유대인들은 성경을 '토라'(모세오경에 해당)라고 합니다. 이 토라는 원어적으로 '율법', 즉 '법'이라는 의미입니다. '법'이란 의미는 반드시 지켜야 한다는 말입니다. 즉, 성경을 사회에 적용하는 것은 선택이 아닌 필수가 되는 순간입니다. 성경을 대하는 태도가 다른 것이지요.

사회자 듣고 보니 우리가 아는 성경공부와는 차이가 있네요. 법으로 해석하면 성경의 적용이 선택이 아닌 필수가 되네요.

신학교수 그렇습니다.

사회자 교수님, 그럼 유대인이 아닌 우리들도 성경을 법으로 해석해야 한다고 생각하시나요?

신학교수 그렇습니다. 유대인들은 성경을 법으로 이해하고, 해석합니다. 성경을 대하는 태도의 변화와 해석의 변화도 이루어져야 한다고 생각합니다.

사회자 아! 그래서 변호사님이 패널로 초청되어야 한다고 강하게 주장하셨군요?

신학교수 그렇습니다. 그리고 성경을 법으로 해석해야 하는 이유에 대해 제가 정리해 보았는데 소개해 드려도 될까요?

사회자 좋습니다. 부탁드리겠습니다.

동일한 뿌리, 법학과 신학

성경을 해석하는 관점은 다양하다. 어떤 이들은 성경을 러브레터(사랑의 편지)로 이해하여, 성경이 속삭이는 수많은 사랑의 표현을 생생하게 듣는다. 또 다른 이들은 성경을 과학적 기초로 이해하여 창조과학회 등을 통해 창조 속에 담긴 과학적 지식을 공유한다. 성경을 특정 관점으로 읽게 되면, 좀 더 풍부한 선물을 발견하는 신비를 경험한다.

그런데 사람들이 잘 모르는 관점이 하나 더 존재하는데 그것은 바로 '법'이다. 성경을 법의 관점으로 읽게 되면, 성경을 보는 새로운 지평이 열리게 된다. 사실 성경의 핵심을 이해할 수 있는 이유는 성경은 기본적으로 법률문서의 성격을 띠고 있기 때문이다.

성경이 왜 '법률문서'일까? 우선, 성경이 법률문서라는 증거는 성경의 명칭에 잘 담겨있다. 성경은 구약과 신약으로 구성되어 있는데, 구약은 영어로 Old Testament, 신약은 New Testament라고 한다. Testament는 영어, 독일어, 프랑스어 사전 등에 따르면, 계약, 유언, 증거 등의 법적 의미를 갖는 것을 알 수 있다. 이를 적용하면, 성경은 오래된 계약/유언(구약)과 새로운 계약/유언(신약)으로 구성되어 있다고 설명할 수 있다.

특별히 '법'(law)이란 단어는 히브리어로 토라(Torah)를 의미하며 '우리에게 주는 지침'(instruction)으로 해석된다. 토라는 구약에 220번이나 기록되어 있어 성경이 얼마나 법에 대해 강조하고 있는지 알 수 있다.

정리하면, 법적인 시각으로 성경을 읽을 때 우선 정확히 성경을 이해할 수 있고 감정에 흔들리지 않는 진리를 얻게 된다. 진리는 법적인 용어로는 '사실관계'라는 의미로서 증거되고 불변하는 사실이다.

또한, 법적인 해석은 성경이 주는 지혜를 우리 사회에 바르게 적용할 수 있는 노하우를 준다. 현실 사회에서도 법원의 판결은 사회의 관습, 정책, 세계관에 중요한 영향을 미친다. 예를 들면, 간통죄, 효도법 등의 법원 판결이 우리 사회에 어떠한 영향을 미쳤는지를 봐도 쉽게 이해될 수 있다.

유대인들은 성경을 법으로 접근하고 있다. 이는 적용에 근본적인 차이를 발생하게 한다. 왜냐하면, 삶에 적용하는 것은 선택이 아닌 필수가 되기 때문이다. 법 준수는 선택이 아닌 필수인 것과 마찬가지 이론이다. 유대인들의 이러한 관점은 성경을 사회에 적용하는데 보다 적극적으로 되게 하였고, 삶을 결정하는 중요한 지표가 되도록 한 것이다. 이것이 하브루타의 핵심이다.

영화 《루터》 (Luther, 2003): 법학과 신학을 전공한 루터

다음으로 법과 성경과의 연관관계를 좀 더 깊이 있게 들여다 보기 위해서는 종교개혁시대에 대한 이해가 선행되어야 한다. 이유는 이 시대를 지나면서 성경교육과 법률교육이 한 뿌리에서 출발하게 되었고, 예배당과 법정 구조가 연관성이 있다는 것을 알게 되었기 때문이다. 이를 위해, 종교개혁시대를 다룬 영화 《루터》를 소개한다. 참고로, 종교개혁가 루터는 법학과 신학을 함께 전공한 인물로 유명하다.

영화 《루터》는 에릭 틸이 감독하고 조셉 파인즈가 루터 역을 소화했다. 이 영화는 미국-독일 주도로 제작되었으며, 루터교가 자금 지원을 한 독립영화다. 이 영화는 역사적 고증을 철저하게 했을 뿐 아니라 영화라는 재미를 살리기 위해 관객을 위한 적절한 눈높이와 전개과정을 설정했다는 평가를 받았다.

영화 『루터』의 한 장면.
사진출처 IMDb, 2020-04-05.

이 영화는 루터의 일대기를 담고 있다. 루터는 에어푸르트 대학교에서 석사학위를 마치고 법학을 공부하고 있었다. 이유는 아버지가 사회적으로 출세하기 원했기 때문이었다. 법대에 진학한 지 몇 달이 지난 어느 날 루터는 에어푸르트 근처를 지나는 중에 강한 벼락이 내리치자 죽음에 대한 공포를 느끼고 수도사가 되기로 결심한다.

사제서품을 받은 루터는 신앙적인 갈등을 느끼게 되었는데, 고해신부의 권유로 로마로 순례여행을 떠나게 된다. 순례여행을 하는 동안 루터는 로마교회의 부패와 부도덕한 행위를 목격하고 분노한다. 결국, 루터는 비텐베르크에서 95개의 반박문을 작성하여 비텐베르크 교회 정문에 붙여 놓는다.

루터의 반박문은 인쇄술의 발달로 독일 전역에 급속히 퍼져나갔고, 다양한 계층의 지지를 받게 된다. 로마 교황 레오 10세의 명을 받은 카예탄 추기경은 루터를 회유하지만, 루터는 자신의 주장을 굽히지 않는다. 결국 로마 교황은 루터를 제거하기로 마음을 먹지만, 프레데릭 작센공(비텐베르크 대학 설립자)은 루터를 아끼는 마음에 그를 보호하게 된다.

루터는 1521년 보름스 청문회로 소환되고, 교회와 국가의 지도자들에게 자신의 소신을 당당히 밝힌다. 청문회에서 돌아오던 루터는 납치를 당하지만 간신히 죽음의 위기를 넘기고 한 성에 은둔하면서 신학서적을 저술하고, 신약성경을 독일어로 번역한다. 그리고, 자신의 신념에 동화되었던 수녀 카타리나와 결혼하고, 가톨릭 교회의 개혁을 위해 제후들과 새로운 신념을 위한 뜻을 도모하게 된다.

마틴 루터는 법학을 전공하던 도중에 자신의 전공을 신학으로 변경하게 된다. 그런데, 공교롭게도 또 다른 종교개혁의 핵심 인물이었던 존 칼빈 역시 법학을 전공하다가 신학으로 전공을 변경하게 된다. 존 칼빈은 오르레앙(Orleans) 대학과 부르즈(Bourges) 대학에서 법학을 전공했지만, 아버지의 죽음을 계기로 갑작스럽게 회심하여 신학을 하게 되었다. 종교개혁의 선두주자였던 마틴 루터와 존 칼빈은 공교롭게도 법학과 신학을 전공한 인물이었다.

아마도 이들이 법학을 기초로 신학을 전공했기에, 종교개혁을 성공으로 이끄는데 큰 도움이 되었을 것이다. 왜냐하면, 법률적인 논리성으로 기존 세력의 문제점을 명확하게 지적했고 정치를 어떻게 종교개혁에 활용하는지 알았기 때문이다.

그런데 이 대목에서 흥미있는 질문을 해보고 싶다. 법학도인 그들은 신학이란 새로운 학문에 잘 적응했을까? 아마도 답은 'YES'일 것이다. 왜냐하면, 신학과 법학은 동일한 뿌리를 가지고 있기 때문이다. 이는 당시의 유럽 교육 시스템을 살펴보면 쉽게 이해할 수 있다.

중세교육의 출발은 6세기로 거슬러 올라가는데, 주로 성당과 수도원이 교육기관이었다. 근대적 대학의 전신은 교황의 칙서에 의해 성경교육을 위해 가톨릭 안에서 'studia generalia'로 출발했다. 이탈리아, 프랑스, 스페인, 포르투갈 등에서 이러한 학교들이 생겨나기 시작했다. 이 기관들은 다양한 지역에서 온 학생들에게 입학기회를 제공했고, 기본적인 인문학 외에 고등학문(신학, 법학, 의학) 중 한 분야를 강의했다. 성경적 관점으로 인문학을 배우고, 신학, 법학 그리고 의학을 배웠던 것이다. 그들의 교육적 신념은 성경이 모든 학문의 기초가 된다는 것이었다. 그런 배경으로 당시에는 신학, 법학, 의학 모두에 정통한 인물들이 간혹 등장했다.

그러나 이러한 기관들이 근대적 대학으로까지 발전한 것은 아주 드문 사례였다. 초기의 대학들은 신규로 설립되지 않고, 기존의 가톨릭 교육기관들이 변모한 경우가 대부분이었다. 첫 번째 대학은 교황 그레고리 7세(1073년-1085년까지 교황으로 재위) 역할이 중요했다. 그는 교황 칙서를 통해 성당 학교를 유럽의 대학으로 변모시키도록 명령한다. 그렇게 해서 1088년 이탈리아에 있는 볼로냐 대학(University of Bologna)이 탄생한다. 대학(University)이란 단어를 전세계에서 최초로 사용하게 된 사례이다. 볼로냐 대학에서 처음 가르친 학문은 법학(만민법 혹은 로마법)

이었다.

볼로냐 대학 이후에, 파리 대학과 옥스퍼드 대학이 12세기에 설립된다. 특히 소르본(La Sorbonne) 대학의 별칭으로 잘 알려져 있는 파리 대학은 초기에 교수(성직자)와 학생의 연구교육 목적을 위한 길드(동업조합)였다. 학사과정에서는 3학(문법학, 수사학, 논리학)과 4과(수학, 기하학, 천문학, 음악)을 가르쳤고, 석사 및 박사과정에서는 신학, 법학, 의학을 전공할 수 있었다. 참고로, 1970년대 초에 대학의 해체·재편 과정 중에 파리 대학은 여러 개의 대학으로 분할되었다.

파리 대학과 비슷하게 초기의 많은 대학이 석사 이상의 과정에서만 신학, 법학, 의학 등의 프로그램을 제공했다. 이러한 전통이 영미권에서는 학부에서 신학, 법학, 의학을 전공할 수 없는 제도로 굳어진 계기가 된다. 즉, 대학원 과정에서만 이러한 학문을 전공할 수 있도록 발전한 것이다. 그래서 이런 대학은 일반 다른 학문들과는 달리 전문대학원 형태를 띠게 되고, 신학대학원(Seminary), 법학대학원(Law School), 의학대학원(Medical School) 등으로 불리게 된다.

이들 학문을 석사 이상에서만 제공하는 이유는, 학사학위에서 기초 학문을 습득하고, 인성과 지성을 겸비한 후에 접근할 수 있는 학문이기 때문이다. 즉, 단순히 지식만 습득해서 되는 문제가 아니라 지혜와 연륜이 필요한 학문이라는 의미다. 이런 전통으로 현대 시대에서도 신학과 법학, 그리고 의학의 박사학위를 취득하는 것은 다른 학문보다 상대적으로 어렵다. 즉, 오랜 세월을 거쳐 연륜과 전문성을 함께 갖도록 구조화한 것이다.

예를 들면, 신학과 법학은 석사과정이 2단계(기초 석사와 고급 석사)로 구분된다. 기초 석사과정이 3년이 소요된다. 다른 학문의 박사과정과 비슷한 시간이 소요되고 때로는 그 이상의 노력이 필요한 프로그램이다. 이런 이유로, 미국에서는 이 과정만을 거치고도 로스쿨 교수로 많이 채용된다. 석사학위임에도 학위 이름도 Juris Doctor(법학박사)로 명명하는 이유가 박사과정에 준하는 프로그램이기 때문이다.

신학과 법학에서 박사학위로 가고자 하면, 반드시 고급 석사과정(1-2년 과정)을 거쳐야 한다. 기초 석사에서는 신학과 법학의 전 분야를 고르게 배우게 된다면, 고급 석사과정은 자신이 좋아하는 분야를 선택해서 집중적으로 공부할 수 있게 된다. 정리하면, 약 4-5년 정도를 석사과정을 위해 투자해야 박사과정에 입학이 가능하다.

① 볼로냐 대학
② 파리 대학
③ 옥스퍼드 대학

전공별 학위과정

	신학	법학	일반 과목
박사과정	Th.D 혹은 Ph.D 약 4년 과정	SJD 혹은 JSD 약 3년 과정	Ph.D 약 4년 과정
고급 석사과정	Th.M 1~2년 과정	LL.M 1~2년 과정	없음
기초 석사과정	M.DIV 3년 과정	JD 과정 3년 과정	M.A 과정 1~2년 과정
학부과정	4년 과정		

둘째는, 지식과 경험이 함께 강조되었다. 3개 학문은 모두 하나님, 인간에 대해 배우고, 이를 기초로 전문지식을 습득하는 구조를 가지고 있다. 이를 위해서는 실제 경험이 중요시되었다.

실질적 경험이 중요한 특징으로 인해, 신학, 법학, 의학 모두 자격증이 주어진다는 특징이 있고, 자격증을 취득하기 위해서는 일정 기간의 수련 기간을 반드시 거쳐야 했다. 그리고 전통적으로 이러한 수련과정에서 도제제도(1;1 교육방법)가 많이 활용되었다. 이 과정 중에 영적, 도덕적, 전문적인 수련을 함께하게 된다.

전공별 수련 필수기간

	신학	법학	의학
자격증	성직자 / 목회자	변호사	전공의, 전문의
자격증 취득 목적 수련기간	약 2~5년	약 2년 이내 (영국 기준)	약 5년 (인턴/레지던트)

셋째는, 학습방법이 유사하다. 이유는 모두 신학에서 출발하여 학문이 발전했기 때문이다. 기본적으로 텍스트를 배우고 이를 해석하는 방법과 적용하는 법을 습득하게 된다.

신학/법학 커리큘럼

	신학	법학
텍스트	성직자 / 목회자	변호사
해석방법	약 2~5년	약 2년 이내
실습	설교	모의재판
적용	개인 전공 활용	개인 전공 활용
	(교육학, 심리학, 음악 등)	(지재권, 노동법, 상법 등)

동일한 구조: 법정과 예배당

법원과 교회는 구조와 기능면에서도 동일성 혹은 유사성이 많다. 예를 들면, 영화에서 마틴 루터는 보름스 청문회로 소환되어 재판을 받게 된다. 사실상 교회 안에서 종교재판을 받은 것인데, 교회가 법원의 역할을 한 것이다. 이 대목에서 질문이 생길 수 있다. 교회가 재판기능을 보유할 수 있는가 하는 것이다.

교회의 법원 기능은 구약성경에서 그 근원을 찾을 수 있다. 기본적으로, 구약 시대에 목회자의 역할을 하던 이들은 제사장들이었다. 제사장들의 주요 역할은 하나님과 사람 사이의 중개자 역할(예배 포함)이었고, 추가적으로 재판 기능도 함께 수행했다.

성경 기록을 보면 제사장의 재판 기능이 명확히 드러나 있다. 예를 들면, '네 성 중에서 송사로 다투는 일이 있으되…네가 판결하기 어려운 일이 생기거든…레위 사람 제사장과 당시 재판장에게로 나아가서 물으라 그리하면 그들이 어떻게 판결할지를 네게 가르치리니(신 17: 8-9)'.

일단 제사장들의 의복은 그들에게 재판기능이 있었음을 증명한다. 제사장들은 가슴에 흉패(판결 가슴패)를 찬다. 모양은 가로와 세로가 각각 약 20cm 정도로, 네모 반듯한 모양이었고, 주머니가 있었다. 흉패에는 12개의 보석이 박혀있는데, 12지파를 상징했으며 흉패 안에는 재판을 위해 '우림과 둠밈'을 넣어 두었다. '우림과 둠밈'은 어원적으로 '빛과 어둠'으로 추측되며 둥근 모양의 보석이었을 것으로 사료된다. 제사장들은 하나님의 뜻을 물을 때 이 우림과 둠밈을 사용했다. 현대의 목회자와 법관들이 가운을 입는 것은 아마도 제사장 의복 전통이 한 몫을 했을 가능성이 있다.

이러한 성경적 기초로 현대의 교회도 교회 안에 종교적 재판기능을 갖고 있다. 대부분의 교단에서는 교단 헌법에 목회자의 권한을 설교권과 치리권으로 구분하고 있다. 치리권은 크게 행정치리권(교회의 운영)과 권징치리권(재판권)으로 구성된다. 이 중에 재판권을 행사하기 위해, 목회자가 참여하는 교회 당회, 지역교회의 모임인 노회(혹은 지방회), 총회 등으로 이루어진 재판조직을 갖고 있는데 마치 지방법원, 고등법원, 대법원 등으로 구성된 3심 제도와 유사하다.

교회의 재판기능을 가진 것과 연관되어 현대의 교회 예배당 구조와 법원 구조는 상당한 유사성이 있다. 교회와 법원 모두 단상과 회중석으로 구분되어 있는데, 단상에는 자격을 가진 사람만이 올라갈 수 있는 구조로 되어 있다. 예를 들면, 교회는 목사, 장로, 기타 교회가 허락한 직분자가 단상에 올라 설교, 기도, 예배 인도, 간증 등을 하게 되어 보수적인 교회는 단상에 함부로 올라가지 못하게 한다.

비슷하게, 법원은 단상과 회중석 사이에 나무로 만들어진 경계선이 있는데, 이를 영어로 Bar라고 한다. 즉, Bar에 있는 문을 열고 단상으로 올라갈 수 있는 사람은 일정한 자격을 갖춘 이들이다. 판사, 검사, 변호사들이 해당된다. 이러한 이유로 미국의 사법시험을 Bar Exam이라 부르는데, 이는 Bar를 넘어 법원 단상에 올라갈 자격을 주는 시험이라는 의미다. 또한, 단상에 올라간 이들이 의식(예배 혹은 재판) 진행 시에, 가운을 입어 회중과 차별성을 보이는 이유도 이와 연관성이 있다.

그렇다면 교회 법정은 종교적인 죄를 다루기 위한 재판만을 진행해야 하는 것인가? 꼭 그렇지만은 않다. 교회에는 법원과 같이 죄를 다루는 재판기능이 있는 것이 사실이지만, 사실 중재와 조정과 같이 사람들이 화평할 수 있도록 돕는 기능이 더 중요하다.

법적으로 중재(Arbitration)와 조정(Mediation)은 약간의 차이가 존재한다. 중재는 중재인이 당사자의 갈등사항을 청취하고, 중재인이 관련

법정의 구조

교회의 구조

하여 판결을 내리는 방식을 취한다. 그러나 조정은 당사자들이 잘 합의할 수 있도록 도와주기만 하고 최종 결정은 양 당사자들이 하는 방식이다.

법원 재판부에서 조정을 결정하는 경우는 당사자들간의 합의가 필요하다고 판단될 때 결정된다. 대중들에게 익숙한 조정의 형태는 이혼 조정이다. 이혼을 앞둔 부부가 조정인(주로 판사) 앞에서 서로의 입장을 이야기하며 그 과정에서 조정인은 결론을 내주지 않고 당사자들이 잘 합의할 수 있도록 돕는 역할만 하게 된다.

법원에서 볼 수 있는 조정의 기능은 사실 교회의 핵심 기능이기도 하다. 기록(히브리서 8장 6절)을 보면, 예수님도 자신의 역할을 조정인으로 묘사하고 있다. '그러나 이제 그는(예수님이) 더 아름다운 직분을 얻으셨으니 그는 더 좋은 약속으로 세우신 더 좋은 언약의 중보(mediator: 조정인)시라.'

예수님은 하나님과 인간 사이의 갈등을 해결하고자 하는 조정인이었고, 사람간에 막힌 담을 허는 역할을 했다. '이제는 전에 멀리 있던 너희가 그리스도 예수 안에서 그리스도의 피로 가까워졌느니라 그는 우리의 화평이신지라 둘로 하나를 만드사 … 중간에 막힌 담을 자기 육체로 허시고 (엡 2:13-14).'

우리는 예수님이 하신 역할을 교회의 사명으로 알고 따르는데, '조정' 역시 교회의 중요한 사명이 되는 것이다. 교회의 조정 기능은 Peace-making 이라고도 부른다. 교회는 사실 하나님과 사람(하나님을 모르는 사람) 사이에 조정인 역할을 하고, 사회에 존재하는 수많은 갈등을 해결될 수 있도록 협력하는 Peace-maker로서의 사명을 받았다.

교회에서 진행하는 또 다른 법적인 기능은 결혼식 주관이다. 결혼식에 참석한 많은 하객이 결혼식 증인이 되고, 성직자는 결혼식 집례를 담당하여 법적인 절차를 담당한다. 이러한 전통은 아직도 북미에 그대로 전수되었다. 결혼한 후에는 성직자가 결혼을 입증하는 서류에 서명하고 그 서류를 정부에 제출해야만 혼인증명서를 발급받을 수 있다. 즉, 성직자가 법률혼의 과정에서 법적인 절차를 진행하는 것이다.

치열한 관할권 경쟁

평론가 그런데, 아직도 저에게는 풀리지 않는 의문이 있습니다. 성경을 꼭 사회에 적용해야 하는 것인가요? 기업은 자체의 경영원칙이 있고, 정부도 개별정책이 존재하지 않습니까? 서로의 영역을 존중해 줘야 하는 것 아닌가요?

사회자 그러면 평론가님께 역으로 질문을 드리겠습니다. 성경을 사회에 적용하려는 시도가 문제가 될 때가 있나요?

평론가 물론입니다. 신우회의 예를 들어보고 싶습니다.

사회자 신우회 활동이요? 그것이 무슨 문제가 되나요?

평론가 각 사회의 기관은 그들만의 규칙을 가지고 운영하고 있습니다. 정부기관은 법률에 의해 국가를 통치하고, 회사는 그 회사의 정관에 의해 운영하고 있습니다. 또한 교회는 성경의 원칙에 의거하여 관리되고 있습니다. 이것은 통상적으로 관할권이라 불리는 문제입니다.

사회자 그런데요?

평론가 그런데 기독교인들이 자신들의 원칙 즉, 성경적 원칙을 사회(정부, 회사)에 적용하려다 보면 사회에 존재하는 법률 혹은 기타 규칙과 충돌하는 경우가 많이 있습니다.

사회자 그렇다면 신우회 활동이 제한되어야 한다고 생각하시나요?

평론가 자신들끼리 모여 모임을 하고 친교를 나누는 것은 문제되지 않습니다. 그러나 교회에서 통용되는 가치관을 회사에 적용하려는 시도는 제한되어야 한다고 생각합니다. 이러한 시도는 당연히 회사의 규율과 충돌하게 되고 직원들에게 가치관의 혼란을 제공하게 됩니다. 관할권을 넘어선 신우회의 활동은 제재되어야 마땅합니다.

사회자 교수님, 평론가님의 의견에 대해 어떻게 생각하십니까? 아직도 성경이 사회에 적용되어야 한다고 생각하시나요?

신학교수 물론입니다. 하나님의 관할권은 교회와 사회를 모두 포함하기 때문입니다. 재미있는 것은 이러한 논쟁이 성경에도 기록되어 있습니다. 기록(사도행전 7장 49~50절)에 따르면, 이스라엘 사람들 사이에도 하나님의 관할권에 대한 논쟁이 있었던 것으로 나와 있습니다. 아래의 기록은 스데반이 유대인들에게 주장한 내용입니다.

> 주께서 이르시대 하늘은 나의 보좌요 땅은 나의 발등상이니
> 너희가 나를 위하여 무슨 집을 짓겠으며 나의 안식할 처소가 어디냐
> 이 모든 것이 다 내 손으로 지은 것이 아니냐 함과 같으니라

사회자 무슨 내용이죠? 설명이 필요한데요!

신학교수 신약성경에 많은 유대인들은 성전에 하나님이 계시고 그곳에서만 하나님을 만날 수 있다고 믿었는데, 이런 세계관에 대해 스데반이 제동을 걸고 있는 대목입니다. 유대인들이 성전(교회)에서의 모습과 성전(교회) 밖에서의 모습이 다르고, 이중적인 모습을 갖고 있는 것을 비판하면서 하나님의 관할권은 성전(교회)에만 한정되지 않고 하늘과 땅을 포함한 사회도 관할권이라고 스데반이 명확히 한 것입니다.

사회자 그럼, 성경이 사회에 적용되면 어떻게 되는 건가요?

신학교수 성경이 사회에 적용된다고 해서 현재 사회에 있는 규율을 무시하라는 말은 아닙니다. 오히려 그 규율에도 잘 따를 것을 명하고 있습니다. 기록(마태복음 22장 21절)에 따르면, '가이사의 것은 가이사에게 하나님의 것은 하나님께 바치라'고 되어 있습니다. 예수님 당시 사회 통치자의 상징이었던 가이사에게 세금을 잘 내고, 교회에도 헌금을 잘 하라고 당부하는 말씀입니다. 즉, 이는 사회와 교회의 규율을 모두 준수하라고 가르침을 주는 것입니다.

사회자 그리고요?

신학교수 단, 성경은 사회의 규율이 좀 더 밝아지고 개선될 수 있도록 성경의 원칙을 활용하라고 주문하고 있습니다. 즉, 이 둘은 서로가 충돌하는 것이 아니라 성경의 원칙이 사회의 규율에 긍정적인 영향을 끼치는 한 오히려 권장되어야 한다는 내용입니다.

사회자 신우회에 적용하면 구체적으로 어떻게 되는거죠?

신학교수 같은 맥락에서 신우회의 활동도 마찬가지입니다. 신우회 회원들이 만약 자신들의 세계관만을 고집하고 회사에서 융합하지 못한다면 문제가 될 것입니다. 예를 들면, 근무시간에 성경책을 읽고 영상설교를 청취한다면 이는 회사의 규율(근무시간에 개인활동 금지)과 상충되지만, 자신의 자율시간(점심시간 혹은 퇴근 후)에 모임을 갖고 회사가 좀 더 도덕적이고 창의적으로 변모될 수 있도록 마음을 모은다면 전혀 문제 될 것이 없을 것입니다.

사회자 이해됩니다. 교수님 잠깐 정리가 필요해 보이는 데요. 그럼, 바이블 지수를 높이기 위해서 성경을 법으로 해석하고 사회에 적용하면 되나요?

신학교수 그것만으로는 충분하지 않습니다. 사회에 적용하는 능력이 떨어지거든요. 이를 위해, 유대인들은 하브루타를 할 때 토라 외에 탈무드도 토론합니다.

사회자 탈무드요?

신학교수 네, 그렇습니다. 탈무드는 유대인 율법학자들이 율법, 관습, 해설 등을 집대성한 책입니다. 어찌 보면 탈무드는 법을 해석한 판례와 같다고 보시면 됩니다. 중요한 것은 이 탈무드는 이야기가 포함되어 있는데, 그 이야기에는 성경을 사회에 적용하는 지혜가 들어 있습니다.

사회자 문제는 우리에게는 탈무드가 없지 않습니까?

신학교수 맞습니다. 그래서 이 프로그램에서 영화를 대신 활용할 것을 제안합니다.

사회자 갑자기 왜 영화를 이용한다는 말씀인가요?

신학교수 영화와 탈무드의 공통점 때문에 그렇습니다. 그 공통점은 스토리입니다. 토라는 법이기 때문에 사실 이해하기 쉽지 않습니다. 그런데 스토리가 있는 탈무드가 이해의 폭을 넓혀주는 것이죠. 같은 이론으로 우리도 성경을 법으로 이해하는 것은 쉽지 않습니다. 그런데 스토리가 있는 영화가 이해를 돕는 역할을 합니다. 왜냐하면, 우리 머릿속에서 영화의 장면이 연상이 되고 현실과 연결이 되기 때문이죠.

사회자 그럼, 교수님께서는 영화로 토론하기 원하시나요?

신학교수 그렇습니다. 정리하면, 먼저 성경을 법으로 토론하고 이를 영화로 해석하면 어떨까 합니다. 그리고 그것을 어떻게 기업과 정책에 적용할까를 토론하면 좋을 것 같습니다. 이는 토라와 탈무드를 토론하고 적용하는 시간을 갖는 것이고 진실된 하브루타를 하는 것이지요.

사회자 그럼, 교수님의 제안을 따라 우리 프로그램을 다음과 같이 진행하도록 하겠습니다.

토라 : 성경이슈를 법으로 토론

▼

탈무드 : 성경이슈에 관련된 영화소개 및 토론

▼

적용 : 토론의 지혜를 기업과 정부에 적용하기 위한 제안

신학교수 정확합니다.

사회자 그렇다면 이 즈음에서 관할권 문제를 좀 더 이해하기 위해 탈무드를 다뤄보도록 하겠습니다. 즉, 관련 영화를 소개받으면 좋을 것 같

습니다. 평론가님, 관할권 경쟁을 하는 영화가 있나요?

평론가 네, 물론입니다. 《네고시에이터》란 영화인데요. FBI와 경찰의 관할권이 충돌하는 내용이 포함되어 있습니다.

사회자 FBI와 경찰이요? 재미있겠네요. 한번 소개해 주시겠습니까?

평론가 네, 그렇게 하겠습니다.

영화 《네고시에이터》: FBI와 경찰의 관할권

영화 《네고시에이터》는 게리 그레이가 감독했고, 사무엘 잭슨과 케빈 스페이시가 주연을 맡은 작품이다. 이 영화는 경찰내부 비리로 인해 누명을 쓴 협상전문 경찰에 관한 이야기이며, 스토리의 전개상 세인트루이스 경찰서의 보훈연금 스캔들 사건과 유사한 부분이 있다.

영화 『네고시에이터』의 한 장면.
사진출처 FLIXLIST, 2020-04-05.

보훈연금 스캔들은 1988년도에 발생했다. 33만 달러의 보훈기금이 사라지고, 경찰관 다니엘은 보훈기금 위원으로 20만 달러의 기금을 착취했다는 누명을 쓰고 억울한 판결을 받게 된 사건이다. 결국, 분노한 다니엘은 권총을 가지고 자신을 참소한 경찰청 부국장을 찾아가 위협하고 인질로 삼게 된다. 결국, 경찰, FBI가 총출동하고 협상을 벌인 스캔들이다.

다시 영화 이야기로 돌아가면, 이 영화는 리얼리티가 높은데, 그 이유는 영화 제작관련자 중에 경찰 가족이 있었기 때문이다. 또한, 영화 속에서 TV 뉴스 리포터로 나온 제프 모렐은 실제 국방부 대변인이었고 실명을 영화에서 사용했다.

데니 로만은 시카고 경찰관이다. 그는 인질범과 협상을 통해 인질들을 안전하게 풀려나게 할 수 있는 협상전문가로 명성이 높은 인물이다. 그는 어느 날 동료 경찰들의 내부비리를 자신의 파트너로부터 듣게 된다. 얼마 후 그 파트너는 살해되고, 데니 로만은 유력한 살인 용의자로 몰리게 된다. 데니 로만은 경찰서로 침입하여 자신을 구속하려는 내사과장과 논쟁을 벌이게 되지만 내사과장과 말이 통하지 않자, 수사과장과 여비서를 인질로 삼아 경찰과 대치하게 된다.

결국, 시카고 경찰본부 건물은 통제되고 SWAT(특수기동대) 저격수들과 경찰 헬기 등이 동원되어 경찰과 대치하다가 데니 로만은 크리스 세이비언을 불러줄 것을 요구한다. 크리스 세이비언은 또 다른 인질협상 전문가로 데니 로만과는 개인적인 친분이 없던 경찰이다. 데니 로만은 자신 구역의 동료들을 신뢰할 수 없어 다른 구역의 크리스 세이비언을 불렀던 것이다.

결국, 크리스 세이비언은 데니 로만과 협상하기 위해 경찰본부 건물에 도착하고, 협상 전권을 위임받게 된다. 두 명은 전화로 협상하며 협상 전문가로서의 기싸움이 펼쳐지며 영화의 묘미를 살려준다.

크리스 세이비안이 조금씩 사건의 진실을 밝히고 있는 사이에 기존의 경찰 지휘관들은 무력행사로 데니 로만을 제압하려 한다. 하지만, 베테랑 데니 로만은 무력진압의 시도를 번번히 무력화하고 상황은 더 악화된다.

경찰 지휘에 답답함을 느낀 FBI는 이 사건에 대해 인수하려고 한다. FBI 자신들에게 수사지휘 권한이 있다고 주장하고 나선 것이다. 결국, 크리스 세이비언은 자신이 원격 협상으로 해결할 수 없음을 인지하고, 인질극이 펼쳐지는 건물로 진입해 데니 로만과 만나 적극적인 도움을 준다. 크리스 세이비언은 사건을 해결하고 데니 로만의 누명을 풀게 해준 것이다.

사회자: 영화 소개 감사합니다. 변호사님, 이 영화에서 보면 FBI가 경찰보다 높아 보이던데 맞나요?

변호사: 상하관계는 아닙니다. 서로의 관할권이 다르기 때문입니다. 다만, 관할권이 충돌되는 경우가 발생하는데 이 경우에는 서로가 협조하거나 관할권에 대해 경쟁하기도 합니다.

사회자: 그럼, 한국의 검찰과 경찰의 관계는 아니네요.

변호사: 그렇습니다. 한국의 검찰과 동일하게 FBI가 지역경찰을 지휘할 수 있다고 생각할 수 있는데 그렇지 않습니다.

사회자: 관할권에 대해 좀 더 정확한 설명이 필요해 보이네요.

변호사: 그렇게 하겠습니다. 간단히 브리핑해 드리도록 하겠습니다.

FBI와 경찰의 관할권

영화 네고시에이터에서는 경찰과 FBI가 관할권 논쟁을 펼치는 내용이 있다. 서로가 자신들에게 수사할 권한이 있다고 주장한 것이다. 미국의 연방수사국(FBI)은 1908년 설립되었고, 미국 법무부 산하의 수사기관이며 정보기관이다. 본부는 워싱턴 DC에 위치해 있다. 또한, FBI는 미국 국가정보국(DNI: Office of the Director of National Intelligence)에도 속해있는 이중적 위치를 가지고 있다. 참고로, 미국 국가정보국은 중앙정보국(CIA), 연방수사국(FBI), 국가안전보장국(NSA)등 15개 정보기관을 총괄하는 기관이다.

FBI는 종종 CIA(중앙정보국: Central Intelligence Agency)와 비교된다. CIA는 정보수집기관으로 미국 버지니아 주 랭리(Langley)에 위치해 있으며 법무부에 속해있는 FBI와 달리 CIA는 연방부처에 소속되지 않은 독립기관이다. CIA는 국가안보, 국제범죄조직, 테러, 국제 마약거래, 군축 등과 관련한 대외활동에 집중되어 있지만, FBI의 활동은 기본적으로 국내에 한정되어 있다. FBI는 국내 정보수집 기관이지만, 범죄의 국제화를 대비하는 차원에서 전 세계적으로 지부를 두고 있다.

FBI 마크와 FBI신분증

FBI는 미국의 헌법과 연방법이 부여하는 200여 개의 연방범죄에 대해 관할권을 가지고 있다. 그 관할들은 각 주의 경찰들이 관할하기 어려운 것들이다. 미국의 각 주는 독자적인 형사법을 갖고 있기 때문에 연방정부의 사법권을 행사하는 기관이 필요하게 되어 FBI가 설립되었다. 예를 들면, 범죄 조직이 여러 주에 걸쳐 활동을 하게 되면, 각 주의 경찰들은 대응하기 어려워지기 때문이다. 대표적인 연방 범죄의 예는 다음과 같다.

- 연방 공무원의 뇌물수수 행위
- 간첩행위
- 시민권 위조획득
- 연방법에 의해 구금된 피의자의 도주
- 2개 이상 주에 걸친 살인사건

미국의 정부기관 혹은 수사기관 조직뿐만 아니라 행정조직(중앙부처, 지방정부 등)도 각자의 관할권을 가지고 국가권력을 행사하고 있고, 각 법원들도 자신들의 관할권이 있는 것들에 대해서만 재판을 진행하고 있다. 이는 모두 관할권에 의해 결정되는데 이 관할권 문제로 각 기관들은 심각하게 충돌하기도 한다. 따라서, 각 기관의 관할권을 상세히 그리고 명료하게 명문화하는 것이 각 기관의 충돌을 막는 핵심적인 방법이다.

사회자 평론가님, FBI에 관련하여 소개해 줄 비화가 있다고요?

평론가 네, 그렇습니다. 미국의 FBI를 이해하기 위해서는 존 에드거 후버(1895-1972)가 누구인지 알아야 합니다. 그는 FBI를 상징하는 인물로서 1973년 새로 신축된 FBI 빌딩을 'J. 에드거 후버 빌딩'이라고 명명한 것을 보면, 그의 FBI에서의 위상을 알 수 있습니다.

사회자 후버라는 인물이 FBI 안에서 가장 존경받는 인물인가요?

평론가 존경보다는 강력한 영향력을 가지고 있었다고 봐야죠. 후버는 1924년 수사국(FBI의 전신) 국장으로 선임되어, 1935년 수사국이 현재의 연방수사국으로 변모할 때 핵심적인 역할을 감당했습니다. 그리고, 그는 FBI의 수사와 정보수집 역량을 현대화하는데 1등 공신이었습니다. 그는 죽을 때까지 50년 간 FBI 국장으로 재직하면서 정년이 없던

① 존 에드거 후버
② FBI 건물
③ 존 에드거 후버와 케네디 대통령

①

②

③

종신 국장이었습니다.

사회자 종신이요? 어떻게 그럴 수 있죠?

평론가 그는 너무 오랜 시간 FBI에서 핵심적인 역할을 감당했기 때문에, 그 누구보다 막강한 정보력을 갖고 있었습니다. 후버가 가지고 있는 정보력 때문에 수많은 정치인들이 그를 두려워했습니다. 심지어 그의 법적으로 상관인 대통령도 그의 눈치를 볼 정도였습니다. 그는 8명의 대통령을 거치면서 자리를 유지했고 다양한 정보정치와 공작정치의 대명사가 되었습니다.

사회자 실질적인 권력자였네요?

평론가 네, 사실상 후버는 미국의 숨은 실력자로 그의 위상은 날로 높아갔습니다. 제2차 세계대전과 냉전시대를 거치면서, 나치, 소련, 중국, 쿠바의 스파이 적발, 국제 마피아와 마약단 색출 등 다양한 공을 세운 그는 FBI를 세계적 정보기관으로 성장시킬 거대한 꿈을 꾸게 됩니다.

사회자 미국을 넘어 세계를 움직이는 사람이 되고자 한 거네요?

평론가 하지만, 미국 33대 트루먼 대통령은 이를 견제하게 됩니다. FBI가 너무 비대해지는 것을 우려하여 국외 첩보와 정보를 담당하는 기관인 CIA를 1947년 창설하게 된 거죠.

사회자 CIA가 FBI를 견제하기 위해 설립되었군요?

평론가 그런데 FBI의 국제화는 막을 수 있었지만 대통령들은 후버를 해고할 수는 없었습니다. 트루먼, 케네디 대통령 등이 후버를 해고하려고 시도했지만 결국, 실패하게 됩니다.

사회자 대단하네요. 대통령들이 감당하지 못했네요?

평론가 재미있는 것은 후버에게 또 다른 정적이 있었는데 그는 마틴 루터 킹 목사였습니다.

사회자 마틴 루터 킹 목사요?

평론가 네, 그렇습니다. 킹 목사가 흑인운동, 인권운동 등으로 점점 민심을 얻어가고, 1964년 노벨평화상까지 받게 되자 후버는 킹 목사와 공공연하게 대립하게 됩니다. 킹 목사에게 공공연한 협박 편지도 보내고, 킹 목사를 내사하여 그의 사생활을 파헤치곤 했습니다.

사회자 정말 우리가 모르던 비화네요!

Topic 2

조직의 브랜딩, 어떻게 할까?

• 인류 최초의 도시, 브랜딩의 시작!

• 영화 《캐치 미 이프 유 캔》: 남의 정체성을 훔치다!

• 정체성으로 브랜딩하라! (탐색: 이스라엘 국회 그림)

Microsoft

Google

Topic 2

조직의 브랜딩, 어떻게 할까?

"

인류 최초의 도시, 브랜딩의 시작!

사회자 오늘은 두 번째 시간으로, 구체적인 토론을 하는 첫 번째 시간입니다. 오늘은 '조직의 브랜딩, 어떻게 할까?'란 주제로 토론을 진행하겠습니다. 조직을 운영하다 보면, 제일 먼저 고민하는 문제 중에 하나인데요. 평론가님, 브랜딩이란 무엇인가요?

평론가 브랜딩이란 소비자 혹은 대중이 이성적으로 혹은 감정적으로, 회사 혹은 그 제품에 대해 긍정적인 느낌을 가질 수 있도록 가치와 이미지를 부여하는 것을 의미합니다.

사회자 브랜딩은 제품에 대해서만 적용되나요?

평론가: 그렇지 않습니다. 제품, 서비스, 기업, 그리고 정부 모두에 적용됩니다. 제품의 경우에는 BI(Brand Identity), 기업은 CI(Corporate Identity) 등으로 달리 표현될 뿐입니다.

사회자 사실 브랜드는 기업의 중요한 무형자산입니다. 평론가님, 세계에서 어느 기업의 브랜드가 가장 값어치가 있나요?

평론가 포브스에서 2019년도에 발표한 브랜드 파워는 다음과 같습니다. 1위는 애플, 2위는 구글, 3위는 마이크로소프트, 4위는 아마존, 5위는 페이스북이었어요. 모두 IT 기업들이에요. 그리고, 전통적인 강자였던 코카콜라가 6위, 삼성이 7위, 디즈니 8위, 토요타 9위, 맥도널드가 10위였어요.

변호사 사실 브랜드는 정부에게도 무척 중요한 이슈에요. 관광객 수, 투자, 부동산 가치 등 모든 것과 연결되는 문제이니까요. 그래서 지자체들이 앞다투어 브랜드를 만들기 위해 더욱 노력을 하는 것 같아요.

사회자 그렇습니다. 오늘 성경토론 주제는 '인류 최초의 도시였던 에덴동산의 브랜딩'입니다. 재미있는 토론이 될 것 같습니다. 교수님, 우리가 브랜딩을 다루는데 왜 에덴동산을 먼저 분석해 보아야 하나요?

신학교수 그 이유는 간단합니다. 우리 토론 프로그램은 성경을 제대로 분석하여 사회에 적용하는 것이 목표입니다. 그렇죠?

사회자 네, 그렇습니다.

신학교수 그렇다면, 성경에서 처음으로 의도되었던 것을 분석하는 것이 중요할 것이라 생각합니다. 이런 말이 있잖아요? 초심으로 돌아가자! 중요한 것은 인류는 원래 의도되었던 궤도에서 이탈했다는 사실입니다. 그럼, 어떻게 해야 할까요? 궤도를 정상으로 돌리기 위해 초심으로 돌아가는 것이 중요하지 않을까요?

사회자 그럼 에덴동산은 인류의 최초의 국가 혹은 도시였기에 에덴동산이 어떻게 브랜딩 되었는지를 알면, 브랜딩의 핵심을 알 수 있다는 의미이네요?

신학교수 정확합니다.

사회자 에덴동산에도 브랜딩 전략이 존재했나요?

신학교수 브랜딩을 기획했다기보다 브랜딩이 자연스럽게 만들어졌다고 보는 것이 옳습니다.

사회자 에덴동산의 브랜딩이 만들어졌다고요? 어떤 브랜드를 의미하나요?

신학교수 사실 도시마다 갖고 있는 이미지가 있습니다. 예를 들면, 부자도시, 힐링도시, 교육도시 등의 이미지가 브랜딩으로 발전됩니다. 에덴동산은 어떤 이미지가 있을까요?

평론가 에덴동산도 그런 이미지가 있나요?

신학교수 네, 있습니다. '유토피아'라는 이미지입니다.

평론가 어…정말 그러네요!

신학교수 에덴동산은 유토피아였습니다. 모든 사람이 동경하는 곳이었죠. 무엇이든 먹을 것이 풍부하고, 물도 풍족하고, 온갖 좋은 것으로 가득한 곳이었죠.

변호사 또한 평화로운 곳이라 소송도 없었고 갈등도 없었지요.

사회자 재미있는 것은 날씨도 좋았나 봐요? 항상 옷을 벗고 살잖아요!

평론가 제가 알기로는 질병과 죽음도 없는 곳으로 알고 있어요. 저는 에덴동산을 생각할 때, 2013년에 개봉된 《엘리시움》이란 영화가 기억나요. 맷 데이먼과 조디 포스터가 주연이었던 영화인데요. 이 영화에서 지구에 사는 이들이 우주에 떠 있는 '엘리시움'에 가고 싶어해요. 그곳은 상위 1%만 살 수 있는 곳인데, 재미있는 것은 그곳에만 모든 병을 고치는 장비가 각 집에 비치되어 있는 거예요. 그래서 수많은 병자가 그곳에 가기를 희망하죠.

사회자 정말 이보다 대단할 수 없네요. 음식, 날씨, 보석, 건강, 영생 등. 더 이상 바랄게 없네요. 실존하는 '에덴동산'이었네요.

평론가 단, 에덴동산에 한 가지 흠이 있었지요.

사회자 흠이요? 그것이 무엇인가요?

평론가 바로 '동산 중앙에 있는 나무'입니다.

신학교수 무슨 말씀이세요? '동산 중앙에 있는 나무'가 있었기에 에덴동산이 유토피아로 완성된 것입니다.

평론가 그렇지 않습니다. '동산 중앙에 있는 나무'가 있었기에 인간이 유혹되고, 에덴동산에서 쫓겨난 것입니다. 즉, 에덴동산에 행복이 아닌 불행을 가져다 준 나무입니다.

신학교수 아닙니다. '동산 중앙에 있는 나무'로 인해 에덴동산의 브랜딩이 완성된 것입니다.

평론가 말도 안 되는 주장이에요. 나무와 브랜딩이 무슨 관계가 있나요?

사회자 잠시만요. 토론 내용을 잠시 전환하죠. 왜냐하면, '동산 중앙에 있는 나무'에 대해 잘 모르는 분들도 있습니다. 이즈음에서 내용을 정리하고 넘어가면 좋을 것 같습니다. 교수님께서 성경에 나오는 내용에 대해 설명해주시면 감사하겠습니다.

신학교수 '동산 중앙에 있는 나무'는 '선악을 알게 하는 나무'라고도 불리는데, 사람들에게는 선악과로 알려져 있습니다. 창세기 2장 16절에 관련 내용이 있습니다. 내용을 요약하면, 하나님이 아담에게 에덴동산을 관리하게 했고, 동산의 각종 열매를 마음껏 먹도록 허락하셨습니다. 특히, 하나님은 아담에게 에덴동산에 사는 각종 동물을 다스릴 수 있는 권한도 부여합니다. 그러나 하나님은 한가지 제약을 아담에게 두는데 그것이 바로 선악과였습니다. 선악과를 함부로 먹게 되면 아담과 하와가 죽을 것이라고 한 것입니다.

평론가 거 보세요? 그것은 아담에게는 제약사항이었습니다. 유토피아가 되지 못하도록 하는 장애물이었어요.

사회자 다시 토론으로 돌아와서 평론가님은 왜 그 나무가 유토피아의 흠이라고 생각하시나요?

평론가 저는 하나님의 의도가 이해가 안돼요. 선악과를 통해서 하나님은 인간이 유혹이 될 만한 것을 먼저 제공한 것 아닌가요? 만약 선악과만 없었다면 인간은 죄를 짓지도 않을 것이고 지금과 같은 고통을 받지 않아도 되는 것 아닌가 해서요. 우리가 아기를 키울 때 아기가 위험에 빠지거나 안 좋은 것에 유혹이 될 수 있는 것을 제거하는 것이 이치 아닌가요?

신학교수 질문의 의도는 이해합니다. 그러나 하나님이 그런 의도로 선악과를 만든 것이 아닙니다.

사회자 그럼 이번에는 교수님께 기회를 드리죠. 교수님은 소위 선악과가 에덴동산의 브랜딩을 완성한다고 하셨는데, 이유가 무엇인가요?

신학교수 선악과는 하나님이 에덴동산의 주인이고 창조자라는 것을 보여 주기 위해 존재했습니다. 아담을 유혹하기 위해 존재한 것이 아닙니다.

평론가 아닙니다. 제 주장에는 근거가 있습니다. 왜냐하면 선악과를 에덴동산 중앙에 두었다는 사실입니다. 아담의 증언에 따르면, '선악과를 동산 중앙에 있는 나무의 실과(창세기 3:3)'라고 표현하고 있습니다. 즉, 하나님이 에덴동산의 구조를 기획할 때 이 선악과를 가장 중심에 두고 설계했다는 것입니다. 그럼, 아담과 하와가 매일 볼 수밖에 없었다는 것인데, 이건 의도를 가졌다는 것입니다. 아담과 하와가 그 선악과에 대해 얼마나 궁금했겠습니까? 이는 선악과가 유혹의 수단이 되도록 한 의도가 있었다는 것입니다. 즉, 유혹의 원인 제공이 먼저 하나님께로부터 있었다는 의미입니다.

사회자 두 분 잠시만요? 여기에서 법적 의견을 들어보면 좋을 것 같습니다. 변호사님은 이 문제를 어떻게 생각하나요? 법적인 시각으로는 다르게 볼 수도 있을 것 같은데요.

변호사 법적으로 이해하면 이 문제는 의외로 쉽게 풀릴 수 있다고 생각합니다. 예를 들면, 사람이 주택을 소유하게 되면 제일 먼저 부동산 등기를 하게 됩니다. 이는 자신의 자산을 안전하게 보호하기 위한 방법입니다. 하나님을 에덴동산의 소유주로 이해하고 법률적으로 보시기 바랍니다. 선악과는 하나님이 에덴동산의 주인인 것을 알려주는 등기부 등본과 같은 역할이 아니었을까요? 즉, 에덴동산의 주인은 아담이 아니라 하나님 자신이라는 것을 보여주는 상징물이었던 것입니다.

신학교수 맞습니다. 사실 에덴동산에서 아담은 자신이 동산의 주인으로 착각할 수 있는 위치에 있었습니다. 하나님이 그에게 막강한 권한을 위임했기 때문입니다. 아담은 온 땅과 생물을 다스릴 수 있는 권한을 받았을 뿐 아니라(창 1:26) 각 생물의 이름을 부여하는 권한도 함께 받았습니다(창 2:19). 기본적으로 무엇인가에 이름을 부여할 수 있는 권한은 소유주에게 있습니다. 회사의 소유주가 회사의 이름을 결정하고, 아버지가 그 아들의 이름을 결정하는 것과 같은 이치입니다. 아담이 자신의 위치를 착각할 수 있는 상황이었습니다.

변호사 이러한 절대적 권한을 가진 아담이 착각하지 않도록 하기 위해, 등기부 등본을 눈에 보이게 만들어 그가 창조주이자 소유주가 아닌 단순히 권한을 위임받은 청지기임을 인지하도록 한 것입니다.

신학교수 맞아요. 변호사님이 말씀하신 내용이 바로 에덴동산의 정체성이에요. '하나님이 주인이고, 아담이 청지기로 관리하는 곳'이 바로 에덴동산이에요. 생각해 보세요. BI(Brand Identity)와 CI(Corporate Identity)는 모두 Identity(정체성)이란 단어를 포함하고 있습니다. 정체성이 곧 브랜드가 된다는 의미입니다.

평론가 그렇다면, 왜 선악과를 에덴동산의 중앙에 두었을까요? 사람들은 등기부 등본을 남이 볼 수 없는 곳에 보관해 두지 모든 사람들이 볼 수 있는 곳에 두지 않아요? 이는 하나님이 아담을 유혹하기 위한 의도 아닌가요?

변호사 이도 우리 현실과 연결하면 쉽게 이해가 됩니다. 특히 가옥 혹은 회사 건물들을 보면 쉽게 이해할 수 있습니다. 부동산 등기를 하고 등기 내용 중에 중요한 것은 외부로 노출시켜 홍보하는 것을 볼 수 있습니다. 예를 들면, 집 정문에 문패를 달고 집의 주인이 누구인지를 알리는 작업도 이에 해당합니다. 기업도 자신의 사옥을 갖게 되면 그 사옥의 가장 잘 보이는 곳(건물의 제일 위, 정문 위, 1층 로비 등)에 회사명과 로고를 부착하는 것을 볼 수 있습니다. 이는 누가 소유주인지, 무엇을 하는 회사인지를 불특정 다수에게 보여주기 위한 일반적인 방법입니다.

신학교수 하나님도 마찬가지 아닐까요? 에덴동산을 창조하시고, 그 중앙에 문패를 단 것으로 이해할 수 있겠네요. 에덴동산의 주인은 아담이 아니라 하나님 자신이라는 것을 보여주는 상징물을 동산 중앙에 둠으로써 아담을 포함한 모든 이들이 언제든지 볼 수 있도록 구조화시킨

① 구글 사옥
② 마이크로소프트 사옥
③ 현대기아자동차 사옥

것이죠.

변호사 안타깝게도, 에덴의 상징물을 건드렸다는 것은 마치 임차인이 집주인의 등기부 등본을 몰래 건드려 소유주를 바꾸려는 행동과 같은 것입니다. 임차인이 몰래 등기부 등본 상의 부동산 소유주를 변경하려고 한다면 집주인은 아마도 임차인을 그 집에서 내쫓을 것입니다. 동일하게 하나님도 인간을 에덴동산에서 추방하십니다.

신학교수 법률적으로 설명을 들으니 쉽게 이해되네요. 기록에는 이렇게 되어 있습니다. "이같이 하나님이 그 사람을 쫓아 내시고 에덴 동산 동편에 그룹들과 두루 도는 화염검을 두어 생명나무의 길을 지키게 하시니라(창 3:24)"

사회자 변호사님, 현실에도 이와 비슷하게 남의 부동산을 훔치려는 사건들이 많이 있죠?

변호사 물론입니다. 사건 하나를 소개해 드리겠습니다. 2016년 제주도에 있는 한 임야(1만 3220m²)가 등기 상에 주민등록번호가 없이 이름만 등재되어 있는 것을 사기꾼들이 발견합니다. 사기꾼 일당의 총책은 부동산 지식이 뛰어나 1984년 7월 이전에는 부동산 등기를 신청할 때, 주민등록번호를 신고하는 것이 의무사항이 아닌 것을 알고 있었습니다.

평론가 사기도 정보력이 중요하네요?

변호사 당연히 그렇습니다. 사기꾼 일당은 공모하여 일당 중 한 명이 그 임야 소유주의 이름과 동일하게 개명하고 자신이 주인인양 행세하여 땅을 매각하려고 계획합니다. 결국 이들은 약 한달 기간에 걸쳐 7명에게 같은 수법을 사용해 약 12억원의 계약금을 받아냅니다. 이처럼 등기가 없거나 등기에 허점이 있으면 관련 부동산은 다양한 범죄의 대상이 되는 것이죠.

사회자 정말 똑똑하네요. 그런 머리를 다른 데 쓰면 좋았을 텐데요. 변호사님, 관련 영화를 추천해 주실 수 있나요?

변호사 물론입니다. 2002년도에 개봉된 《캐치 미 이프 유 캔》이란 작품이 대표적입니다. 사기꾼 이야기거든요.

사회자 평론가님께서 한번 소개해 주시겠습니까?

평론가 그렇게 하겠습니다.

영화 《캐치 미 이프 유 캔》: 남의 정체성을 훔치다!

영화 『Catch me if you can』의 한 장면.
사진출처 Into Film, 2020-04-05.

이 영화는 1960년대 미국의 천재 사기꾼의 실제 이야기로, 10대의 나이에 8개의 가명을 사용하여 비행기 조종사, 의사, 변호사 등으로 일했으며, 수표까지 위조한 사기꾼 이야기다. 스티븐 스필버그가 연출했고 레오나르도 디카프리오, 톰 행크스가 주연을 맡은 작품이다. 제작비로 5,200만 달러를 들여 3억 5,200만 달러의 흥행을 거두어 제작비의 6배를 벌어들인 흥행 작품이다.

개략적인 스토리는 다음과 같다. 프랭크 애버그네일(레오나르도 디카프리오 역)은 아버지의 사업 실패로 부모가 이혼하자, 16세의 나이에 집을 나와 2년간 팬암 항공기 부조종사를 사칭하며 약 250번 공짜로 비행기에 탑승했고 1년간 조지아 병원의 소아과 전문의로 근무했으며, 하버드 법대 성적증명서를 위조해 루이지애나 주에서 변호사로 활동하기도 한다.

5년간 무려 8개의 가명을 사용했고, 전 세계 26개국과 50개 도시에서 250만 달러의 위조수표를 남발한다. 1960년대 FBI 최연소 지명수배자였으며 결국, 프랑스에서 체포된다. 재미있는 것은 체포되는 장면을 찍으면서 진짜 프랭크 애버그네일이 프랑스 경찰관으로 출연했다는 것이다. 영화 속의 '숨은 그림' 같은 재미를 선사한다.

결국 12년형을 받고, 미성년자보호법에 의거해 프랑스, 스웨덴, 미국에서 5년간 수감생활을 한다. 다행히 자신의 재능을 미국정부를 위해 사용하는 조건으로 석방되었고, 법률공무원과 FBI 요원들을 대상으로 자신의 기술을 전수한다. 특히, 금융사기예방과 문서보안 분야의 권위자로 일하면서 위조방지수표도 함께 개발하게 된다.

사회자 소개해 주셔서 감사합니다. 이 영화는 전설적인 사기꾼에 관한 이야기네요. 선악과에 등장하는 뱀과 같이 남의 것을 탐한 자의 이야기이고요. 궁금한 것은 프랭크는 어떻게 많은 사람을 속일 수 있었을까요? 프랭크는 비행기 조종사, 소아과 전문의, 변호사로 사칭합니다. 특히, 의사 그리고 변호사로서는 해당 기관에 취업까지 하는 대담성을 보였습니다. 변호사님 이게 가능합니까?

변호사 취업이 가능했던 이유는, 해당 기관이 프랭크가 제출한 증명서를 신뢰했기 때문입니다. 프랭크가 제출한 증명서는 겉으로 봐서는 전혀 문제가 없어 보였습니다. 왜냐하면 프랭크의 위조능력은 이미 전문가를 능가하는 수준이었기 때문이었습니다.

평론가 중요한 것은 증명서를 제출받은 기관들은 프랭크를 전적으로 신뢰했습니다. 왜냐하면 그의 화려한 이력, 출중한 외모와 언변, 값비싼 자동차, 유니폼 혹은 멋진 그의 의복 등에 마음을 빼앗겼기 때문입니다.

신학교수 아담과 하와도 뱀이 누구인지, 왜 자신에게 접근했는지 검증하지 않았습니다. 뱀의 화려한 언변과 선악과에 매료되어 중요한 것을 볼 수 없었기 때문입니다.

변호사 법률적으로 이야기하면, 각 기관들은 프랭크를 믿고, 실사작업을 명확히 하지 않아 프랭크는 이러한 위조를 감행할 수 있었습니다.

사회자 실사요? 그게 뭔가요?

변호사 실사란 '실제를 조사하거나 검사'하는 작업으로 상대의 신분, 구두 진술(상대가 이야기 한 내용), 혹은 제출한 서류 등에 대해 진위여부를 파악하는 절차입니다. 여기에서는 프랭크가 제출한 서류가 진본인지 검증하는 절차를 포함한 것입니다.

평론가 그럼 실사를 위해 해당 기관들은 프랭크가 졸업했다고 주장한 대학에 전화하여 졸업 여부를 확인해야 했겠네요?

변호사 그렇습니다. 프랭크가 졸업했다고 주장한 대학(하버드 등)에 전화하여 증명서에 적힌 이름과 내용이 동일한지 확인하는 간단한 작업으로 프랭크의 사기를 막을 수 있었습니다.

평론가 재미있는 것은 프랭크가 한동안 '배리 앨런'이란 가명을 사용하는데, 이는 DC코믹스의 캐릭터 플래시의 본명이었습니다. 어른들은 몰랐던 것이었죠.

사회자 평론가님, 프랭크가 어떻게 변호사를 관두나요?

평론가 실제 프랭크는 루이지애나 변호사로 일하던 중에 동료가 자신의 과거를 집요하게 추궁해 오자 자신의 거짓이 탄로 날 것을 염려하여 직업을 관두었다고 합니다.

변호사 실사작업을 위한 절차가 진행되자 바로 직업을 관두었다는 의미입니다.

신학교수 하나님도 선악과를 에덴동산 중앙에 둔 이유 중 하나는 하나님의 소유권을 분명히 해서 사기로부터 예방하기 위함이 아닐까요? 왜냐하면, 누구나가 다 볼 수 있도록 하여 그 눈들을 피해 사기를 치는 것은 쉽지 않도록 한 것이죠.

평론가 최근의 '블록체인'의 개념과 비슷하지 않을까 합니다. 모두에게 정보가 뿌려짐으로 함부로 위조하거나 사기치는 것이 불가능해지는 것이지요.

사회자 그렇군요. 그럼 현실에서 어떻게 실사작업을 손쉽게 할 수 있을까요?

변호사 다음의 절차를 따르면 됩니다.

1) 자신과 상대가 이야기하는 것을 회의록에 구체적으로 기록합니다.

2) '진실을 이야기하고, 과장 혹은 허위사실이 있을 경우 책임을 진다'

라는 문구를 회의록에 기록하고, 상대와 자신이 서명을 합니다.

3) 상대가 이야기한 것을 증명하기 위한 증거를 요구하고 회의록에 첨부합니다.

4) 상대가 제시한 증거가 사실인지 해당기관에 연락하거나 공증을 받습니다.

5) 모든 것이 확인되면 회의록에 서명을 합니다.

사회자 알아두어야 할 사항이 더 있을까요?

변호사 자신의 것을 지키기 위해 철저히 지적재산권을 보호해 두는 것도 좋습니다. 즉, 자신의 상표, 특허 등을 합법적으로 정부에 등록해 두는 것입니다. 물론, 이는 시간과 노력이 들어가지만 자신의 것을 지키기 위한 중요한 절차입니다.

신학교수 혹시 선악과가 어떻게 생겼을까 상상해 본 적이 있습니까?

사회자 아니요, 한번도 생각해 보지 못했네요.

신학교수 아마 하나님은 그 누구도 감히 비슷한 것을 만들어낼 수 없도록 선악과를 만들었을 가능성이 높습니다. 성경에 아담이 '그 나무를 본즉 먹음직도 하고 보암직도 하고 지혜롭게 할 만큼 탐스럽기도 한 나무'라고 표현되어 있습니다. 에덴동산에는 수없이 많고 다양한 나무가 있었고, 아담은 그 나무들의 열매를 따먹으면서 지냈습니다. 즉, 나무에 대한 풍부한 경험을 가지고 있던 아담이 보기에도 선악과는 정말 특별해 보이는 나무였을 가능성이 높습니다. 아마도 특이함을 넘어 신비함에 가까운 나무가 아니었을까 추측해 봅니다.

사회자 하나님은 왜 선악과를 특별하게 만들었을까요?

신학교수 아마도 위조를 방지하기 위한 대책이 포함되어 있었을 것 같습니다. 그 나무를 보는 순간 그 누구도 복제 혹은 위조를 상상할 수 없도록 선악과를 만든 것은 아닐까 상상해 봅니다.

사회자 정말 재미있는 상상이네요.

정체성으로 브랜딩하라!

사회자 그럼 여기에서 정책박사님을 초대해서 오늘 토론 내용을 어떻게 기업 혹은 국가에 적용할 수 있는지 들어보도록 하겠습니다. 박사님 안녕하세요?

정책박사 안녕하십니까?

사회자 오늘의 토론이 어떻게 기업 혹은 국가에 적용될 수 있을까요?

정책박사 저는 오늘의 토론을 정부에 적용하고 싶습니다. 즉, 도시 브랜딩과 국가 브랜딩을 위한 제안을 드리고 싶습니다.

사회자 변호사님께서 선악과를 등기부 등본에 비교해 주셨는데, 국가에서는 어떤 것으로 이해되면 좋을까요? 기업은 등기부 등본이 있지만, 국가는 등본이 없어서요?

정책박사 국가적으로는 선악과가 헌법으로 이해되지 않을까 싶습니다. 기업은 등기부 등본 혹은 정관 등이 그 기업의 정체성을 담고 있다면, 국가는 헌법이 그 정체성을 나타내고 있지요.

사회자 헌법에요?

정책박사 그렇습니다. 헌법에도 누가 국가의 주인이며, 무엇을 위해 누가 관리하는지 명확히 기록되어 있으니까요.

사회자 그럼, 국가 브랜딩을 위해 헌법도 중요한 요소겠네요?

정책박사 그렇습니다. 제 보고서에서 자세히 소개해 드리겠습니다.

사회자 미리 작성해 주신 보고서 말씀이시지요? 소개해 주시기 바랍니다.

정책박사 감사합니다.

정체성 브랜딩 보고서

최근에 기업 외에도, 정부 기관들도 '브랜딩'이라는 단어에 익숙한 편이다. '브랜딩'이라는 용어는 기존에는 비즈니스에서 주로 사용되던 것이었는데, 어느덧 정부 혹은 정치권에도 깊숙이 들어왔다. 좀 더 원색적으로 표현하면 중앙정부, 지방정부 할 것 없이 '브랜딩의 파도'에 떠밀려 다니고 있다고 해도 과언이 아니다.

정치인들에게 '브랜딩'은 '사람들에게 자신의 정체성을 인식시키는 중요한 노하우'다. 정치인이 브랜딩에 성공하는 순간 사람들은 그를 친숙히 여기고, 만나고 싶어하고, 지원하고 싶은 마음이 들기 시작한다. 즉, 정치인으로 점점 성공해 가는 것이다. 그러기에 정치인들은 자신들의 이미지를 스스로 만들고 대중들에게 각인시키려 노력한다.

국가도 마찬가지이다. '브랜딩'은 '국민들 혹은 주변국에 그 국가의 정체성을 인식시키는 중요한 노하우'다. 국가가 브랜딩에 성공하면 수많은 사람들이 그 국가에 방문하고 싶어하고, 심지어는 거주하고 싶어 한다. 또한, 국민들은 그 국가의 정체성을 명확히 인식하고 자랑스러워

한다. 왜냐하면, 타인들이 자신들을 인정해 주기 때문이다.

이렇게 중요한 '브랜딩'이기에, 중앙정부 혹은 지방정부는 자신들의 정체성을 드러낼 수 있는 '브랜딩 정책'을 고안해 낸다. 최근의 대표적인 정책이 테마파크 건설, 박람회 혹은 지역행사 개최, 박물관 건립 등이 있다. 한국에서 예를 들면, 남양주시는 '정약용의 도시'라는 정체성 기반 하에 다산 신도시를 기획했고, 'Slow City'라는 또 다른 정체성으로 다양한 자전거도로, 커피거리, 체육공원 등을 건설했다. 순천시는 '정원 박람회'를 개최하면서, '순천만 국가정원'을 탄생시켰다.

그러나 지방정부가 모두 브랜딩에 성공하는 것은 아니다. 아니 사실 많은 지방정부는 '브랜딩화'를 이루지 못하여 고민하고 있다. 심지어는, 그 지역의 정체성과 전혀 상관없는 정책으로 예산만을 낭비하여, 언론의 지탄을 받는 경우도 허다하다.

사실 전세계적으로 브랜딩에 성공한 국가와 도시는 단순한 정책을 넘어선 무엇인가를 가지고 있다. 사람들의 이목을 주목시키고 그 국가(도시)를 동경하게 하는 힘을 가지고 있다. 과연 어떻게 해서 그런 매력

남양주 슬로시티문화관

남양주 슬로시티문화관 옆

을 가진 것일까?

성경에는 그런 매력을 가지고 있는 곳을 소개하고 있다. 그곳은 바로 에덴동산이었고, 그 중심에는 선악과가 있었다. 특히, 선악과는 에덴동산의 정체성을 보여주는 곳이었고 아담과 하와가 주목하게 하는 힘이 있었다.

그 매력의 비밀을 알기 위해서는, 오늘 토론을 분석해 보면 실마리를 찾을 수 있다. 즉, 오늘 토론의 요점은 '선악과는 에덴동산의 정체성(헌법)이었고, 관련 정보는 중앙에 위치한다'이다. 이를 단순히 문자적으로 분석하면, 다음의 정책이 필요하다는 것을 알 수 있다.

정체성(헌법)을 국가중심에 위치시켜라. 랜드마크로 발전시켜라!

기본적으로 헌법에는 국가의 정체성이 포함되어 있다. 권력의 근원(소유주 정보)과 권력의 운영(목적과 청지기) 등의 정보가 들어있다는 것이다. 대한민국 헌법의 예를 들면 다음과 같다.

- 주권은 국민에게 있다(권력의 근원).
- 민주공화국 체제 하에서, 국민으로부터 권한을 위임 받은 사람들(대통령 등)이 관리함(목적과 청지기).

에덴동산의 경우에도 선악과를 통해 이런 정보를 습득할 수 있었다. 즉, 에덴동산의 소유권은 하나님에게 있고 (하나님의 영광을 위해) 아담이라는 청지기에 의해 관리되던 곳이라는 정보를 알 수 있다. 이러한 정보는 곧 에덴동산의 정체성을 표현해 주고 있는 것이다.

중요한 것은 이러한 정보를 국가의 중심에 두어야 '정체성 기반 브랜딩'을 시도할 수 있다. 이스라엘이 대표적인 예가 될 수 있다. 이스라엘은 해마다 수많은 관광객이 찾아오고, 동경의 대상이 되는 국가다. 과연 이스라엘은 어떻게 '브랜딩'을 성공했을까? 테마파크를 건설하고, 박람회 혹은 지역행사를 개최하여 성공적인 '브랜딩'을 이루었을까? 절대 그렇지 않다. 그들은 자신들의 정체성을 그 중심에 놓았기에 '브랜딩'에 성공한 것이다.

탐색: 이스라엘 국회 그림

각 국가의 중심은 어디일까? 국가마다 약간의 차이는 있겠지만, 이스라엘은 단연코 국회가 중심일 것이다. 12개 지파가 한 민족을 이루던 전통이 있기에 이스라엘 국회는 민족을 대표하는 상징성을 갖기에 충분하다. 참고로 이스라엘의 국회는 '크네세트'라고 부르는데, 기원 전 에스

이스라엘 의회

이스라엘 의회 로비

라와 느헤미야에서 소집된 크네세트 하게돌라(최고회의, 공회)에서 유래되었다.

크네세트를 들어가면 방문객들은 제일 먼저 벽에 전시되어 있는 그림 3점과 만나게 되는데, 이 그림들이 제공하는 정보들을 모으면 이스라엘의 정체성을 알 수 있다. 이 그림들은 처음 보면 그 크기에 압도되기도 하지만, 무엇보다 그림의 내용에 관심을 갖게 된다.

첫 번째 그림은 이스라엘의 역사를 묘사했다. 이 그림에는 구약의 수많은 선지자가 등장한다. 우선 크게 그려진 두 명의 인물이 있는데, 오른쪽에서 흰색 옷을 입고 손에 십계명을 들고 있는 사람이 모세이고, 왼쪽에 빨간 옷을 입고 하프를 켜고 있는 인물이 다윗이다. 그리고 아론이 촛대를 들고 있고 여호수아가 칼을 차고 전쟁에 참전하고 있는 등 다양한 성경 인물들이 제각기 모습으로 표현되었다.

두 번째 그림은 이스라엘의 현재의 모습을 표현했다. 그림 속 사람들은 악기로 음악을 연주하고, 즐거워하며 손을 잡고 춤을 춘다. 특히, 가족들이 행복해하는 모습도 보인다. 이는, 유대인들이 전세계에 흩어져서 살고 있다가 이스라엘 땅을 극적으로 되찾아 다시 돌아오게 된 기쁨을 묘사한 것이다.

참고로, 이스라엘은 AD 70년 경에 로마군에 패전하여 나라를 잃고 전세계로 흩어져서 살게 되었다. 이를 '디아스포라'라고 부르는데, 이 기간 동안에 나그네 인생으로 겪었을 유대인들의 설움은 이루 말할 수 없었을 것이다. 이런 설움은 유대인들에게 '시오니즘'을 갖게 했다. 즉, 하나님이 주신 땅으로 돌아가서 새로운 국가를 건설하고자 하는 희망이었다. 결국 그 꿈에 이끌리어, 20C에 들어오면서 유대인들이 조금씩 현재의 이스라엘 땅으로 이주하여 그곳에 오랫동안 거주했던 팔레인스타인과 마찰을 빚게 되었다. 결정적인 계기는 2차 세계대전으로 수백만 명의 유대인 희생자가 발생하여 서방세계의 동정의 눈이 이스라엘을 향하게 되면서 UN의 결정과 몇 번의 전쟁을 통해 유대인들은 자신들의 땅을 회복하게 된 것이다. 그들의 기쁨과 감격, 그리고 환희가 그 그림에 녹아 있는 것이다.

① 첫 번째 그림
② 두 번째 그림
③ 세 번째 그림

세 번째 그림은 이스라엘의 미래를 보여준다. 이 그림에는 특이하게 많은 동물이 등장한다. 우선 맹수들이 보이는데, 사자, 곰, 표범, 뱀 등이 보인다. 그리고, 염소, 양, 송아지 등 작은 동물들도 발견되는데 맹수들이 그들을 공격하지 않는다. 그리고 동물들 사이에는 사람들의 여유 있는 모습이 보이는데 그중에는 어린 아기들도 눈에 들어온다. 사실 이는 이사야 11장 6~9절에 나오는 천국의 모습을 형상화했는데 유대민족의 종착지를 설명하는 그림이다.

> 그 때에 이리가 어린 양과 함께 살며 표범이 어린 염소와 함께 누우며
> 송아지와 어린 사자와 살진 짐승이 함께 있어 어린 아이에게 끌리며…
> 젖 먹는 아이가 독사의 구멍에서 장난하며…
> 내 거룩한 산 모든 곳에서 해 됨도 없고 상함도 없을 것이니
> 이는 물이 바다를 덮음 같이
> 여호와를 아는 지식이 세상에 충만할 것임이니라

이 그림들이 국회의 가장 중요한 곳에 위치한 것은 이스라엘이 국가적으로 자신의 정체성을 명확히 하기 위함일 것이다. 이 그림들은 등기에 필요한 다음과 같은 정보를 담고 있는데 이를 모으면 이스라엘의 정체성이 된다.

권력의 근원: 그들과 그들의 선조는 하나님께 속했다.

권력의 운영: 하나님의 나라로 돌아가기 위해 유대인들이 이스라엘 땅을 관리하며 살아가고 있다.

정리하면, 이스라엘은 그들의 정체성을 국가의 중심에 두었기에 '브랜딩'에 성공할 수 있었다. 정확히 이야기하면 하나님과 관련된 정체성을 국가 중심에 둔 것이다. 이스라엘은 그들의 정체성을 중심에 둔 것은 단순히 국회만이 아니다. 그들의 삶 중심에도 뿌리내리고 있다. 그들의 정치, 교육, 문화 중심에 그들의 정체성이 내포되어 있다. 심지어, 그들의 공휴일(명절)은 그들의 정체성과 깊은 연관이 있다. 이는 그들이 특별한 행사로 '국가 브랜딩'을 한 것이 아니라, 그들의 삶 자체가 곧 '국가 브랜딩'을 만드는 힘이 된 것이다.

그렇다면, 국가의 정체성을 명확히 하면 어떤 장점이 있을까? 우선 국가의 정체성이 분명한 국가는 선출된 정권에 상관없이 일관성 있는 정책의 방향성을 유지할 수 있게 된다. 이러한 일관성은 국민들의 마음을 모을 수 있는 힘이 된다. 또한, 국가의 정체성을 성취하려는 분명한 정책의 목표와 방향성을 가지므로 국민들은 국가에 대한 신뢰를 갖게 되고 더 나아가 국가에 대한 자부심을 갖게 된다.

반대로, 국가의 정체성이 명확하지 않다면 어떨까? 그 국가의 정책은 국내외 변화에 흔들릴 수밖에 없을 것이고, 이는 국민들의 혼돈과 분열을 조장하는 주원인이 될 것이다. 특히, 선거를 통해 정권이 바뀔 때마다 그 정책의 방향성은 순식간에 뒤바뀌게 되어 국민들은 국가의 방향성에 대해 심각하게 대립될 것이다.

따라서, 국민이 행복한 명문 국가가 되기 위해서는 국가의 정체성이 분명해야 한다. 국민들에게 국가의 정체성에 대해 질문했을 때 누구나가 동일한 정체성을 이야기할 수 있다면 그 국가의 정체성은 명확하다

할 것이다.

예를 들면, 초강대국 미국의 정체성을 미국 국민들에게 질문하면 대부분 '신앙(Faith)과 자유(Freedom)'라고 할 것이다. 즉, '신앙 안에서 자유를 수호하는 국가'라는 의미다. 실제 청교도들이 신앙의 자유를 찾아 미국에 왔고, 냉전시대에는 자유진영의 리더 역할을 담당했다.

또한, 미국은 역사적으로 '자유의 수호자'란 정체성을 가지고 다양한 정책을 펴왔다. 미국의 군대 해외파병 및 주둔, 자유무역협정(FTA)의 국제적 확산, 글로벌 인권 개선 노력 등이 대표적이다. 심지어는 글로벌 종교자유의 성취를 위한 국제종교자유위원회를 전 세계에서 유일하게 연방정부 기관으로 운영하고 있다. 이러한 정책은 새로운 대통령에 따라 조금씩 내용이 수정되기는 했지만, 대부분은 '자유를 수호하고 확산'한다는 목적과 방향성을 유지해온 것이 사실이다. 그 정책들에 대해 찬반이 존재하기는 하지만, 국민들은 그 목적과 방향성을 알기에 국가에 대한 신뢰와 자부심을 갖게 되는 것이다.

유대인들도 자신들의 국가에 대한 자부심이 대단하다. 사실 유대인만큼 환란을 겪은 민족은 없을 것이다. 히틀러에 의해 수백만 명이 학

미국 연방정부 국제종교자유위원회 로고

United States Commission *on*
International Religious Freedom

살당하고 돌아갈 땅이 없어 전 세계에 흩어져서 약 1,900년 가까이 유랑민으로 살아왔다. 그리고, 지금 현재도 주변국들 혹은 이스라엘에 거주하고 있는 이민족들과 수많은 갈등을 겪으며, 항상 긴장 속에서 삶을 살아가고 있다. 그러나 그들은 크네세트 두 번째 그림에서 보듯이 현재 행복과 감사를 느끼며 살아가고 있다. 무엇보다 국가를 무한히 사랑하고 있으며 신뢰하고 있다. 이것이 바로 국가 정체성을 명확하게 할 때 나타나는 힘이다. 영화 《인생은 아름다워》는 이러한 유대인들의 힘을 은유적으로 잘 보여주고 있다.

대한민국 국민들은 어떠할까? 대한민국의 정체성에 대해 무엇이라고 할까? 사람마다 대한민국을 보는 관점이 다를 것이다. 어떤 이들은 대한민국의 모토인 '홍익인간'을 정체성이라고 하는 이들도 있을 것이고, 다른 이들은 대한민국 헌법 1조 1항을 근거로 '민주공화국'이라고 천명하는 사람들도 있을 것이다. 이것도 아니라면 아마 각자가 생각하고 있는 대한민국의 정체성이 있을 수 있다. 아마도 전혀 정체성에 대해 생각해 보지 않은 경우가 대부분일 것이다.

그렇다면, 국가의 중심은 무엇일까? 외형적으로는 국회(혹은 중앙정부 건물)가 국가의 중심이 되지만 내면적으로는 국가의 헌법이 국가의 중심일 것이다. 그렇다면 당연히 국가의 정체성을 외형적으로는 국회(혹은 중앙정부 건물)에 게시해야 하고 내면적으로는 헌법에 명시해야 하는 것이 수순일 것이다.

그럼, 이스라엘은 국회에서 자신들의 정체성을 게시했듯이 헌법에도 명시했을까? 아쉽게도, 이스라엘은 성문헌법이 존재하지 않는다.

다만, 2018년 여름에 '유대민족 국가법'을 통과시켰다. 이 법은 '이스라엘은 유대민족 국가이다'라는 것을 공식적으로 공표한 것으로 이스라엘 국가의 정체성을 명확히 보여주는 법률이다. 이 법으로 유대계와 비유대계가 강하게 충돌했다. 아마도 이 법이 실질적인 이스라엘 헌법 1조 역할을 할 것으로 보인다.

'유대민족 국가법'은 구체적으로 히브리어를 유일한 국어로 인정하고 함께 썼던 아랍어의 위상을 격하시켰다. 또한, 이스라엘은 유대민족의 역사적 고향이므로 유대인만이 '민족자결권'을 가질 수 있다고 명시했다. 즉, 국가의 소유권을 분명히 하고 자신들의 정체성을 법률에 명시화 한 것이다.

미국의 경우에도 자신들의 정체성을 미국 수정헌법 1조에 명시하고 있다. 핵심 내용은 '표현의 자유'에 관한 것이다.

> 의회는 종교를 만들거나, 자유로운 종교활동을 금지하거나,
> 발언의 자유를 저해하거나, 출판의 자유, 평화로운 집회의 권리,
> 그리고 정부에 탄원할 수 있는 권리를 제한하는
> 어떠한 법률도 만들 수 없다 (미국 수정헌법 1조)

미국의 경우에는, 수정헌법 1조를 통해 국가종교를 만드는 것을 금지했지만 그들의 국가 모토(In God we trust: 우리가 믿는 하나님 안에서)를 통해 자신들이 누구에게 속했는지를 분명히 한다. 이 모토는 1956년 아이젠하워 대통령 시절에 공식적인 국가 모토로 지정되었다. 그 이전

까지는 미국에는 비공식 모토인 'Out of Many, One'이 쓰였다.

이렇게 정체성을 그 국가의 중심에 위치시키고 나면 브랜딩화 하는 작업이 필요하다.

첫 번째, 국민들이 '국가의 정체성'에 대해서 항상 이야기할 수 있도록 구조화하는 것이다. 가정, 학교, 직장 어느 곳에 가든지 이를 이야기할 수 있도록 만드는 것이다. 요즘에는 홍보를 위해서 SNS, TV광고, 신문광고 등 다양한 것들이 사용된다. 그러나 전통적으로 사람의 마음을 뒤흔드는 홍보는 입소문이다. 사람의 입으로 전해지는 소문은 그 어떤 방법보다 설득력이 있다. 성경에도 입소문을 통해 불리한 전쟁을 승리로 이끈다거나 사람의 마음이 움직이게 하는 등 다양한 사례를 찾아볼 수 있다.

대표적인 예가 이스라엘이다. 이스라엘은 '국가 정체성'을 교육하기 위한 구조적인 시스템을 구축하는데, '하브루타'라는 자신들만의 토론 방법을 사용했다. 이스라엘은 이 하브루타를 가정, 회당, 학교, 사회조직 내에서 활용하도록 구조화했다. 참고로, 하브루타는 2명이 한 조를

1달러 미국 화폐

이루어 토론하는 학습방법이다. 특히, 하브루타는 '모세오경(토라)'을 토론하기 위해 주로 사용되는 만큼 자연스럽게 국가 정체성이 국민들에게 지속적으로 전해지도록 구조화한 것이다.

두 번째, 국민들이 항상 '국가의 정체성'을 접할 수 있도록 구조화하는 것이다. 마치 아담과 하와가 에덴동산 중앙에 있는 선악과를 항상 볼 수 있듯이 만드는 것이다. 대표적인 예가 미국 돈에 적힌 국가모토(In God We Trust)이다. 이 국가모토는 1864년 미국 동전에 처음 사용되었으며 1957년부터는 지폐에 사용되었다. 돈은 사람들이 매일 사용하는 것으로, 이를 사용할 때마다 국가 모토를 다시 한 번 접할 수 있도록 구조화한 것이다. 심지어 미국 달러를 사용하는 전 세계인들이 미국의 국가 모토를 알 수 있도록 만든 절묘한 정책임에 틀림없다.

실제로도, 이러한 국가 모토를 미국 화폐에 표기하는 것에 대한 반대 목소리가 높았지만, 2003년도에 USA Today, CNN, 갤럽 등의 공동 리서치에 따르면, 90% 미국 국민들이 미국 동전에 국가 모토를 표기하는 것에 찬성했다.

세 번째, '익숙한 소재로 창조성'을 발휘하는 것이다. 에덴동산에는 수많은 나무가 있었다. 선악과는 그 중에 하나였다는 사실이다. 다시 설명하면, '나무가 에덴동산에 너무나도 흔했다'는 사실은 브랜딩을 위해서는 익숙한 것을 사용해야 함을 알려주는 힌트다. 많은 사람이 브랜딩화 할 때 없는 것을 창조하려고 노력한다. 그러나 브랜딩은 기존에 있는 것을 가지고 하는 것이 정석이다. 한국의 경우에는 기존에 있던 김치, 기와집, 아리랑 등을 브랜딩의 소재로 써야 한다는 의미다. 익숙함은 그 국가의 역사를 담고 있고 정체성을 담고 있기 때문이다.

다음으로, '익숙한 소재'를 가지고 남들이 흉내낼 수 없는 것을 창조하는 것이다. 선악과는 같은 나무임에도 다른 나무와는 사뭇 달랐던 것으로 보인다. 왜냐하면, 아담과 하와가 그 매력에 흠뻑 빠질 만큼 독특함을 가지고 있었다. 아마도, 크기, 색깔, 구조 등 모든 것이 기존의 나무들과는 달랐을 것이다. 한국의 경우에는, 남북의 분단과 통일이라는 주제는 남들이 흉내낼 수 없는 소재이다. 마치 이스라엘의 홀로코스트를 누구도 흉내낼 수 없는 것과 비슷하다. 이 통일이라는 소재에 김치, 기와집, 아리랑을 결합시킨다면 그 누구도 흉내낼 수 없는 독특한 창조성이 발휘될 것임에 틀림없다. 예를 들면, DMZ에 남북의 역사적인 가옥을 옮겨놓고 그 가옥에서 남북 음식과 문화를 동시에 접할 수 있도록 해놓았다고 생각해 보라. 생각만 해도 누구든지 한 번 가보고 싶은 곳이 될 것이다.

'내 거룩한 산 모든 곳에서 해 됨도 없고 상함도 없을 것이니 이는 물이 바다를 덮음 같이 여호와를 아는 지식이 세상에 충만할 것임이니라(이사야 11장 9절).'

Topic 3

우리는 어떤 리더를 찾고 있는가?

- 최초의 리더를 법원에 세우다!
- 영화 《황후화》 : 절대권력을 꿈꾸다!
- 제왕이 아닌 Stewardship! (탐색: 스웨덴 국회의원)
- 영화 《개미》

Topic 3

우리는 어떤 리더를 찾고 있는가?

사회자 여러분 안녕하십니까? 오늘은 세 번째 시간으로 '우리는 어떤 리더를 찾고 있는가?'라는 주제를 다루게 됩니다. 정말 중요한 주제이죠?

평론가 그렇습니다. 최근에 재계 혹은 정계의 리더들이 많은 실망감을 주었습니다. 무능, 무책임, 거짓말, 갑질 등 종류도 다양하죠.

변호사 맞습니다. 중요한 일을 앞두고 정작 그에 맞는 인물을 찾는 것이 쉽지 않습니다. 막상 인물이 없어서 당황할 때가 많거든요.

최초의 리더를 법원에 세우다!

사회자 그러기에 오늘의 토론이 중요하다 할 것입니다. 오늘의 성경토론 내용은 아담에 관한 내용입니다. 교수님, 아담이 토론주제가 된 이유가 있나요?

신학교수 네, 지난 시간과 같은 이유입니다. 성경에는 모세, 엘리야, 다윗과 같은 출중한 리더가 있지만, 우리는 첫 번째 리더에 주목하는 것이 더 중요합니다.

평론가 아담이 첫 번째 인물인 것은 맞지만, 실패한 리더 아닌가요?

신학교수 말씀 드렸듯이, 우리 프로그램의 목적이 '성경을 이 사회에 적용' 하는 것이 목적이라면 하나님이 처음 리더에게 무엇을 기대했는지를 분석해 보는 것이 중요할 것입니다. 다시 정리하면, 아담이 어떠한 리더십을 가지고 있었는지 중요하지 않습니다. 중요한 것은 하나님이 아담에게 어떠한 리더십을 갖기를 원했는지가 더 중요한 것이지요.

사회자 그럼, 하나님이 아담에게 최초로 요구한 리더십에 주목해야겠네요?

신학교수 정확하십니다.

사회자 하나님이 아담에게 요구한 리더십이 뭔가요?

신학교수 한마디로 아담에게 '청지기'가 되라고 요구했습니다.

사회자 청지기요? 정확하게 어떤 의미인가요?

신학교수 주인이 맡긴 것을 주인이 요구한대로 잘 관리하는 사람을 의미합니다. 사실 이 청지기라는 단어에는 리더에게 꼭 필요한 덕목들이 포함되어 있습니다. 베드로전서 4장 10절에 이렇게 적혀 있습니다. '각각 은사를 받은 대로 하나님의 여러 가지 은혜를 맡은 선한 청지기 같이 서로 봉사하라.'

사회자 그럼, 청지기가 말하는 리더의 조건이 무언인가요?

신학교수 청지기는 자신이 주인이 아니기 때문에 겸손하며 주인이 원하는 성과를 내기 위해 전문성이 요구되고 도덕적으로 필요한 성실성, 정직성, 협동심 등이 필요합니다.

사회자 그럼 우리는 겸손함, 전문성, 도덕성(성실성, 정직성, 협동심)을 갖춘 인물을 찾아야겠군요?

평론가 가장 이상적인 요건들이네요. 그리고 사회적으로 동일하게 요구되는 덕목들이고요.

신학교수 맞습니다. 그런데 이 요소들은 사회적에서 이야기하는 것과는 약간 차이가 있습니다.

평론가 어떻게 다르죠?

신학교수 종합하여 표현하면 '주인의식으로 무장한 겸손함'입니다.

사회자 주인의식으로 무장한 겸손함? 특별한 차별성이 있나요?

신학교수 청지기라는 의미는 자신이 주인이 아니라는 것을 자각하는 것입니다. 그런데도 주인의 일을 성취하기 위해 주인의식을 가지고 전문성과 도덕성을 함께 겸비하는 것입니다.

평론가 말장난 아닌가요? 특별한 차이를 모르겠어요.

신학교수 아닙니다. 분명한 차이가 있습니다. 하나씩 생각해보겠습니다. 만약 자신이 주인이라고 생각하는 경우입니다. 예를 들면, 기업의 대주주가 자신이 기업의 주인이라고 생각하거나 정부의 수장이 자신이 국가의 주인이라고 생각하면 어떻게 되겠습니까? 수많은 갑질이 예상되겠지요? 구성원들을 단순히 자신이 부리는 사람 혹은, 그 이하로 생각할 가능성이 높죠. 아마 우리가 찾는 리더는 아닐 것입니다.

사회자 그러면 반대는요?

신학교수 반대로 자신이 주인이 아니라는 것을 알았지만 소극적이고 주인의식이 없는 인물, 발전을 위해 전문성 개발도 안 하고 도덕적으로도 투철하지 않다면 어떻게 되겠어요? 이 또한 우리가 찾는 리더는 아닐 겁니다.

사회자 그럼 아담은 어느 쪽에 속하는 인물인가요? 전자인가요? 후자인가요?

신학교수 전자입니다. 아담은 자신이 주인이 되려고 했으니까요.

평론가 말도 안됩니다. 아담이 열매를 따먹은 것은 단순히 절도죄 정도인 것 같은데, 어떻게 반역을 했다는 것인가요?

신학교수 반역을 했기에 에덴동산에서 추방되었고 죽음을 선고 받게 되었습니다.

평론가 그것도 말이 안됩니다. 추방, 사형 이런 것들이 어떻게 아담의 절도죄에 대한 적법한 처벌이 되나요? 너무 비이성적이지 않나요?

신학교수 아담이 열매를 따먹은 행위는 단순한 절도가 아닌 반역을 행하는 상징적인 행동이었습니다.

평론가 그건 너무 확대해서 해석한 것 아닐까요? 법률적으로 따져보면 단순한 절도일 것 같은데요.

사회자 잠시만요? 오늘 내용을 모르시는 분들을 위해 정리하고 넘어가죠. 교수님, 아담 관련 내용이 성경 어디에 기록되어 있죠?

신학교수 이 내용은 창세기 3장에 나오는 장면입니다. 뱀의 유혹으로 금지된 열매를 아내와 함께 따먹는 내용입니다. 이 장면에서 아담은 하나님과 같이 되려고 노력하다가 에덴동산에서 추방당했죠. 그 이유는 아담의 행동이 하나님을 대적하는 반란에 해당했거든요.

평론가 말씀드렸듯이 그건 억지입니다. 아담의 잘못은 법정으로 가져가도 너무 작은 사안이어서 받아주지도 않을 사건입니다. 설사 재판이 진행되더라도 잘해야 절도죄 정도 성립되는 사안입니다. 절도죄에 무슨 추방, 사형선고가 내려집니까? 말이 안 되네요.

사회자 평론가님은 아담의 범죄에 비해 형벌이 너무 무겁게 적용되었다고 주장하십니다. 평론가님, 이 부분에 대해 사전 조사한 것이 있다고요?

평론가 네, 그렇습니다. 아담은 단순히 하나님이 금지한 열매를 따먹으므로 에덴동산에서 추방당했고, 죽음의 선고를 받게 됩니다. 제가 법조전문가와 상의한 결과, 이는 아담의 절도죄에 비하여 너무 가혹한 양형입니다. 법조전문가가 양형에 대한 내용을 요약해 주었는데 이를 읽어드리도록 하겠습니다.

양형의 기준

법원에서 형사재판을 할 때 판사는 자신의 재량으로 형량을 마음대로 정할 수 있는 것이 아니다. 판사에 따라 형량 차이가 지나치게 커지게 되면 국민들은 법원을 신뢰할 수 없기 때문에 범죄 유형별로 지켜야 할 형량 범위는 대법원이 정하게 된다. 그 기준 안에서 판사는 형을 가중하거나 감경하는 사유를 찾아 최종 선고할 때 적용한다.

형법은 판사의 재량을 최대한 인정하지만 판사가 주관적 자의에 의해 판단하지 않도록 다음과 같은 양형의 표준을 제시하여 양형을 객관화하게 된다.

- 범인의 연령, 지능, 환경
- 피해자와의 관계
- 범행의 동기, 수단, 결과
- 범행 후의 정황

이러한 기준 하에서, 판사는 벌금형으로 마무리할지 징역형을 선고할지 결정하게 된다. 징역형의 경우에는 집행유예와 실형으로 다시 구분하게 되는데, 이 모든 것이 대부분 양형의 가이드라인에 따라 결정된다.

예를 들면, '일반 재산에 대한 절도'의 경우 한국은 다음과 같은 양형 기준을 가지고 있다.[1]

유형	구분	감경	기본	가중
1	방치물 등 절도	-6월	4월-8월	6월-1년
2	일반절도	4월-10월	6월-1년 6월	10월-2년
3	대인절도	6월-1년	8월-2년	1년-3년
4	침입절도	8월-1년 6월	1년-2년 6월	1년 6월-4년

그렇다면, 사형이 양형의 기준에 포함되는 경우는 어떤 경우일까? 일반적 살인(보통동기 살인, 비난동기 살인)의 경우에는 사형이 양형 기준

1) 양형위원회, https://www.scourt.go.kr/sc/krsc/criterion/criterion_39/theft_crime_01.jsp, 2019. 1. 20.

에 포함되지 않고, '극단적 인명경시 살인'에 추가적으로 가중요소가 발견될 때에 판사는 사형을 선고하게 된다.

미국연방법은 사형이 가능한 범죄를 좀 더 구체적으로 세분화 해놓았다. 대표적인 예가 다음과 같다.

- 화학무기 혹은 다량학살 무기를 사용한 살인
- 미국 국회의원, 대법원, 각료 멤버를 살해
- 폭발물을 사용한 살인
- 비행기 납치를 통한 살인
- 죽음을 초래한 성범죄

평론가 객관적으로 보면, 아담의 죄는 절도죄로 인식될 수 있습니다. 그것도 열매 한 개의 기준으로 볼 때 과연 형법의 대상이 될 수 있을까 하는 정도의 미미한 경우입니다. 이런 아담의 경미한 절도죄와 '극단적 인명경시 살인'과 비교되어야 한다는 것은 양형 기준에서 볼 때 뭔가 문제가 있어 보입니다.

신학교수 이해를 못 하시네요. 그 열매는 하나님의 권위를 나타내는 상징성을 내포하고 있는 거예요.

평론가 상징성은 둘째 문제죠? 그 열매 가격이 얼마나 한다고, 이렇게 가중한 처벌을 내리는 거죠? 산삼을 훔쳐먹어도 그렇죠. 이건 말이 안돼요.

사회자 변호사님 생각은 어떠신가요?

변호사 저는 아담의 양형에 대해 문제 삼기 이전에, 아담에게 적용되어야 하는 범죄가 무엇인가부터 이야기하고 싶어요. 제 생각으로는 아담은 절도죄가 아닌, 내란과 관련된 반역죄가 적용되어야 한다고 생각합니다.

평론가 말도 안됩니다. 아담에게 군대가 있었던 것도 아닌데 무슨 내란입니까?

신학교수 아닙니다. 근거가 있습니다. 창세기 3장 5절에 주목하시죠. 뱀은 아담과 하와에게 접근하여, 선악과를 따먹을 것을 권하면서 다음과 같이 이야기합니다. "뱀이 여자에게 이르되 너희가 결코 죽지 아니하리라. 너희가 그것을 먹는 날에는 너희 눈이 밝아 하나님과 같이 되어 선악을 알 줄을 하나님이 아심이니라"

평론가 그거는 단순히 호기심으로 유혹하는 장면입니다. 청소년들이 '너 담배 피워볼래?'라는 말에 유혹되는 장면과 비슷한 것입니다.

신학교수 그렇지 않습니다. 이 말에 따르면, 아담과 하와에게 '하나님과 같이 될 것'이라고 하며 유혹하는 모습을 볼 수가 있습니다. 아담과 하와는 에덴동산에서 청지기로서 이미 모든 권한(운영권)을 누리고 있었음에도 그 권한을 넘어 소유주의 자리를 넘보려는 뱀의 계책에 속아 넘어가고 있는 장면입니다.

평론가 그것은 색안경을 끼고 보니까 그렇게 보이는 겁니다. 아담은 그저 순진한 사람이에요. 세상물정 모르는 거죠. 생각해 보세요? 돈을 벌 필요가 있습니까? 누구 경쟁하는 사람이 있습니까? 그냥 놀고 지내다가 '어 저거 뭐지?'하고 궁금해하는 장면입니다.

사회자 잠시만요? 변호사님, 내란죄가 성립하려면 어떤 요소가 필요한

가요?

변호사 형법이 적용되는 범죄가 되기 위해서는 범죄를 구성하는 요소들을 갖추고 있어야 합니다. 법정에서 검사가 이 범죄요소가 성립함을 증명해야지만 유죄로 인정될 수 있습니다. 범죄의 기본요소는 범죄행위와 범행 의도입니다.

사회자 좀 어렵네요.

변호사 설명을 해드리겠습니다. 첫 번째 요소인 범죄행위는 머리로만 생각하는 것이 아니라 반드시 범죄를 위한 행동이 있어야 한다는 것입니다.

사회자 간단하네요. 그럼, 여기서는 두 번째 요소인 범행 의도가 주요 쟁점이군요?

변호사 그렇습니다. 범행 의도는 '법을 어기고자 하는 결심'을 의미합니다.

평론가 아담에게는 내란의 의도가 없었다니까요?

변호사 맞습니다. 평론가님이 생각한 데로 직접 의도가 있었는지 증명하기 쉽지 않습니다.

평론가 거 보세요? 증명하기 어려워요.

변호사 그런데 간접 의도는 있어 보입니다.

사회자 간접 의도가 뭐죠?

변호사 간접 의도는 다양하게 검증되어야 하지만 대표적으로 '위험이 존재함을 알면서도 그 위험을 감수하기를 결정했는지'를 확인해야 합니다.

평론가 무슨 위험을 감수했다는 거예요?

변호사 제가 계속 이야기하는 것보다는 여기에서 모의재판을 참관하면 어떨까 합니다. 제가 모의재판을 구성해 보았는데, 이 재판을 보면 훨씬 쉽게 이해하실 수 있을 거라 생각합니다.

사회자 잘 되었네요. 그럼 한번 재판과정을 보시죠.

모의 형사법정

검사 창세기 2장 17절에 따르면, 하나님은 당신에게 선악과를 먹지 말라는 법을 설명해주면서 그 범죄에 대한 양형이 죽음이라는 것을 피고에게 분명히 인지시켜 주었습니다. 맞습니까?

(피고) 아담 잘 모르겠습니다.

검사 그럼 제가 기억을 상기하도록 기록을 읽어보겠습니다. 창세기 2장 17절입니다. "선악을 알게 하는 나무의 실과는 먹지 말라 네가 먹는 날에는 정녕 죽으리라 하시니라." 이제 기억나십니까?

(피고) 아담 하나님께서 저에게 말씀하신 것은 맞지만 그것이 법을 알려 준 것인지 몰랐습니다.

검사 그럼 왜 당신의 아내 하와가 뱀에게 이렇게 이야기 했죠? "동산 중앙에 있는 나무의 실과는 하나님의 말씀에 너희는 먹지도 말고 만지지도 말라 너희가 죽을까 하노라 하셨느니라 (창 3:3)." 하나님의 말씀이 법이라는 것을 알고 있었기에 그것을 어기는 것에 대한 두려움이 있었던 것이죠. 당신도 아내 하와의 말에 동의하고 묵인하지 않았습니까?

(피고) 아담 검사님께서 상기시켜주시니 그런 것 같습니다. 그렇지만 저는 내란에 대한 어떤 의도를 갖고 있지 않았습니다. 다만, 선악과를 맛보고 싶었을 뿐입니다. 물론 하나님의 것을 함부로 손댄 것은 맞지만 내란에 대한 불손한 의도는 없었습니다.

검사 불손한 의도가 없었다. 그럼 뱀의 증언은 무엇인가요? 뱀이 이렇게 당신에게 이야기했죠? "너희가 그것을 먹는 날에는 너희 눈이 밝아 하나님과 같이 되어 선악을 알 줄을 하나님이 아심이라." 뱀은 내란의 의도가 있었고, 당신에게 '하나님과 같이 되라' 즉, 내란에 동참하라고 권유하는 내용 아닌가요?

(피고) 아담 뱀이 그런 의도가 있었다면 자신이 직접 내란을 일으키면 되는 것이지 왜 저를 끌어들이겠습니까?

검사 그 이유는 뱀에게는 명분이 없었기 때문일 것입니다. 반역을 도모하는 이들은 대부분 명분을 가지고 있는 사람을 부추겨 자신의 목적을 이루려 합니다. 아무리 강력한 세력을 가진 대신이라도 대부분 자신이 직접 왕이 되려고 시도하지 못합니다. 대신에, 명분을 가지고 있는 왕의 아들, 왕비 혹은, 왕가 등을 부추겨 새로운 왕이 되도록 합니다. 그리고 그 뒤에서 실질적인 권력을 행사하는 경우가 대부분이지요. 뱀이 아담에게 접근한 이유도 같은 이유였을 것입니다.

(피고) 아담 제가 순진했어요? 뱀이 그런 의도가 있었는지 어떻게 알았겠어요?

검사 그럼 피고는 내란에 대한 직접적인 의도는 없었지만 그 결과는 알고 있었죠?

(피고) 아담 '결과를 알고 있었다는 것'은 무슨 의미인가요?

검사 피고가 선악과를 먹으려고 결정할 때에는 먹고 난 후에 기대감이 있어서 아닌가요? 기록(창 3:6)에 보니, 피고와 아내 하와는 '그 나무를 본즉 먹음직도 하고 보암직도 하고 지혜롭게 할 만큼 탐스럽기도 한 나무인지라'고 생각했죠?

(피고) 아담 그건 맞습니다.

검사 지혜롭게 되면, 어떤 결과가 나타날 것이라 예측했나요?

(피고) 아담 선악도 알고…하나님과 같이 지혜로워지고….

검사 종합하면 하나님이 알고 있는 것을 피고도 알고 싶었던 것 아닌가요?

(피고) 아담 그런 것 같습니다….

검사 즉, 하나님이 가지고 있는 비밀정보를 갖고 싶었던 것이죠? 그거 아시나요? 국가에서 정보는 곧 권력입니다. 모든 쿠데타를 기획했던 이들이 가장 먼저 했던 일이 정보를 장악하는 것입니다. 정보기관과 언론기관을 장악하는 것이죠. 이런 취지에서 피고는 선악과를 먹고 난 뒤에 일어날 결과 즉, 하나님의 비밀정보를 파악할 수 있다는 것을 합리적으로 예측할 수 있었습니다. 그렇죠?

(피고) 아담 몰랐어요….

검사 그리고 그 비밀정보를 파악함으로 피고인의 능력이 하나님과 동등한 수준에 이를 것이라는 것도 예측했고요?

(피고) 아담 몰랐어요….

검사 하나님과 동등한 능력이 되면 하나님과 경쟁할 수 있는 수준에 이르고요. 그리고 그 다음도 예측이 되었을 것이고요?

(피고) 아담 아니에요. 전 몰랐어요. (울먹이며) 너무 순진했을 뿐이에요.

변호사 보시는 것처럼, 아담에게는 간접적인 범행의도가 있음이 확실해 보입니다. 따라서 범죄의 기본요소는 범죄행위와 범행의도가 모두 충족되는 것이지요.

사회자 결론이 참 안타깝네요.

평론가 아무리 그래도, 사형은 너무한 것 아닌가요? 직접적인 반란도 아니었고, 다만 순진해서 상대의 의도를 잘 파악하지 못한 정도인데요.

변호사 이유가 있습니다. 왜냐하면, 반란과 내란 등에 대해서는 대부분의 국가에서 가장 높은 형량을 적용하곤 합니다.

평론가 직접적이지 않고 동조한 것만으로도 그렇다고요?

변호사 네, 그런 판례가 많습니다. 예를 들어, 일본계 미국인이었던 토모야 카와키타 관련 사건이 있는데 소개해 드리겠습니다.

토모야 카와키타의 반역죄

현대 시대에도 반역과 관련된 죄는 심각하게 다루고 있다. 대부분의 국가들은 양형 기준에 사형이 포함되어 있다. 현대 법률로도 다양한 국가들이 반역을 위해 공모 혹은 조력한 것으로도 반역죄, 최소한 내란방조죄가 성립되도록 한다. 미국연방정부도 반역죄(treason)는 사형으로 양형기준을 정하고 있다.

대표적으로, 미국의 경우에는 토모야 카와키타(Tomoya Kawakita)가 반역죄로 사형 선고를 받았다. 토모야 카와키타는 미국 캘리포니아에서 출생하여 고등학교까지 미국에 머물게 된다. 제2차 세계대전 기간 중에 아버지와 일본에 방문하여 일본 메이지 대학에서 수학한다. 1943년에 일본 시민권을 획득하고 대학을 졸업한 그는 전쟁포로 시설과 연관된 일본 철광석 공장에 취업하여 번역가로 일하게 된다.

문제는 1946년 전쟁이 끝난 후, 그는 미국대학(University of Southern California)에서 공부하기 위해 미국에 돌아오게 되는데 FBI에 의해 전격 체포된 것이다. 이유는 카와키타가 반역을 했다는 이유다. 토모야 카와키타는 자신의 업무는 전쟁과 거의 연관이 없으며 자신이 일본에 있었을 때 자신의 미국 시민권이 박탈당한 줄 알았다고 방어했지만 법원은 결국 사형선고를 내리게 된다. 다행히 그에 대한 사형은 집행되지 않았고 1963년 케네디 대통령에 의해 미국에서 강제 추방당했다.

사회자 이 사건을 보니 반역에 대해 얼마나 가혹한 양형이 적용되는지 알 수 있네요.

① ② 토모야 카와키타의 반역죄

변호사 제가 관련하여 한 편의 영화를 추천하고 싶습니다. 쿠데타에 관한 영화인데, 쿠데타 주모자들이 얼마나 혹독한 결말을 맞는지 잘 드러낸 영화입니다. 우리가 잘 아는 주윤발이 주연한 《황후화》라는 작품입니다.

사회자 좋습니다. 평론가님께서 영화 내용을 소개해 주실 수 있을까요?

평론가 물론입니다.

영화 《황후화》: 절대 권력을 꿈꾸다!

영화 『황후화』의 한 장면.
사진출처 The New York Times, 2006-12-21.

2006년 장예모 감독이 주윤발, 공리(주연) 등과 함께 연출한 영화다. 원제는 '만성진대황금갑(滿城盡帶黃金甲)'이다. '성 안의 모두가 황금 갑옷을 둘렀다'라는 뜻으로, '황소의 난'으로 유명한 황소의 시구에서 가지고 온 것이다.

제목과 어울리게 영화는 온통 황금색으로 가득하다. 궁전의 색깔, 군인들의 갑옷, 그리고 '중양절'이라는 절기의 배경과 그에 따른 황금색의 국화 등 온통 황금색으로 화려하다. 사실 이 작품은 다양한 볼거리를 제공한다. 화려한 채색, 투입된 인력의 규모, 실전을 방불케 하는 전투 장면, 그리고 엄청난 규모의 세트장 등이 그것이다.

그러나 영화에는 한가지 흠이 존재한다. 이 영화만을 위해서 맞춤형 세트장을 건설하였지만 촬영기간 동안 완공되지 못하는 해프닝이 발생한 것이다. 결국, 기존에 있던 다른 세트장을 활용하게 되면서 궁궐이 시대에 어울리지 않게 자금성과 비슷하게 연출되었다. 맞춤형 세트장은 영화가 상영된 뒤에 완공되었고 아쉽게도 다른 사극의 촬영과 결혼식 등에 사용되었다.

이 영화는 중국 당나라 말기, 오대십국시대 928년을 배경으로 하며 황후와 둘째 아들이 왕에 대해 반역을 하는 내용을 담고 있다. 이는 후당나라 명종의 스토리를 영화화한 것으로 추측된다. 실제로 명종이 병에 걸렸을 때, 둘째 아들이 아버지가 승하한 것으로 여겨 제위를 목적으로 난을 일으켜 궁으로 쳐들어 왔다가 진압되고 처형되는 스토리는 영화에서도 비슷하게 재연되었다.

영화 배경은 중양절 축제를 앞두고 궁궐 전체가 황금빛과 진노란 국화로 가득할 때였다. 황제(주윤발 역)와 황후(공리 역)는 세 명의 왕자를 슬하에 두고 있다. 그러나 첫째 왕자는 황후의 친자가 아니고 황후와는 이성적인 감정을 느끼는 사이로 나온다. 둘째 아들은 다양한 전투에 참전하여 공적을 세우고 있는 인물로 황제의 자질을 두루 갖추고 있는 인물이다. 셋째 아들은 어리고 순위에서는 밀리지만 어떻게 해서든 황제가 되려는 야망을 마음속 깊이 숨기고 있다.

황제는 사실 세 명의 아들 중에 둘째 아들을 가장 총애했다. 실제 영화 초반에 왕은 전투를 마치고 둘째 아들과 은밀한 대화를 나눈다. 그리고 '때가 되면 황위가 너에게 넘어갈 테니 감히 넘보지 말라'는 말을 한다.

얼마 후 황제 가족들이 식사하는 자리에서 셋째 아들이 자신을 중양절 직령관으로 임명해 달라고 요청한다. 직령관은 중양절에 황궁 수비를 총괄하는 중요한 역할이었다. 그러나 황제는 셋째 아들의 요청을 거절하고 자신이 총애하는 둘째 아들을 직령관으로 임명한다.

영화 《황후화》에서 황제와 황후는 법적으로는 부부였지만 사실 정치적인 경쟁자였다. 둘의 사이가 위기를 맞으면서 황제는 황후가 마시는 한약에 조금씩 독약을 타게 된다. 이 사실을 둘째 아들이 알게 되고 자신의 생모를 살리기 위해 황후의 반란계획에 동참하게 된다.

둘째 아들은 중양절 행사가 시작되자 직령관의 권한으로 황궁 군사들을 빼낸다. 그리고 둘째 아들은 황제의 황금 갑옷을 입고 그의 군대는 반란군이 되어 황궁으로 진입한다. 반란군은 상징적으로 황후가 수놓은 국화수를 목에 두른다.

그러나 황제는 이 모든 사실을 미리 알고 대비하고 있었다. 황제의 군대는 공성탑을 밀어 반란군의 퇴로를 차단했고 궁병들이 성벽 위에서 화살을 쏘아 반란군을 전멸시켜 버린다.

이 틈을 타 셋째 아들도 자신의 수하들과 함께 황제의 목숨을 노린다. 황제는 셋째 아들의 반란을 사전에 알지 못하여 직접 진압을 하게 된다. 그 과정에서 첫째 아들은 불운하게 죽음을 맞이하고 황제의 칼에 셋째 아들도 죽임을 당한다.

모든 반란이 진압되자 황제는 자신의 분노를 억누르고 침착하게 상황을 정리해 나간다. 우선 반역을 일으킨 둘째 아들을 사면하려고 노력한다. 그러나 둘째 아들은 자신이 내란의 주모자였기에 스스로 자결을 선택한다. 둘째 아들에게 황위를 넘겨주려고 한 황제의 계획은 왕자들의 모반으로 안타까운 비극으로 결론지어진 것이다.

사회자 변호사님, 영화 속 둘째 아들이 스스로 자결하는데요. 어떻게 생각하시나요?

변호사 왕조시대에 어느 국가든 반역죄는 가장 심각한 범죄였습니다. 과거로부터 반역과 관련된 모든 이들이 죽임을 당했습니다. 반역자의 가족, 친지, 친구 모두가 죽임을 당해야 했으니까요. 아마 둘째 아들도 그것을 알고 있었을 거예요. 반복해서 말씀드렸듯이 지금 시대에도 내란, 반란 등은 가장 양형이 높은 범죄입니다.

평론가 재미있는 것은 이 영화도 쿠데타의 원리를 그대로 따라가고 있어요. 역사적으로 쿠데타는 국민들에게 명분을 제공할 수 있는 쪽에서 시도를 하게 됩니다. 자신이 아무리 힘이 있어도 명분이 없으면 쿠데타를 직접 시도하지는 못합니다. 이때는 명분을 가진 사람을 끌어들여 쿠데타를 시도하게 되지요. 이 영화에서도 마찬가지인 것 같습니다. 황후는 직접 왕이 될 수 없으므로 명분이 약합니다. 따라서 차기 황제로 유력했던 둘째 아들을 끌어들였던 거죠.

신학교수 그래서 뱀이 아담을 끌어들였습니다. 에덴동산의 총괄 관리를 맡았던 아담 정도면 명분을 제공할 수 있을 거라고 생각한 거였어요.

변호사 그런 것 같아요. 영화 속 황제가 둘째 아들에게 황위를 넘길 마음을 가지고 중양절 직령관으로 임명했죠. 직령관은 중양절에 황궁 수비를 총괄하는 역할로 황제는 직령관에게 자기 목숨을 맡긴 거나 다름없었죠.

신학교수 맞아요. 하나님도 아담에게 비슷한 마음으로 에덴동산을 맡긴 것 같아요.

변호사 생각해 보세요. 직령관의 권한으로 중무장한 병력을 손쉽게 황궁 안으로 데리고 들어간 거예요.

신학교수 같은 원리로 아담도 자신이 가진 에덴동산 운영권을 이용해 선악과에 무사히 접근할 수 있었어요.

변호사 특히, 이 영화에서 둘째 왕자가 황금갑옷을 입고 반란군 전체가 황후가 수놓은 국화수를 목에 두른 것은 압권이에요.

신학교수 아담과 우리가 성경에서 저지른 죄를 알 수 있는 장면이에요. 소름이 돋는 장면인 것 같아요.

제왕이 아닌 Stewardship!

사회자 이 시간은 정책연구를 하고 계신 박사님을 초청하여 강연을 듣도록 하겠습니다. 지금까지 이야기한 것을 가지고 어떻게 기업 혹은 국가 정책에 반영할 수 있는지 발표할 예정입니다. 모두 경청해 주시기 바랍니다.

정책박사 안녕하십니까? 소개받은 정책박사입니다. 저도 우선 영화를 한 편 소개하고 싶네요. 이 영화도 쿠데타에 관련한 것인데 저의 강연을 이해하는데 크게 도움이 되리라 생각합니다. 그리고 난 후, 제가 작성한 정책기획 리포트를 읽어드리겠습니다.

영화 《개미》 (ANTZ, 1998)

영화 《개미》는 1998년도에 개봉된 작품으로, 드림웍스 픽처스의 첫 번째 애니메이션 영화다.

참고로 드림웍스 SKG는 1994년 스티븐 스필버그 감독과 월트 디즈니 출신의 애니메이션 제작자인 제프리 캐천버그, 영화 제작자 데이비드 게펀에 의해 설립되었다. 이후에 마이크로소프트 공동설립자인 폴 앨런, 제일제당 등이 투자했다.

영화 『ANTZ』의 한 장면.
사진출처 The STAR, 2016-03-04.

영화 《개미》는 우디 앨런, 샤론 스톤, 진 핵크만, 실베스터 스탤론, 크리스토퍼 월켄 등 할리우드 스타들이 대거 더빙에 참여한 것으로도 유명하다. 이 영화는 센트럴 파크에 사는 일개미 Z와 그가 속한 왕국의 이야기이다. 개미 Z는 태어나면서부터 일개미와 군대개미로 단순히 나뉘어지는 사회구조에 불만을 갖고 있다. 자신의 개성이 창의적으로 발현될 수 있는 특별한 삶을 꿈꾸는 것이다.

어느 날 개미 Z는 자신의 신세를 한탄하며 술집에서 술을 마시고 있었다. 거기에는 술집에 몰래 놀러 온 왕국의 발라 공주도 와 있었다. 발라 공주도 따분한 왕궁생활을 벗어나 특별한 것을 경험하고 싶었다. 둘은 술집에서 춤을 추게 되고 개미 Z의 독특한 춤에 발라 공주도 호기심을 갖게 된다.

그러나 술집의 만남을 뒤로한 채, 개미 Z와 발라 공주는 원래 자리로 돌아가게 된다. 사실 발라 공주는 맨디블 장군과 결혼을 앞두고 있었다. 맨디블 장군은 군을 장악하고 있는 사람으로서, 정치적 야망을 키워나가고 있었다. 발라 공주와 결혼을 하게 되면 정치적으로도 실권자가 되기 때문이었다.

하룻밤 불장난으로 끝난 발라 공주와 달리 개미 Z는 술집에서의 만남을 잊지 못한다. 공주를 만날 궁리만 하고 있던 어느 날 군대의 사열식에 공주가 참석한다는 것을 알게 된다. 자신도 그 사열식에 참석하기 위해 군인 친구와 하루 동안 역할을 바꾼다.

개미 Z는 사열식에서 멀리 있는 공주를 보고 손짓을 해보았지만 발라 공주는 그를 알아 보지 못한다. 문제는 그 사열식 후 그 군대는 바로 전투에 참여하게 된다. 덩치가 큰 흰개미와의 치열한 전투가 시작될 즈음에, 힘이 약한 개미 Z는 정신을 잃게 된다. 그리고 정신을 차리고 보니 양쪽 군사는 모두 전사해 있었다.

개미 Z가 왕국으로 혼자 돌아오자 그는 전쟁 영웅이 되었다. 그는 훈장을 받게 되고 발라 공주와 상봉하게 된다. 이 때 맨디블 장군은 개미 Z가 신분을 바꾼 것을 알게 되고 체포하려 든다. 개미 Z는 급히 도망가려는 순간 우연히도 공주의 손목을 잡고 함께 도망치게 된다.

도망하던 개미 Z와 발라 공주는 전설로만 알려졌던 '곤충천국'에 도착하게 되고, 그곳에서 서로에 대한 사랑을 확인한다. 그 사이, 맨디블 장군은 계획했던 쿠데타를 진행한다. 그 계획은 터널공사 개통식에서 왕족과 일개미 모두를 몰살시키고, 자신의 수하들인 군대 개미들과 함께 새로운 왕국을 건설하는 계획이었다.

이 계획을 눈치챈 개미 Z는 용기를 내어 왕궁으로 돌아온다. 그리고 맨디블 장군의 쿠데타를 실패하게 만들고, 모든 왕가와 일개미를 구원하게 된다. 진짜 영웅이 된 것이다. 그리고 개미 Z는 자신이 꿈꿔온 신분차별과 자율성이 보장된 사회로 그 왕국을 발전시킬 첫 걸음을 띠게 된다.

재미있는 것은 영화 후반에 원거리에서 조명해 보니 개미 왕국은 너무 조그마한 개미집이었고 '곤충천국'은 공원의 쓰레기통이었으며 멀리 뉴욕시내가 보이고 있었다. 즉, 개인이 추구하는 특권이 멀리서 바라보면 얼마나 작은 것인가를 상징적으로 표현했다. 또한, '자유의 도시'로 불리는 뉴욕을 보여주며 미국에 얼마나 많은 자율성이 보장되고 있는지 되묻고 있는 것이다.

영화 《개미》의 맨디블 장군은 전형적인 쿠데타 리더의 모습을 보여준다. 그는 우선 군대를 자신에게 충성하는 사조직으로 변화시킨다. 군수통수권자인 여왕의 말이 더 이상 효력을 발휘하지 못하도록 한 것이다. 둘째는 혁명을 가장하여 자신에게 반기를 드는 이들은 제거하는 시도를 했다. 이때는 어떠한 자비도 없는 냉혹함만이 그에게 보인다. 셋째는 차기의 권력을 자신의 편으로 만들기 위한 포석으로 사용한다. 맨디블 장군의 경우에는 발라 공주와의 결혼을 통해 그 계획을 실현하고자 한다.

종합하면, 맨디블 장군은 쿠데타를 기획한 것이고 이는 자신이 독재권력을 취하기 위한 수순이다. 역사적으로 맨디블 장군과 같이 독재권력을 꿈꿔왔던 많은 인물이 있었다.

중세시대 이전까지는 왕들이 독재 권력을 가지고 있었다. 대표적인 인물로 진시황이란 인물이 있다. 중국역사에서 가장 큰 영향력을 끼친 인물로 진시황과 마오쩌둥이 중국 내 설문에서 1,2를 차지한다. 진시황은 최초로 중국을 거대한 제국으로 통일했다. 후속작업으로, 화폐, 문자, 도로, 도량형 등을 통일했고, 만리장성의 상당 부분을 완성하기도 했다.

진시황은 자신만이 유일한 독재자가 되기 위해 불로장생을 위한 영약을 구한 황제로도 유명하다. 그가 지은 아방궁은 아직도 '사치스럽고 화려한 건물'의 대명사로 남아있다. 가장 놀라운 것 중에 하나는 사후 세계에서도 자신의 권력을 유지하기 위해 약 8천 명의 실물 크기의 토병(병마용)들을 만들었다는 것이다. 그 병마용들은 창과 칼을 들고 있으며 각각 다른 얼굴을 하고 있다.

현대 시대에는 절대 권력을 가진 군주가 존재하지 않는다. 그러나 권력의 기차는 멈추지 않고 계속 진행하고 있다. 기업에는 총수가 있고 국가에는 대통령(혹은 수상 등)이 있다.

기업은 총수가 주주총회와 이사회 모두를 장악하고 모든 이사는 총수의 눈치를 살피기에 바쁘다. 총수는 1인 리더십 혹은 '가업 승계'라는 명분을 가지고, 현대 시대의 경제 제왕으로 군림하는 경우가 많다. 대통령은 3권 분립 하에 행정부 수반(법 집행) 권력만을 갖는다. 그러나 국가 권력이 아직도 대통령에게 너무 많이 집중되어 다양한 부작용이 발생하고 있다. 대통령의 권력남용으로 인한 사회적 반발, 권력비리 등 다양하게 그 부작용들이 나타나는 것이다. 이를 '제왕적 대통령제'라고 비난하고 있는 실정이다.

단순히 총수와 대통령만의 문제가 아니다. 특권을 가지고 있는 사회적 특권 계층이 왕이 지나간 자리를 차지하고 있는 것이다. 이 대목에서 오늘 토론은 기업과 국가에 이렇게 적용할 수 있다.

Stewardship 시스템을 구축하라!

아담이 먹지 말라고 한 열매를 따먹은 것은 단순히 절도죄가 아니라 국가 내란과 연관된 죄이다. 즉, 자신이 하나님의 비밀을 알아내서 하나님과 같이 되고자 하는 의도가 있었던 것이다.

인간은 창조 시부터 에덴의 소유주가 아니라 관리자로서 역할을 받은 존재였다. 관리자로서 토지를 풍요롭게 하고 그 위에 사는 생물들을 다스리는 권한을 받은 것이다. 만약 인간이 자신이 소유주라는 생각을 한다면 이는 성경이 이야기하는 죄가 되는 것이다.

이런 차원에서, 하나님은 인간이 왕이 되는 것을 싫어했다. 이유는 그 자신이 관리자가 아닌 소유주로서 인식할 수 있기 때문이다. 그 증거로 성경은 다음과 같이 기록되어 있다.

> 우리에게 왕을 주어 우리를 다스리게 하라 했을 때에 사무엘이 그것을 기뻐하지 아니하여 여호와께 기도하매 여호와께서 사무엘에게 이르시되 백성이 네게 한 말을 다 들으라 그들이 너를 버림이 아니요 나를 버려 자기들의 왕이 되지 못하게 함이니라 (삼상 8:6-7)

이스라엘 백성이 사무엘에게 왕을 선출해 주기를 원했다. 이유는 전쟁 등이 발생했을 때 신속히 조직적으로 대응할 수 있었기 때문이었다. 그러나 사람들의 희망과 달리 하나님은 군주제도를 원하지 않았다. 하나님은 하나님의 백성이 오직 하나님만을 왕으로, 그분의 통치로만 살기를 원했다. 사사제도는 전적인 통치는 하나님이 하고 필요에 따라 리더를 세우는 제도이다. 참고로, 군주제도가 없던 이전에는 사사들이 이스라엘을 통치했는데, 가장 유명한 인물이 삼손이다.

왕의 제도는 역사적으로 언제 생겼을까? 문헌에 따르면, 수메르에서 그 근거를 찾을 수 있다. 수메르는 소위 메소포타미아 문명이다. 지금의 이라크 남부지역으로 기원전 5,500년부터 4,000년 사이에 사람이 살았던 것으로 보고되며 기원전 2,500년 전의 키시의 엔메바라게시가 최초의 왕으로 알려져 있다.

이렇게 시작된 군주제도는 아시아의 중국, 아프리카의 이집트를 필두로 전 세계로 확대되었다. 그리고 대부분 1900년대 초반에 군주들은 사라지고 그 뒤를 이데올로기 기반의 국가들이 들어서게 된다. 물론 아직까지 일부 국가들이 군주제를 유지하고 있지만 중동을 제외하고는 실질적인 권한을 행사하지는 않는다.

군주제도가 사라진다는 것은 사회적인 절대 권력이 없어진다는 의미이다. 성경은 인간이 절대 권력을 가짐으로 관리자로서의 정체성을 망각하고 자신을 소유주로 착각하는 것을 경계하고 있다. 왜냐하면, 크고 작은 아담의 내란죄가 반복될 수 있기 때문이다. 군주제도가 없어지기까지는 분명히 하나님의 선한 손이 작용한 것은 아닌가 생각해 볼 수 있다.

단순히 정치 분야만이 아니라, 경제, 문화, 언론 등 사회 전반에서 마찬가지 흐름이 이어진다. 독점적 경제를 막기 위해 공정거래위원회의 역할이 강화되어야 하고 반사회적인 억압을 막기 위해 국가위원회의 기능이 중요해지는 것처럼 말이다.

이런 상황에서, 최근에 '제왕적 대통령제'에 대한 문제가 대두되고 있다. '제왕적 대통령제'란 대통령에게 너무 많은 권력이 집중되어 많은 정치적/사회적 문제점이 제기되고 있어 나온 용어다. 즉, 삼권분립 체제 안의 대통령이 과거 군주 시대의 왕과 같은 권력을 다시 휘두르게 되는 폐단을 경계하고 있는 것이다.

그렇다면, 성경이 선호했던 사사제도에는 어떤 노하우가 숨겨져 있을까?

첫째, 사사제도는 사회에 어른을 만드는 제도이다. 현대 시대의 문제점 중에 하나는 어른이 없다는 것이다. 어른이라는 것은 단순히 나이를 의미하는 것이 아니라 사람들이 의지하고 따를 수 있는 존재이다. 사사가 가졌던 위상은 국가 혹은 지파의 어른이었다. 즉, 큰 우산이요 그늘과 같은 존재이기에 사람들에게 쉼을 주는 대상인 것이다.

특히, 어른들은 위기 상황에서 그 진가를 발휘하게 된다. 기업의 파업, 사고 혹은 국가의 전쟁, 테러 등의 위기상황에서 사람들이 당황할 때 어른은 침착하게 그것을 해결해 나간다. 우왕좌왕하던 사람들은 그 어른들을 중심으로 질서를 잡아가고 각자의 역할에 충실하게 된다.

사사가 가졌던 기능은 위기상황 관리였다. 예를 들면, 사사는 위기 상황에서 군대를 소집하고 전쟁을 진두 지휘할 수 있었다(사사기 3장 1-11절). 왕이 없었음에도 이스라엘 사람들은 질서 있게 사사 중심으로 위기를 돌파해 나갈 수 있었다.

기업에 적용하면 '소유와 경영의 분리'도 좋은 전략이 될 수 있다. 기업 초기에는 소유주가 모든 권한과 책임을 가지고 기업경영을 맡게 된다. 그러나 기업이 성장하고 상장을 하게 되어 기존의 소유주가 과반수 이상의 주식을 보유하지 못했음에도 회사를 지배하고 경영하게 된다. 이를 소수지배라고 한다. 이유는 주식 분산의 고도화와 부재수요

자에 의해 가능하다. 참고로, 부재소유자란 해당 회사의 주식은 보유하고 있지만 경영에 참여할 의지는 없어 대주주인 경영자에게 그 권한을 넘긴 이들을 말한다.

재벌은 창업주 시대를 마감하고 2세 혹은 3세 경영주로 넘어가면서 창업주의 자세와는 사뭇 달라지게 되는 경우가 많다. 창업주는 함께 출발한 직원들을 파트너로 인식하며 그들과 동고동락하며 기업을 성장시킨 인물들이다. 창업주들은 함께 모든 것을 겪어온 직원들에게 감사도 표하고 그들과 인생을 함께 걷는다. 그러나 차세대 총수들은 직원들과 그런 과정을 겪지 않았다. 처음부터 직원들과는 상하관계가 분명했기에 차세대 총수들은 스스로를 '기업의 주인'이라고 생각할 가능성이 높다. 청지기가 아닌 것이다.

재벌 총수들에게 청지기 의식은 무척 중요하다. 그들 스스로가 '주인이 아님을 선포하는 것'이 중요하다. 대표적인 방법으로 '소유와 경영'을 분리하는 것이 추천된다. 경영은 그 분야의 전문가에게 고용경영을 맡기고, 자신은 (비상근) 이사회 의장을 맡는 등의 방법도 고려해 볼 만하다.

평상 시에는 경영에 관여하지 않지만 기업이 위기에 빠져 고용 경영인이 도움을 청해 왔을 때 기업의 어른으로 상황을 진두지휘하고 직원들이 안정감을 가지고 일할 수 있도록 하는 것이 중요할 것이다.

같은 맥락에서, 정치에도 청지기 시스템이 필요하다. 예를 들면, 이스라엘에서는 대통령이 어른의 역할을 담당한다. 참고로, 이스라엘은 대통령과 총리라는 직함이 있다. 대통령은 국가 원수이며 국가를 대표하지만, 실질적인 권한은 총리에게 있다. 이스라엘 대통령은 히브리어로 '나시'라고 부르는데 산헤드린(고대 유대인의 최고 입법/사법기관)의 우두머리의 직함이다.

대통령은 이스라엘 국회에서 선출되어 7년 단임을 하게 된다. 장기 임기(7년)를 제공하는 것은 안정된 어른으로서의 역할이 필요하기 때문이다. 대통령은 국가통합의 상징이며, 정당을 초월한 위엄과 도덕성이 요구된다. 즉, 국가 어른의 역할을 하고 있는 것이다. 이스라엘 대통령제에 따른 조직은 다음과 같다. 대통령 하부에 입법부, 행정부, 사법부가 존재하는 형식을 취하고 있는 것이다.

이스라엘 대통령은 국회(크네셋)에서 비밀투표로 선출된다. 이스라엘 국회는 120명의 의원으로 구성되며 사실상 민족을 대변하는 어른들이다. 어른들이 모여서 최고의 어른을 선출하는 방식을 취하는 것이다. 실제로, 이스라엘에는 부대통령이 존재하지 않으며 대통령이 유고 시에는 의회의장이 그 역할(Acting President)을 대신하도록 되어 있다.

대통령의 권한을 보더라도, 어른으로서의 대통령의 역할을 강조하고 있음을 알 수 있다.

- 국회 비준된 법 혹은 조약에 대한 서명
- 총리 임명(행사적으로)
- 대법관, 판사 임명(행사적으로)
- 중앙은행(Bank of Israel) 총재 임명
- 추천된 대사 임명
- 군인 혹은 민간인 사면권
- 국회해산 동의권

또한, 대통령으로서 총리가 내각을 구성할 때 조언을 제공하기도 하고 선거시스템의 공정성을 위해 노력하는 등 어른으로서의 행보를 보인다.

미국의 경우를 살펴보자. 미국은 양원제도를 채택하여 상원과 하원이 국회를 구성하고 있다. 상원을 간단히 정의하면 원로회와 같은 기능을 하면서 미국의 어른들과 같은 역할을 한다는 것이다.

우선, 선출되는 수를 보면 상원의 위상을 알 수 있다. 이 중에 상원은 각 주에서 2명씩 선출되어 100명으로 구성되어 있으며 반면, 하원은 435석으로 구성된다. 각 주에서 단지 2명씩 어른을 연방 입법부에 보내어 각 주의 입장을 대변하고 국가 전체의 방향을 정하게 한 것이다. 기본적으로 하원의원과는 위상이 다르다고 볼 수 있다.

또한, 2년의 임기를 가진 하원의원과 달리 상원의원의 임기가 6년이다. 6년이란 임기를 보장하여 충분히 어른 역할을 하게 한 것이다.

역할에서도 하원과 상원은 기본적이 차이가 있다. 하원은 세금과 경제 분야 등에 대한 권한에 집중되어 있지만, 상원은 군대 파병, 외국 조약 승인, 관료 임명 동의 권한 등 위기관리와 국가의 중대 문제를 결정하게 된다.

둘째, 사사제도는 사법부가 국가의 기준이 되도록 한 제도이다. 사사들은 평상 시에는 백성들을 재판하는 업무를 담당했다. 지금으로 이야기하면 판사와 같은 기능을 한 것이다. 때로는 지방을 여행하며 재판을 하기도 했다. 이러한 사사의 역할을 증명하듯이 사사는 영어로 'Judge(판사)'로 번역된다.

사사는 한 사람이었지만, 판결을 통해 그 시대의 신앙관 그리고 세계관의 기준을 제공하고 있었다. 모든 이스라엘 사람이 그의 판결을 삶의 기준으로 삼고 그를 중심으로 살았다. 마치 바티칸에서 교황의 말이 국가의 기준이 되는 것과 같이 사사들의 말 한 마디는 국가의 기준이 되었다.

현대 시대의 사법부는 한 국가 세계관의 기준이 되어야 하고 그만큼 존경받아야 한다. 예를 들면, 미국에서는 판사에게 이름을 직접 부르는 것은 큰 실례가 되고 'Your Honor' 등 최상위 존엄의 명칭을 사용한다. 또한 "Your Honor'란 명칭은 시장에게도 사용되는데 시장은 전통적으로 치안판사의 기능을 가지고 있기 때문이다. 비슷하게, 영국에서는 His/Her Worship 이란 호칭이 판사와 시장을 호칭할 때 사용한다. 이는 판사의 권위가 하나님으로부터 왔음을 인정하고 존경하는 표현인 것이다. 실제로 미국인들은 판사에 대한 존경심이 대단히 높다.

판사들은 절대적으로 독립적이며, 청렴하고, 도덕적으로 표본이 되는 중심에 서 있다고 보면 정확하다.

따라서, 국가의 중대한 선언은 대법원(혹은 헌법재판소) 앞에서 행해지는 것이 바람직하다. 예를 들면, 대통령이 취임선서를 하기에 가장 좋은 장소는 바로 대법원(혹은 헌법재판소)일 것이다. 이곳은 자신의 양심이 드러나는 곳이어야 하고 하나님이 보는 앞에서 중대한 선언을 하는 장소이기 때문이다.

이런 면에서 대법원장 혹은 헌법재판소장을 행정부 수장이 (절차일지라도) 임명하는 방식은 바람직하지 않다. 이렇게 되면, 사법부가 행정부의 영향력에 속할 수 있기 때문이다. 이스라엘 대통령처럼 행정부 수장이 아닌 그 이상의 위치가 되거나, 대법원장 혹은 헌법재판소장 등을 선출직으로 변경하는 것도 고려해볼 만하다.

그렇다면, 기업에서도 사법부 기능을 만들 수 있을까? 사실 기업에서 사법부 기능은 너무 중요함에도 그 역할이 유명무실한 경우가 많이 있다. 사실, '소유와 경영이 분리'가 되어 있지 않다면 외부 인력 혹은 공공기관이 그 기능을 대신할 수밖에 없다. 사외 이사 제도가 영향력을 발휘할 수 있도록 관련 법률을 수정하고 감사를 공공기관에서 파견하거나, 회계법인의 독립성과 공공성을 지속적으로 확충해 나가는 등의 노력이 필요하다.

다행히 '소유와 경영이 분리'된 상황에서 창업주 자손들이 (비상근) 이사회 의장 등을 맡고 있는 상황이라면, 창업주 자손들이 고용경영인들의 경영을 감사하고 윤리위원회 등을 설립하여 기업의 도덕성을 위해 노력하는 것도 효과적일 것이라 생각한다.

셋째, 사사제도는 국가 수장의 권한을 최소화시키는 제도이다. 실제로 사사들도 평상 시에는 최소한의 권한을 가지고 있었다. 권한뿐만 아니라 군주와 같이 왕궁에 머물지도 않았고 많은 내관들과 신하를 거느리지도 않았다.

사람은 권한을 가짐과 함께 '겸손'이란 단어를 잊어버리고 '청지기'가 아닌 '주인'으로 변모할 가능성이 높다. 이러한 취약함을 가지고 있기에 환경적으로 '겸손'을 실천할 수 있는 구조를 만들어내는 것이 중요하다. '청지기' 정치가 가능하기 위해서는 그러한 환경을 구조적으로 만들어야 하는데 스웨덴 국회가 대표적인 사례가 될 것이다.

탐색: 스웨덴 국회의원

스웨덴 국회의원들은 권력집단이기보다는 청지기로서 국민에게 봉사하는 사람들이다. 스웨덴 사람들은 자신들의 국회의원들에 대한 신뢰가 무척 높은 편이다. 투표율이 80% 이상으로 국민들이 정치에 관한 관심을 투표율로 보여주고 있다. 그들은 국회의원들이 열심히 일할 것이라 믿고, 투명하게 돈을 쓰고 있을 것이라 생각하고, 국민들을 위한 최선의 결정을 내릴 것이라 신뢰하고 있다. 과연 무엇이 스웨덴 국회의원들이 신뢰의 대상이 되도록 했을까?

이것이 가능한 이유는 첫째, 구조적으로 '겸손의 환경'을 만들었기 때문이다. 스웨덴 국회의원들이 자전거를 타고 출근하는 모습은 흔히 볼 수 있다. 이들 국회의원들은 표를 얻기 위해 자전거를 타는 것이 아니다. 그들은 생활여건상 가장 효율적인 자전거를 타는 것이다.

예를 들면, 이들의 연소득은 일반 국민들과 비교하여 그리 높지 않다. 아래의 표를 보면, 1인당 GDP가 대한민국의 1.8배 가량 높음에도 스웨덴 국회의원 월급은 한국 국회의원 보다 40%가량 적다. OECD 국가에서 GDP 대비한 국회의원 소득수준은 대한민국이 3위이고, 스웨덴은 하위권인 24위이다. 특히, 스웨덴의 높은 세율을 감안하면 실수령은 한참 더 낮다. 즉, 일반 대중교통을 이용해야 생활되는 수준으로 국민들 정서에 전혀 위화감을 주지 않는 금액을 받고 있는 것이다.

무엇보다 국회의원 사무실의 크기는 대한민국과 비교하여 1/4도 안 되지만 그것마저도 2명의 의원이 공유하고 있다. 개인 보좌관은 없으며 4명의 의원이 한 명의 정책보좌관을 공유한다. 관용차도 없고 그 흔한 면책특권도 보장받지 않는다. 출장 시에, 의회로부터 비용을 지원받기 위해 1등석은 꿈도 꾸지 못한다. 국회의원으로 1년 이상 재직하면 월 120만 원의 연금을 받을 수 있는 대한민국과 달리, 스웨덴 국회의

① 스웨덴 의회 자전거 주차장

원들은 12년 이상 의원직을 유지해야 연금을 받을 수 있다.

국회의사당은 다른 국가와 비교하여 상대적으로 검소하며 국회의원들은 일반인과 동일한 공간에 주차하고 동일한 출입구를 이용하며 동일한 엘리베이터를 탄다. 정리하면, 일반 국민들과 다른 특권을 가지고 있지 않도록 겸손의 환경을 구축하고 있다.

둘째, '책임감 있게 일하는 환경'을 만들었기 때문이다. 스웨덴 국회의원들은 1년에 한 명당 평균 백 개가 넘는 법안을 낸다. 이러한 실적을 내기 위해서 그들은 하루에 6.5시간 정도의 취침을 하고 일주일에 66시간 정도의 근무를 한다. 스웨덴 국민들이 주당 35시간 정도의 근무를 하는 것에 비하면 2배 이상의 근무 강도를 가지고 있다고 볼 수 있다.

물론 학자, 변호사 등으로 구성된 전문가 집단(입법보좌관)의 도움을 받을 수는 있지만, 국회의원 자신이 직접 검토하고 법안을 작성해야 하는 구조이다. 실질적으로 보좌관들이 법안을 검토하고 작성하는 대한민국 국회의원들과는 사뭇 다르다는 것을 알 수 있다.

셋째, '투명한 환경'을 만들었기 때문이다. 스웨덴의 국회의원들에게는 소위 '쌈짓돈 혹은 비자금'이 존재하지 않는다. 업무비는 하루에 약 6만 원 정도이며 그마저도 사용된 경비는 반드시 영수증이 첨부되어야 하고 그 영수증은 영원히 보관된다. 특히, 누구나 그 영수증 내역을 열람할 수 있어 투명성이 보장되는 구조를 이루고 있는 것이다.

대한민국과 스웨덴 국회의원의 차이점

	대한민국	스웨덴
월급	1,149만원	약 815만원
1인당 GDP (2017년 기준)	2만 9,743 달러	5만 3,442 달러
특권	면책특권 있음 출국수속 공항에서 대행	면책특권 없음
비서	9명 (인턴 포함)	- 4명의 의원이 1명의 정책보좌관 공유 - 학자·변호사로 구성된 40여 명의 입법보좌관의 입법 지원
사무실	148 m^2	35 m^2 (2인 1실)
복지	-일반수당, 입법활동비, 정근수당, 명절휴가비, 차량 기름값, 사무실 유지비, 연금 등	-12년 이상 의원직 유지할 시에 연금수령 -관용차, 기사 등 없음
기타	비서	-평균 66시간/주 근무 - 6.5 시간/일 취침 - 출장 시 가장 싼 티켓 구입시, 의회에서 비용 지원

Topic 4

조직의 핵심가치, 어떻게 정할까?

- 구원은 상속법과 함께!
- 영화 《프린세스 다이어리》: 나의 아버지는 황태자
- 구성원의 행복이 핵심가치이다!

  (탐색: SK의 행복전략과 현대자동차 기프트카)
- 영화 《캐스트 어웨이》: 행복의 나침반

technology
PRODUCTION
PROFIT
WORK
START
TEAM
GO!
INCOME
IDEA
teamworking
investment
communication

Topic 4

조직의 핵심가치, 어떻게 정할까?

사회자 오늘은 네 번째 시간으로 '조직의 핵심가치, 어떻게 정할까?'입니다. 조직의 브랜딩 작업이 완성되면 그에 알맞은 핵심가치가 정해져야 합니다.

평론가 맞습니다. 핵심가치는 조직의 철학이고 지향점입니다. 기업과 정부 모두에게 첫 번째 결정해야 하는 사안입니다. 그래서 기업의 홈페이지에 들어가면 제일 처음 나오는 내용이기도 합니다.

구원은 상속법과 함께!

사회자 그럼, 오늘 주제와 연관된 성경토론을 바로 시작하겠습니다. 성경

토론 내용은 '구원은 상속법과 함께!'입니다. 교수님, 오늘의 주제가 '조직의 핵심가치'인데요. '구원'이 왜 성경토론 내용으로 제안되었나요?

신학교수 생명의 구원은 성경의 핵심가치 중 하나입니다. 그 핵심가치는 많은 팁을 우리에게 제공하고 있습니다. 그것을 분석해 볼 필요가 있습니다.

사회자 왜 그렇죠? 구체적인 설명이 필요해 보이네요.

신학교수 구원이라는 것은 단순히 '우리가 예수님을 믿어 천국을 간다'라는 식으로 정의하지는 않습니다. 사실 그 이상의 가치입니다. 우리의 소속이 바뀌는 것이고 지향점이 달라지는 것이며 삶의 미션이 변하는 것입니다. 마치 조직의 핵심가치로 인해 그 구성원의 소속, 지향점, 미션이 변하는 것과 같은 이론입니다.

사회자 소속, 지향점, 미션이 어떻게 변하는 것인가요?

신학교수 원래 인간이 가지고 있던 소속, 지향점, 미션을 회복하는 것입니다. 창세기 1장 28절에 보면, 하나님은 인간을 창조하고 그들에게 복을 줍니다. 이유는 그들이 행복하기를 원했던 것입니다. 그러나 인간의 타락으로 그 행복을 잃어버렸습니다. 성경은 다시 인간들에게 그들의 소속을 바꾸고 행복한 인생으로 돌아오라고 하는 것입니다.

변호사 회사로 이야기하면, 창업주가 원래 기획했던 '핵심가치'를 직원들에게 알려주고, 직원들이 그 '핵심가치'에 맞추어 소속하고, 지향하며, 사업을 기획하라고 당부하는 것과 같은 이치네요. 그러면 다같이 행복하고 잘 살 것이라고?

신학교수 네, 정확합니다. 구원의 핵심가치는 '하나님과 함께하는 행복'

입니다.

사회자 사실 '구원'은 성경에서 가장 중요한 이슈이면서 민감한 주제입니다. 사람마다 그 접근이 많이 다르지만 절대 양보할 수 없는 내용이기도 합니다. 우선, 평론가님은 '기독교 구원'에 대해 어떻게 생각하시나요?

평론가 저는 사실 '구원'이 기독교의 핵심가치가 되는 것에 반대합니다. 기독교인들이 이야기하는 '구원'은 상당히 독선적이고 전혀 포용적이지 않습니다. 주변 사람들을 많이 불편하게 만드는 내용입니다. 그럼에도, 이러한 구원관을 기독교인들이 적극적으로 전파함으로 오히려 사회적인 평화를 저해하고 있습니다. 그렇다면, '구원'을 기독교의 핵심가치로 하는 것보다는 다른 종교처럼 '평화' 등으로 핵심가치를 변경하는 것이 좋지 않을까요?

신학교수 기독교 구원관이 억지라는 것인가요?

평론가 제가 구원의 진위여부를 어떻게 논하겠습니까? 저는 성경에서 이야기하는 것을 존중합니다. 다만, 사상을 전파하는 방법론이 사회의 평화를 저해하고 있다는 것입니다.

사회자 방법론의 어떤 부분이 문제가 되는 것인가요?

평론가 한마디로, '기독교에만 구원이 있다'고 주장하는 것입니다. 이러한 독선적인 세계관은 사회적으로 분쟁을 야기합니다. 즉, 다른 종교의 구원에 대해 인정하지 않기 때문에 사회적으로 화평을 저해하고 있다고 생각합니다.

사회자 그럼 기독교의 핵심가치를 변경하는 것이 옳다고 생각하시나요?

평론가 네, 물론입니다. 종교는 공통적으로 도덕적 선을 추구해야 하고 상대를 배려하는 것이 핵심입니다. 자신들만이 옳다고 주장하면 이기심과 배타성만을 드러내는 것입니다. 따라서, 기독교에만 구원이 있다고 강하게 주장하는 것은 문제가 있다고 생각합니다. 평화를 해치는 행위입니다.

신학교수 이해를 못하시는군요. '도덕적 선' 혹은 '상대에 대한 배려'는 기독교에서도 강조하는 내용입니다. 그러나 기독교의 핵심가치는 될 수 없습니다. 그것은 다른 종교에게는 핵심일 수 있으나 기독교는 아닙니다.

평론가 무슨 말씀인가요? 도덕적으로 선을 이루지 못한 사람도 구원을 받을 수 있다는 것인가요?

신학교수 네, 그렇습니다. '도덕적 선'은 중요하지만 구원의 조건은 아닙니다. 구원은 예수님을 영접함으로 하나님의 자녀가 됨으로 얻어지는 선물이니까요.

평론가 그러니까 배타적이라는 것입니다. 도무지 양보가 안 되니 상대와 어떻게 대화가 되겠습니까? '우리가 옳고 너희는 다 틀리다' 그런 것 아닌가요?

사회자 잠시만요? 약간 과열되고 있네요. 이 시점에서 법률적인 도움을 받아보죠. 변호사님은 이 문제에 대해 어떻게 생각하나요?

변호사 평론가님께서는 이 문제를 상대에 대한 배려의 관점에서만 보고 계시는데, 저는 변호사인 만큼 법률적인 접근을 하고 싶습니다. 법률적으로 이해하면 이 문제를 윤리 혹은 배려의 문제로 접근하면 안 된다는 것을 알 수 있습니다.

사회자 새로운 해석이 기대되는데요. 말씀해 주시죠.

변호사 제가 이 문제에 대해 의견서를 작성해 왔는데 소개해 드리겠습니다.

구원은 상속법!

법률적으로 해석하면 기독교 구원은 상속법을 기초로 하고 있기 때문에 배타적인 성격을 갖는 것은 당연하다. 기독교는 윤리적 선을 통해 구원을 얻는 것이 아니라 자녀로서 인정되어 상속을 받게 되는 개념이다. 그 상속 안에는 사람들이 흔히 이야기하는 '구원'도 포함되어 있다.

구체적으로 설명하면, 구약과 신약은 그 법률적 목적이 다른데 구약은 형법을 기초로 하고 있다면, 신약은 상속법을 기초로 하고 있다. 이를 뒷받침해주는 기록들은 성경에서 손쉽게 찾아볼 수 있다.

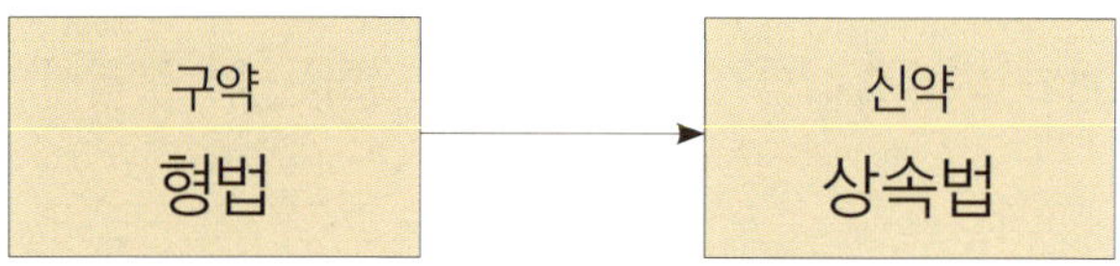

먼저 구약이 형법이라는 것은 모세오경에서 찾아볼 수 있다. 모세오경은 히브리어로 '토라'로 불리는데 뜻은 율법이라는 의미다. 율법은 하나님의 명령으로 인간들에게 적극적인 행위를 요구하고 인간이 죄인임을 깨닫게 한다. 즉, 형법적인 요소가 들어가 있는 것이다.

토라의 중심에는 십계명이 있다. 십계명은 모세가 시내산에서 하나님께 직접 받은 율법으로서 10개의 계명으로 되어 있다. 처음 4개 계명은 하나님에 대한 것이고, 나머지 6개 계명은 인간에 대한 것이다. 특히, 인간에 대한 내용을 살펴보면 형법이 기초인 것을 알 수 있다. 즉, 노인학대, 살인, 성범죄, 절도, 위증, 공갈, 약취, 사기 등과 관련된 내용을 다루는 것이 그것이다.

5계명. 너희 부모를 공경하라 ──→ 노인학대
6계명. 살인하지 말라 ──→ 살인
7계명. 간음하지 말라 ──→ 성범죄
8계명. 도둑질하지 말라 ──→ 절도, 지적재산권 범죄
9계명. 이웃에 대하여 거짓증언을 하지 말라 ──→ 위증, 공갈
10계명. 네 이웃의 재물을 탐내지 말라 ──→ 약취, 사기

구약은 이 법을 잘 지킨 이들에게 주는 복과 법을 잘 지키지 못하는 자들이 치르게 되는 대가에 대해 잘 보여준다. 법적인 시각에서 보면, 구약은 다음과 같이 구성되어 있다.

모세오경(토라) ──→ 십계명(법률)
역사서 ──→ 법을 (비)준수한 사람들 사례
시가서 ──→ 법을 준수한 이들에 대한 시상
선지자서 ──→ 법을 어긴 이들에 대한 판결

한편, 구약에서 신약으로 넘어가면서, 적용 법률은 형법이 아니라, 상속법으로 전환된다. 그 이유는 믿는 자들은 예수님을 통해 하나님의 자녀가 되었기 때문이다. 기록에 따르면, "그 기쁘신 뜻대로 우리를 예정하사 예수 그리스도로 말미암아 자기의 아들들이 되게 하셨으니(엡 1:5)"라고 증거된다.

자녀들은 상속권을 갖게 되는데, 성경에서는 기업(inheritance: 상속권)이란 단어로 기록된다. 상속에 대한 내용을 강조하기 위해 '기업'이란 단어가 270여 번 성경에서 사용된다. 대표적으로, 에베소서 1:11에는 "…우리가 예정을 입어 그 안에서 기업(상속권)이 되었으니"라고 기록되어 있다.

한국에서 자녀들은 모두 상속권을 갖는다. 예를 들어, 큰 아들: 작은 아들: 막내 딸 등이 1:1:1 비율로 나눠 갖게 된다. 심지어 아버지가 돌아가면서 유언을 통해 모든 재산을 타인에게 기부한 경우에도, 자녀들은 법으로 정해진 유류분 반환청구를 할 수 있다.

상속권은 도덕적으로 선한 지가 중요하지 않다. 아무리 불효를 많이 하고 사회적으로 물의를 일으킨 자녀라고 할지라도 상속권에는 영향을 미치지 아니한다. 법이 보는 것은 호적에 상속자가 이름이 올라 있는지 여부이다. 따라서, 상속자가 상속권을 주장하는 것이나 또 다른 상속인에게 상속권한에 참여하라고 독촉하는 것은 당연한 것이며 독선적이지 않다.

사회자 변호사님이 법률적으로 소개해 주시니 참 쉽게 이해되네요. 친절한 브리핑 감사합니다. 토론의 이해도를 높이기 위해 이즈음에 관련 영화를 소개받으면 좋을 것 같습니다. 평론가님, 상속과 관련된 영화를 추천해 주실 수 있나요?

평론가 《프린세스 다이어리》라는 영화가 있습니다. 여학생들이 너무 좋아하는 스토리인데, 평범한 고등학생이 한 나라의 공주가 되는 스토리입니다.

사회자 자신이 공주라는 것을 몰랐나요?

평론가 아버지가 한 나라의 황태자였는데, 그 사실을 몰랐던 거죠. 아버지가 갑자기 사망하면서 그 고등학생이 후계자가 된 사연입니다.

사회자 와우! 한 마디로 왕위를 상속받는 거네요. 너무 재미있는 스토리인데 빨리 소개해 주시기 바랍니다.

영화 《프린세스 다이어리》: 나의 아버지는 황태자

영화 『Princess Diary』의 한 장면.
사진출처 dongA.com, 2009-10-9.

영화 《프린세스 다이어리》는 월트 디즈니 픽쳐스가 제작했고, 게리 마샬이 감독했으며, 앤 해서웨이가 주연으로 미아 서모폴리스 역을 맡았다. 특이한 것은 휘트니 휴스턴이 이 영화 제작에 참여한 점이다.

이 영화는 동명의 소설을 원작

으로 하고 있다. 그러나 소설 내용과는 약간의 차이가 있다. 영화에서는 주인공(미아 서모폴리스)의 아버지가 죽어 할머니가 미아를 제노비아 나라의 후계자로 삼기 위해 찾아오는 스토리이지만 원작에서는 아버지가 죽지 않고 다만, 더 이상 아기를 가질 수 없어 아버지가 직접 미아를 찾아오는 내용이다.

미아 서모폴리스는 미국의 평범한 고등학생이다. 미아는 어머니와 단 둘이 고양이와 함께 샌프란시스코에서 살고 있다. 촌스러운 스타일에 숫기가 없는 탓에 친구들 사이에서도 따돌림을 받는 인물이다.

그러던 어느 날, 16번째 생일을 앞두고 자신의 출생의 비밀을 알게 된다. 자신 앞에 친할머니가 등장한 것이다. 더군다나 할머니는 유럽의 작은 왕국, 제노비아의 여왕이었다. 미아의 아버지는 제노비아의 왕자였고, 미아의 어머니와는 이혼했다는 것이다. 친할머니는 미아의 아버지가 사망하여 미아가 왕위를 계승해야 한다고 했다.

미아는 어머니에게 찾아가 왜 말을 해주지 않았냐고 따지지만, 어머니는 미아가 성인이 될 때까지는 비밀로 하려고 했다고 이야기해주었다. 어머니는 미아가 빨리 결정할 필요가 없고, 우선 제노비아 독립기념일까지 공주로서 레슨을 받은 이후에 최종 결정하라고 조언해 준다.

이후 미아의 삶은 완전히 바뀌게 된다. 외모와 의상의 변화, 부러움의 시선, 그리고 언론의 관심 등 다양한 변화를 겪게 된다. 그후 다양한 에피소드를 겪으면서, 자신의 사랑도 찾고, 제노비아의 공주로서 신분도 회복해 나가는 영화이다.

사회자 영화 소개 감사합니다. 변호사님, 영화를 보시고 법률적으로 하실 말씀이 있나요?

변호사 영화 《프린세스 다이어리》에서 볼 수 있듯이, 법적인 자녀는 상속권을 가지고 있습니다. 비록 미아가 어리고, 경험이 미천하고, 사회적인 사교성도 부족하지만 아버지의 유일한 상속자입니다. 아버지와 함께 생활하지도 않았지만 딸이기에 아버지의 상속을 받는 것은 당연한 것입니다.

신학교수 맞습니다. 기독교인들이 사람들에게 기독교 구원관에 대해 적극적으로 이야기하는 이유는, 그 사람들에게 자녀로서의 권리를 알려주기 위함입니다. 사람들의 출생의 비밀과 그들에게 상속된 자산을 소개해 주고 그 권한을 획득하기 위한 절차를 알려주는 사람들입니다. 즉, 좋은 소식을 전해주는 사람들입니다.

사회자 그렇다면, 기독교인들에게 상속되는 내용은 무엇인가요?

신학교수 기록에 따르면, 상속되는 규모와 범위는 일반 상식을 초월하는 수준이어서 반드시 상속권자에게 바로 전달되어야 할 필요가 있습니다. 기록에 따르면, '너희 마음 눈을 밝히사 그의 부르심의 소망이 무엇이며 성도 안에서 그 기업(상속)의 영광의 풍성함이 무엇이며(엡 1:18)'라고 하여 그 상속의 규모를 나타내 주고 있습니다.

사회자 약간 모호한데 혹시 경제적으로도 환산이 되나요?

신학교수 기록에 따르면, 상속의 경제적 가치는 은유적으로 표현되어 있습니다. '천국은 마치 밭에 감추인 보화와 같으니 사람이 이를 발견한 후 숨겨 두고 기뻐하며 돌아가서 자기의 소유를 다 팔아 그 밭을 사느니라(마 13:44)'라고 표현되어 있습니다.

변호사 지금까지의 내용을 정리하면 예수님을 믿게 되면 하나님의 자녀가 되고 법적인 상속권을 갖게 됩니다. 기독교에서 이야기하는 구원은 상속권에 대한 내용이며 구원(상속)의 기준은 도덕적인 기준이 아니라, 법적 기준인 것입니다.

사회자 그럼, 잠시 영화로 이야기를 전환해 볼까요? 영화《프린세스 다이어리》의 미아는 상속을 받는데 실제 법률상 문제는 없을까요? 사실 영화에서는 모든 것이 순조롭게 이루어지고 모든 것이 로맨틱하게 마무리 되네요. 그러나 현실 세계에서는 어떠했을까요?

변호사 사실 미아가 상속을 받는데에는 복잡하고 부담스러운 몇 가지 법률적인 절차를 거쳐야 할 것으로 보입니다. 3개의 사안에 따라 달라질 수 있습니다.

사회자 어떻게요?

변호사 첫째로, 미아는 법적으로 미아 어머니 호적에 올라있을 가능성이 많습니다. 미아가 상속받는 것은 황실 후계자로서의 신분뿐만 아니라 아버지가 사적으로 소유한 재산도 포함됩니다. 아버지의 사유재산에 대한 상속을 받기 위해서는 미아가 상속권자로 인정되기 위한 절차가 필요합니다. 기본적으로 남녀가 헤어지고 태어난 아기에 대해 어머니가 홀로 출생신고를 하고 아기를 키웠다고 하면 아버지가 그 아이를 인지할 수 없는 경우가 있어 이 경우에는 아이의 어머니가 사망한 남자를 상대로 인지청구의 소를 제기하여 아이가 아버지의 아이로 기재될 수 있도록 절차를 밟아야 합니다.

이 영화의 경우에는 미아의 부모가 이혼한 사이고 아버지가 자신의 아이로 인지하고 있었던 것으로 보이지만 호적관계가 어떻게 정리되어 있는지 명확하지는 않습니다. 만약 호적에 문제가 있다면, 역시 아버지의 자녀로서 인정받는 법원절차를 먼저 받아야 할 가능성이 있어 보입니다. 그리고 아버지의 재산을 보존하기 위해 처분금지 가처분 등의 법적 조치도 함께 병행해야 할 것으로 보입니다.

사회자 또 다른 가능성은요?

변호사 둘째로, 미아 부모는 이혼을 했고 미아 아버지는 재혼 했을 가능성도 높습니다. 미아가 재산을 상속받기 위해서는 아버지에게 사망 당시에 법적인 부인 혹은 자녀가 없었는지 확인해야 합니다. 영화에서는 우선 자녀는 없었던 것으로 보이지만 법적인 부인이 존재했을 가능성도 높아 보입니다. 만약 법적인 부인이 있었다면 미아는 보통 법적인 부인보다는 적은 금액을 상속받을 것입니다. 또한, 아버지가 자신의 사유재산 처리를 위한 유서를 쓰고 사망을 했다면 미아는 자신의 상속 유류분에 대해 법원에 청구해야 할 것으로 보입니다.

사회자 마지막은 어떻게 되나요?

변호사 셋째로, 미아는 어머니가 양육권을 가지고 있을 가능성이 높습니다. 미아는 16살이 되도록 아버지의 존재를 모르고 있었습니다. 그 이야기는 어머니가 미아가 아기였을 때부터 홀로 키웠다는 의미입니다. 만약 미아가 상속을 받는다면, 미성년자의 재산에 대한 관리 권한을 양육권자가 가질 가능성이 높기 때문입니다. 즉, 미아의 어머니가 그 권한을 갖게 되는 것입니다. 미아 아버지의 신분을 고려할 때 그 재산이 상당할 것이고, 그렇다면 미아 할머니와 제노비아 왕국의 입장에서 받아들이기 어려울 수 있습니다. 따라서, 미아 할머니와 어머니 사이에 양육권 문제, 재산관리 문제 등에 대한 합의 및 행정절차가 선행되어야 할 것으로 보입니다.

사회자 영화를 현실에 적용하니 정말 복잡해지네요.

평론가 그래서 영화에 더 매료되는 것 아닐까요? 현실에서 불가능한 것을 상상해 보는 좋은 시간이니까요.

구성원의 행복이 핵심가치이다!

사회자 그럼 이 시점에서 정책토론으로 넘어가겠습니다. 박사님을 모시고 오늘의 토론 내용을 기업과 정부에 적용해 보도록 하겠습니다. 박사님 안녕하십니까?

정책박사 안녕하세요?

사회자 박사님, 오늘 토론 주제가 현실에 적용될 수 있나요?

정책박사 물론입니다. 관련하여 설명을 드리기 전에 저도 영화를 한편 소개해 드리고 싶습니다.

사회자 네, 좋습니다. 어떤 영화죠?

정책박사 톰 행크스가 주연한 《캐스트 어웨이》란 영화입니다. 소개해 드리겠습니다.

영화 《캐스트 어웨이》: 행복의 나침반

영화 《캐스트 어웨이》는 2,000년도에 개봉된 작품으로 로버트 저메키스가 감독하고 톰 행크스가 주연한 작품이다. 내용은 FEDEX 직원으로 바쁘게 살던 척 놀랜드가 무인도에 표류되었다가 탈출한 내용이다. 무인도를 배경으로 하다보니 톰 행크스의 1인극 영화에 가깝다. 이 영화는 제작비 9천만 달러로 제작되어 북미와 해외 매출 포함해 약 4억 2,963만 달러의 흥행을 거두었다.

영화 『Cast Away』의 한 장면.
사진출처 MovieAssault, 2020-04-05.

무인도를 배경으로 한 영화여서 로빈슨 크루소와 종종 비교된다. 종합적으로 평가해 보면, 로빈슨 크루소가 생존하기에 훨씬 유리했다. 우선, 로빈슨 크루소가 표류했던 무인도에는 식물과 동물이 풍부했지만 척 놀랜드가 표류한 무인도는 부족한 것이 많았다. 물이 없어 빗물을 보관해야 했고 야자수와 물고기 밖에는 없었다. 또한, 바다생활과 농사에 대한 노하우가 있던 로빈슨 크루소와는 달리, 척 놀랜드는 한마디로 도시 사람이었다. 두 작품이 비슷한 것도 있는데, 두 주인공들에게 무인도에 필요한 최소한의 용품이 있었다는 것이다. 척 놀랜드가 무인도에 표류하고 얼마 지나지 않아 추락한 비행기에서 FEDEX 우편물들이 떠 내려온 것이다. 그 안에는 생활에 필요한 물품들이 있었는데, 칼로 활용될 수 있는 스케이트 신발, 묶을 수 있는 비디오 테이프, 그리고 이야기를 나눌 수 있는 윌슨 배구공 등이 있었다.

재미있는 것은 마지막 우편물은 척 놀랜드가 생존의 희망을 위해 끝까지 개봉하지 않는다. 무사히 구출되면, 그 우편물을 배달하겠다는 자신만의 희망이 있었기 때문이다. 영화 개봉 이후, 감독은 한 인터뷰에서 개봉되지 않은 우편물에 무엇이 있었는지 밝혔다. 그것은 태양광으로 자동 충전되는 위성통신 전화기였다. 한 마디로, 그 우편물을 개봉했으면 수년간 고생하지 않고 구출될 수 있었단 의미다.

참고로, 이 영화의 촬영장소는 피지 마마누카 제도의 모누리키섬이다. 이 섬은 길이 1Km, 폭 600m 정도의 작은 무인도이다. 이 영화 촬영 후에는 유명한 관광지가 되었지만, 무인도로 보존하고 있다. 단, '캐스트 어웨이 섬'이란 글자만 새겨 놓았다. 영화 촬영 이후에 무인도로 복원하기 위해 오히려 노력하게 되는데, 영화에서 섬의 나무를 베어 태운 것의 3배에 해당하는 나무를 심었다고 한다.

이 영화는 처음부터 끝까지 FEDEX를 홍보하고 있는데, 영화에 활용된 FEDEX 비행기, 물류센터, 사무실, 비품 등이 실제로 FEDEX에서 공급되었다. 또한, 영화에 등장한 FEDEX CEO는 실제 FEDEX 사장인 프레드릭 스미스였다. FEDEX는 이 영화를 통해 전 세계적으로 기업을 홍보했고 이 영화의 무인도 스토리를 가지고

CF광고도 제작하게 된다.

이 영화는 FEDEX 직원을 등장시켜 분, 초를 아끼며 숨가쁘게 살아가는 현대인을 묘사했고, 시간이 멈춰버린 것 같은 무인도를 대비해서 보여준다. 특히, 그동안 바쁘게 살면서 가장 소중한 것(자신의 사랑과 시간보내기)을 잃어버린 자신을 발견한다. 자신의 가슴에 그녀의 사진이 있었지만 정작 그녀와의 시간을 제대로 갖지는 못한 것이다.

마지막 장면은 이 영화를 돋보이게 하는 장면이다. 척 놀랜드는 죽음을 무릅쓰고, 무인도를 탈출하여 결국 구출된다. 미국으로 돌아오지만 그의 애인은 이미 결혼을 한 상태였다. 그의 애인과 짧은 만남을 갖고 척 놀랜드는 개봉하지 않은 마지막 우편물을 배달하게 되는데, 그곳에서는 아무도 만나지 못한다.

빈 들의 사거리에 멈추어 선 척 놀랜드 앞에 마지막 우편물의 주인으로 여겨지는 여성이 나타나지만, 별다른 에피소드 없이 헤어진다. 그리고 그는 사거리 중앙에서 어디로 가야할 지 몰라 가만히 서 있는 장면이 마지막이다. 멈춰진 시간, 외로움, 방향성, 희망 등 모든 주제를 한 컷의 장면에 담은 것이다.

영화 《캐스트 어웨이》의 주인공은 FEDEX 직원이다. FEDEX는 사실 스피드를 기반으로 한 현대 시대를 보여주는 상징성이 있다. 영화에 따르면, FEDEX는 초 단위로 모든 시스템을 관리하고 직원들은 그 시스템에 맞추어 자기의 일정을 조정해야 한다. 한마디로 주변을 살펴 볼

여지도 없이 정신 없이 앞만 보고 달려야 하는 현대 시대를 의미한다. 주인공인 척 놀랜드도 약혼녀와 편안하게 식사 한 번 할 수 없는 바쁜 일정을 소화하고 있었다.

현대 시대의 가장 큰 특징은 빠름에 있다. 이동통신을 비롯한 모든 기계가 초스피드를 자랑하고 있고, 운송 등 모두 사회 시스템이 빨라진다. 한 마디로 초스피드 사회로 급격히 변해간다.

사람들도 스피드 시대에 맞추어 그들의 삶이 점점 빨라지고 있다. 남들보다 조금 더 빨리 공부하기 위해 선행학습하는 학생, 남들보다 더 빨리 승진하기 위해 가정을 못 돌보는 직장인, 남들보다 더 빠른 시장정보를 얻기 위해 새벽부터 뛰는 비즈니스맨은 더 이상 낯설지 않다.

빠르다는 것은 그만큼 편리해지고, 효율성이 높아졌다는 의미이기도 하다. 그러나 안타깝게도 사람들의 행복지수는 삶의 스피드와 비례해서 움직이지 않는다. 오히려 반비례로 움직인다는 것이 맞을 것이다.

빨리 일터로 돌아가기 위해 홀로 식사하는 사람들이 늘어나고 가족 구성원으로서의 역할을 최소화하기 위해 혼자 생활하는 사람들의 수는 증가하지만 그만큼 행복하지 않다. 외로움이 증가하고 삶의 질은 높아졌지만 삶의 만족도는 날로 떨어지고 있는 상황이다.

삶의 스피드는 놀랍게 사람들에 '삶의 무게'를 선사해 주었다. 주변을 돌아보거나 옆을 쳐다볼 겨를도 없이 앞만 보고 달리기에도 벅찬 인생이 된 것이다. 조금 더 빨리 뛰고자 하는 의지 이면에는 주변을 만족시키고자 하는 욕망이 있다. 가족과 친지에게 더 멋있는 모습을 보여주고 싶은 것이다. 그리고 그 욕망을 이루기 위해 정신 없이 살다 보면, 어느

듯 그 욕망은 우리가 짊어져야 할 '삶의 무게'로 변모해 있다.

『헌법의 풍경』이라는 책은 이러한 사회현상을 한국 법조인이라는 직업을 통해 조명했다. 이 책에는 법조인이 되기 위해 정말 열심히 뛰어온 사람들을 소개한다. 로스쿨이 생기기 전까지 그들은 사법고시 합격을 위해 신림동 고시촌 등에서 산고의 시간을 보내야 했다. 짧게는 2~3년, 길게는 5년 이상 걸리는 경우도 다반사였다. 사법고시를 합격하기 전까지는 주변인들에게 세상물정 모르는 식충이로 취급 받고 온갖 설움을 견디며 고시를 준비했다.

그들은 왜 그렇게 힘든 시간을 견뎠을까? 사법고시 시절의 법조인은 단기간에 사회적 지위를 수직상승시킬 수 있는 가장 좋은 수단이었기 때문이었다. 그들은 고시를 준비하기 위해 분주했고 가족을 돌볼 수 없었다. 물론, '법조인이 되어서 사회의 약자를 돕고 싶다'는 그들의 낭만적인 꿈도 있었지만, 그 꿈은 고시합격 뒤로 미루게 된다.

결국, 그들이 고시를 합격하면 그 순간 인생은 완전히 달라진다. 소위 '마담뚜'의 타깃이 되고 사람들의 시선은 따뜻해지며 다양한 권력을 맛보게 된다. 그러나 사법연수원 시절에도 '약자를 위한 낭만적인 꿈'은 생각도 못한다. 경쟁에서 이겨 판, 검사로 임용되기 위해 빨리 뛰어야 하기 때문이다. 그들에게 저녁 10시 퇴근은 일상이요, 자정이 가까워서 퇴근하는 경우도 많았다.

드디어 경쟁에서 성공을 거두게 되어 검사 발령을 받게 된다. 그러나 '약자를 위한 꿈'은 실천하지 못한다. 다시 경쟁이 시작되고 수많은 사건을 처리해야 하는 업무 부담으로 정신 없이 바쁘다. 다시 그 낭만적인 꿈은 부장검사가 된 이후로 미루게 된다. 부장검사가 된 이후도 다양한 이유로 자신의 꿈은 뒤로 밀리게 된다. 결국 바쁘기는 하지만, 행복하지는 않고 주위를 못 돌아보는 인생을 살게 되는 것이다.

법조인들은 남들보다 앞서기 위해 열심히 살아온 대표적인 인물들이다. 그러나 그들 역시 자신이 하고 싶었던 꿈은 엄두도 내지 못하고, 앞에 놓인 일을 정신 없이 처리해야 하는 삶을 살고 있다. '행복'이라는 두 글자는 뒤로하고, 경쟁에서 이겨야 하는 '스피드의 무게'만이 남아 있는 경우가 허다한 것이다.

그럼, 이 시점에서 오늘의 토론이 어떻게 기업과 국가에 적용될 수 있는지 생각해 보아야 한다. 오늘 토론은 '기독교 구원'은 상속법을 기초로 하고 있다는 내용이다. 상속은 단순히 경제적인 상속만을 의미하지는 않는다. 부모의 마음이 상속에 들어가 있다. 즉, 자녀가 행복하기 원하는 마음이다. 이는 기업과 국가의 핵심가치이기도 하다.

탐색: SK의 행복전략과 현대자동차 기프트카

1. '행복지수'가 기업 혹은 국가의 핵심가치 중 하나가 되게 하라!
2. 상속된 것에 자부심을 가질 수 있도록 정책을 기획하라!

첫째, 기독교 구원이 '성경의 핵심가치' 중에 하나이므로, '행복지수'가 기업 혹은 국가의 핵심가치 중 하나가 되어야 한다.

기독교 구원이란 하나님 나라의 시민권을 받는 것이고, 하나님의 자녀이자 상속자로 인정받는 것을 의미이다. 하나님이 성도들을 자녀로 초청하는 데에는 이유가 있는데, 복을 주기 위함이다. 하나님은 인간을 창조하고, 그들에게 복을 약속했다.

> 하나님이 그들에게 복을 주시며 그들에게 이르시되
> 생육하고 번성하여 땅에 충만하라
> 땅을 정복하라 바다의 물고기와 하늘의 새와
> 땅에 움직이는 모든 생물을 다스리라 하시니라
> (창 1:28)

그러나 안타깝게도 인간이 죄를 짓고 하나님과 멀어지게 됨으로 자연스럽게 행복을 경험하지 못하게 되었다. 예수님이 이 땅에 온 이유도 '인간의 복'을 회복시켜 주기 위함이다. 그래서 예수님의 가장 유명한 설교가 복에 관한 산상수훈(마태복음 5장)이고, 예수님의 사역의 대부분은 '사람들이 행복'할 수 있도록 하신 것이다. 아픈 사람을 고쳐주고 마음이 상한 자를 위로하고 슬픈 사람에게 기쁨을 전하는 것이 모두 이에 해당한다.

적용하면, 국가의 목표를 어디에 두느냐에 따라 그 정책이 결정된다. 만약, 국가의 목표가 '부유한 국가'라면, 부자 국가가 되기 위해 모든 정책이 개발될 것이다. 세부 정책을 만들어 언제까지 1인 당 국민소득의 얼마를 달성하고 수출액이 얼마를 달성하는지에 대한 로드맵을 세울 것이다.

한편, 국가의 목표가 '국민 행복'이라면 그 정책은 완전히 달라질 것이다. 국민이 그 국가에 사는 것이 '복'이 될 수 있도록 최선을 다하게 되는 것이다.

UN과 OECD는 각각 매년 국가별 행복지수를 발표하고 있는데, 주로 북유럽 국가와 캐나다, 뉴질랜드, 호주, 이스라엘 등의 행복지수가 높은 것으로 나타난다. 예를 들면, 2018년 UN에서 발표한 세계행복보고서(World Happiness Report)에 따르면, 1위는 핀란드였고, 노르웨이, 덴마크 등이 최상위권에 위치했다. 2018년의 경우에는 156개 국가를 조사했고 삶의 만족도를 1~10점까지 비교했다.

참고로, 세계행복보고서는 행복에 영향을 미치는 아래의 요인들을 분석하여 점수를 내게 되는데, 한국은 다음의 순위를 받았다.[1]

	내용	대한민국 순위
건강 수명	건강한 삶, 기대수명 등	4위
1인당 GDP	실질구매력 기준	28위
관용	기부 등	39위
사회적 관계	어려울 때 도움 받을 수 있는 지원유무	95위
신뢰	정부와 기업 부패에 대한 인식	126위
자율성	삶을 결정할 수 있는 자율성 여부	139위
종합		57위

이 점수를 보면, 한국 국민들은 건강과 경제력 등은 세계적으로 상

1) Helliwell et al. (2018) World Happiness Report 2018

위권을 차지하고 있으나, 사회적 관계, 부패, 자율성 등에서 행복을 느끼지 못하는 것으로 나타났다. 이에 대해 한국 통계청은 '이러한 결과를 보면, 한국 국민의 행복수준은 경제발전이나 물질적 생활조건에 비해 상대적으로 취약하다'라고 결론지었다. 그 구체적인 이유로는 지나친 경쟁, 취약한 사회통합, 낮은 자율성 (예를 들면, 개인이 적성과 소질에 맞지 않는 직업선택), 낮은 사회적 투명성 등이 거론되었다.[2]

이런 기준으로 본다면, 경제성장과 소득향상을 성취하고 질 좋은 의료시스템을 확충하더라도 한국 국민이 행복해지는 데는 한계가 있다는 의미이다.

앞의 통계를 근거로 한다면, 자율성을 확대해서 각 개인이 자신이 원하는 삶을 살아가도록 해야 하고 신뢰성을 높여서 사회를 투명하게 해야하며 사회적 관계성을 높여서 따뜻한 사회를 만들기 위한 정책이 필요할 것이다.

한편, 기업도 어디에 '핵심가치'를 두느냐에 따라 기업의 방향성이 달라질 수 있다. 예를 들면, 2019년 SK그룹은 구성원의 행복을 회사의 궁극적 목표로 삼는 행복전략을 발표했다. 즉, 주주, 직원, 고객, 협력사 등 이해관계자들의 행복도 증진을 위해 노력하겠다고 했다.

이를 위해, 회사 수익 기여도에 따라 평가와 보상을 하던 것을 구성원의 행복에 얼마나 기여했는지를 기준으로 삼겠다고 선언했다. 즉, 직원에 대한 평가 방식이 달라지고 사업의 형태와 전개방식이 달라질 수 있는 기회인 것이다. 또한, 행복전략과 행복지도를 업데이트 하는 것을

2) 파이낸셜뉴스, 행복하지 않은 이유? 과다경쟁과 직업선택, 부패 때문, 2018. 10. 01

상시화하여 효율적인 방법론과 계획을 세워나갈 것이라고 밝혔다. 물론 앞으로가 더 중요할 것이지만 선언 자체에 의미가 있다고 할 것이다.

현대자동차는 유사하게 구체적인 시도를 했다. 2017년 공모를 통해 자신이 후원할 청년사업가들을 선정했다. 청년들의 사업을 돕는 취지로 기프트카를 제공하고 있는데, 시즌8에 '손편지 제작소'가 선정되었다. ICT분야 창업이 대세를 이루는 시대에 아날로그 접근을 하는 기업이다.

이 회사는 '손으로 전하는 진심은 언제나 통한다'는 모토를 가지고 있으며 '레터 테라피, 레터 굿즈, 레터 고객관계'라는 서비스 영역을 가지고 있다. 대표적으로, 어르신들이 손편지를 쓸 수 있도록 소통 교육을 해주고 서로간의 외로움을 해소할 수 있도록 '노노펜팔'을 추진하고 있다.

둘째, 상속된 것에 자부심을 가질 수 있도록 정책을 기획하라! 기독교 구원의 최종적인 결과는 상속이다. 그렇다면, 상속은 무엇일까? 상속은 기본적으로 주어지는 것으로 단순히 우리가 죽으면 받게 되는 '하나님 나라 시민권' 만을 의미하지는 않는다. 현재 우리에게 주어진 것도 상속의 개념에 포함된다는 것을 인지해야 한다.

우리에게 주어졌다는 것은 노력으로 이룬 것이 아니라는 의미이다. 우리에게 주어졌기에 우리가 지금 가지고 있는 것들이다. 대표적으로, 자신의 몸, 개성, 재능, 가족, 고향, 민족, 국가 등이 이에 속한다고 볼 수 있다.

중요한 것은 상속을 통해 우리에게 보장된 복이 회복된다는 것이다. 즉, 진정한 '행복한 사람'이 될 수 있다는 의미이다. 이는 마태복음에 잘 기록되어 있다.

> 그 때에 임금이 그 오른편이 있는 자들에게 이르시되
> 내 아버지께 복 받을 자들이여
> 나아와 창세로부터 너희를 위하여 예비된 나라를 상속받으라
> (마 25:34)

그런데 중요한 것은 사람들이 자신들에게 주어진 상속을 인지하지 못한다는데 문제가 발생한다. 예를 들면, 자신의 몸과 개성에 대해 불만족스럽게 여기고, 부모를 부끄럽게 여기며, 심지어 국가에 대한 자부심을 못 느끼는 것이다.

한국에서 '헬조선(지옥 같은 한국)'이란 말이 유행한 것도 이와 무관하지 않다. 헬조선이라는 단어는 많은 것을 함축하고 있다. 헬조선이라는 말이 생긴 이유는 한국의 부조리, 취업난, 입시지옥과 같은 현상으로 인해 국가에 대해 실망한 것에서 기인한다. 한국을 심각하게 혐오하고 있으며 한국에 대한 자부심이 전혀 없음을 나타내는 단어이다.

그런데 '헬조선'이라는 말을 사용하는 이들이 간과하는 것이 있다. 상속된 것들은 '조건부로 사랑'할 수 있는 것들이 아니다. 자신의 마음에 들면 사랑하고 그렇지 않으면 혐오해도 되는 그런 대상이 아니라는 의미이다. '조건부가 아닌' 그 존재자체로 자부심과 사랑을 가져야 하

는 대상인 것이다. 부모가 부모다워야 사랑하는 것이 아니라, 부모라서 사랑하는 것이다. 같은 맥락에서 한국이 국가다워야 사랑하는 것이 아니라, 한국이라서 사랑하는 것이다. 부족한 부분이 있으면 자신이 변화시켜야 한다는 사명감을 갖는 것이 바람직하다.

정확히 이야기 하면, 상속된 것은 하나님이 준 선물이다. 이 선물은 자신을 가장 행복하게 할 자산이라는 것을 명심해야 한다. 그렇기에, 상속된 것들에 대해 연구해야 한다. 그 역사, 특성, 구성요소 등을 다양하게 살펴보면, 그것들이 자신에게 왜 선물이 되는지 이해할 수 있다.

서울의 숭실대학교에서는 이와 관련된 실험을 했다. 우선 학생들에게 학교에 대해 마음에 드는지 질문했다. 학생들은 개인에 따라 학교에 대한 만족감이 달랐고, 조금 더 좋은 대학으로 옮겼으면 하는 학생들도 있었다. 그 이후에, 그 학생들에게 학교에 있는 조각상에 대해 설명하고 다시 학교에 대해 질문했다. 그런데 학생들은 이전과는 달리 학교에 대한 무한한 자부심을 표출했다. 어떻게 된 것일까?

그 조각상은 학교에 있는 백마상이었다. 그런데 그 백마상은 중간이 분리되어 있는 특이한 형상을 하고 있었다. 그 이유는 숭실대학교의

① 숭실대 백마상

역사와 관련이 있었다. 숭실대학교는 1897년에 평양에서 설립된 한국의 최초의 대학이었다. 일제시대 신사참배를 강요했으나 숭실대학교는 기독교 배경을 가지고 있어 신사참배를 거절했고, 이로 인해 학교는 폐교를 당한다. 그리고 한국전쟁 이후 서울에서 1954년 재건되었기에, 백마상은 분리되어 있는 것이다. 이 스토리를 들은 학생들이 자연스럽게 학교에 대한 자부심을 갖게 되었고 더 이상 다른 대학과 비교하지 않게 된 것이다.

이런 결과를 기초로, 상속된 것에 자부심을 가질 수 있도록 정책을 기획해야 한다. 이는 다양한 분야에서 정책으로 기획될 수 있다.

우선적으로, 국가를 위해 헌신한 이들에게 특급 대우를 해주어야 한다. 미국의 경우에는 정책적으로 군인들에 대해 특별 대우를 해준다. 나라를 위해 몸을 바친 인물들이기 때문이다. 2차대전 종전 직전에 제정된 '제대군인 원호법'에 의거하여, 주택, 의료, 교육 등에서 파격적인 혜택을 준다. 특별히, 퇴역군인들은 'Veteran'이라고 불리며 사회적인 존경을 한 몸에 받고 있다. 군인들도 자신들이 미국을 지킨다는 자부심으로 무장되어 있다.

미국의 역대 대통령들은 상당수가 'Veteran' 출신들이다. 미국에서 가장 존경 받고 있는 존F 케네디 전 대통령의 경우에는, 제2차 세계대전 당시에 육군에 지원했지만 만성적인 허리문제로 인해 군대지원에 실패하게 된다. 그러나 그는 포기하지 않고 종국에는 해군으로 복무하여 군인 최고의 영예인 퍼플 하트 훈장까지 받게 된다.

미국의 실제 전투에 참여한 참전 군인 출신 대통령은 조지 워싱턴(1

대, 독립전쟁), 제임스 먼로(5대, 독립전쟁), 앤드류 잭슨(7대, 영미전쟁), 재커리 테일러(12대, 해리슨요새 전투), 율리시스 그랜트(18대, 멕시코 전쟁), 러더포드 헤이스 (19대, 남북전쟁), 제임스 가필드(20대, 남북전쟁), 해리 트루먼(33대, 1차 세계대전), 아이젠하워(34대, 2차 세계대전), 존F 케네디(35대, 2차 세계대전), 린든 존슨(36대, 2차 세계대전), 리처드 닉슨(37대, 2차 세계대전), 제럴드 포드(38대, 2차 세계대전) 등이 있다.

적용하면, 독립투사, 참전군인, 헌신적인 봉사를 실천한 인물들을 예우해 주는 정책을 체계적으로 구축해야 한다는 의미이다.

한편, 기업도 이를 교육 시스템에 적용할 수 있다. 예를 들면, 셀프 리더십 등에 적용될 수 있다. 셀프 리더십이란 타인에 대한 영향력 행사보다는 스스로 자신의 방향성을 설정하고 이끌어가는 것을 의미한다.

셀프 리더십은 기본적으로 자기관리의 개념을 포함하지만 기본적인 차이를 보인다. 자기관리는 행동에 초점을 맞춘다면, 셀프 리더십은 그 행동을 해야 하는 이유를 찾는 것이다. 예를 들면, 자기관리는 대학 입학을 위해 공부습관 등에 초점을 맞춘다면 셀프 리더십은 그 대학을 가야 하는 이유를 찾는 것이다.

예를 들면, 직원들이 지금 회사보다 더 나은 조건(연봉, 복지 등)의 기업으로 이직하기 원한다면 어떠하겠는가? 그런 직원들에게는 수준 높은 주인의식, 봉사정신, 창의성을 기대하기는 어려울 것이다. 반대로, 직원들이 이 회사를 이유가 있어서 입사했다면 어떠하겠는가? 예를 들면, 자신이 선택했다기보다 이 기업으로 부르심이 있어서 입사했다면? 아마도, 이 회사에 입사한 분명한 이유가 있었고 당연히 타 회사로의 이직을 옵션으로 두지 않았을 것이고 탁월성을 발휘하기 위해 최선을 다할 것이다.

따라서, 업무를 위한 전문성 혹은 직무역량 교육에 초점을 맞추는 것이 아니라 이 회사(혹은 사업분야)에 입사한 이유를 찾도록 코칭하는 교육 프로그램을 확대시켜야 한다는 의미이다. 그 이유를 찾을 때 그들은 행복해지는 것이다.

이는 또한 직원 선발 시스템에도 적용될 수 있다. 기업 직원 선발 시에, 단순히 그들의 스펙, 역량, 시험점수 만을 점검하는 것이 아니라 그들이 이 기업(혹은 사업분야)에 대해 어떠한 애정을 가지고 있고, 기업(혹은 사업분야)를 위해 무엇을 해왔는지 살펴보아야 한다. 따라서, 직원 선발방식에 초창기에는 상식과 전문지식을 평가하는 필기시험에서 최근에는 직무역량을 평가하는 NCS방식이 도입되고 있다면, 미래에는 기업(혹은 사업분야) 애정지수에 더 높은 점수를 주는 방식으로 변화해야 할 것이다.

선호되는 인력선발 방식

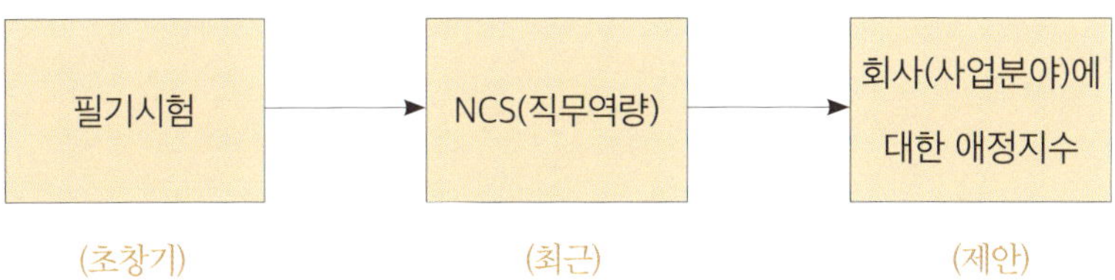

Topic 5

구성원들이 어떻게 주인의식을 가질까?

- 영화 《더 컴퍼니 맨》: 직원에서 파트너로
- 보아스는 왜 룻과 결혼했을까?
- 공동체 시스템을 이식하라!

(탐색: 스페인 몬드라곤 협동조합)

Topic 5

구성원들이 어떻게 주인의식을 가질까?

사회자 오늘은 다섯 번째 시간으로 '구성원들이 어떻게 주인의식을 가질까?'란 제목으로 토론하겠습니다. 평론가님, 이 주제가 제안된 이유가 무엇인가요?

평론가 현대 사회로 들어오면서 사회는 복잡하고 다변화 되었습니다. 구성원인 개인은 소속된 조직의 목적을 위해 존재하는 부속물 혹은 기능 정도로만 느껴질 때가 많습니다. 개인들의 개성, 비전 등은 모두 드러내지 않은 상태로 살아가는 상황이죠. 상황이 이렇다 보니 속한 조직에 대해 주인의식을 가질 수 없고 삶에 대해 회의감이 드는 거죠.

사회자 이런 상황이 지속되는 것은 사용자 측에서도 문제가 있겠죠?

평론가: 물론입니다. 특히 기업에서 이런 문제가 많이 발생합니다. 구성

원을 파트너로 보지 않고, 소유주에게 종속된 존재로 보는 거죠.

사회자 이것을 해결하기 위해 좋은 방법이 없을까요?

평론가 사실 근본부터 해결해야 합니다. 즉, 시스템 자체를 바꾸는 것이 중요합니다. 예를 들면, 기업은 소유구조를 바꾸는 것이지요.

사회자 흠…시스템을 바꾼다는 것은 쉬운 것은 아닐 것 같은 데요.

평론가 물론 그렇습니다. 그러기에 단계적으로 하나씩 해결해 나가는 것이 중요할 것이라 생각합니다. 우선 첫 번째 단계로 시스템이 중요하다는 인식을 하는 것입니다. 제가 영화를 먼저 한 편 소개해 드리겠습니다. 이 영화를 보면 제가 드리는 말씀이 이해되실 겁니다.

사회자 어떤 영화인가요?

평론가 《더 컴퍼니 맨》이라는 작품입니다. 젊음을 바친 기업(GTX)에서 해고를 당하는 3명의 이야기 입니다. 특히, 3명 중에 한 명은 공동창업자임에도 시스템이 없었기에 해고를 당하는 안타까운 내용입니다.

사회자 그럼 오늘은 순서를 바꾸어 영화 소개를 먼저 하도록 하겠습니다. 평론가님 부탁 드리겠습니다.

영화 《더 컴퍼니 맨》: 직원에서 파트너로

영화 《더 컴퍼니 맨》은 존 웰스가 감독하고, 밴 애플렉, 크리스 쿠퍼, 케빈 코스트너, 토미 리 존스 등이 주연한 작품이다. 연기파 배우들이 포진한 영화였지만, 아쉽게 목표했던 흥행을 거두지는 못했다. 그러나 이 작품이 미국 월급쟁이들의 실직문제를 다루고 있어 사회적으로 큰 시사점을 제공해 주었다. 자본주의 사회에서 발생하는 빈부의 격차, 물질 만능주의 등을 실질적으로 보여주고 표현함으로 관객이 어떻게 사회를 변혁시켜야 할지 생각하게 하는 작품이다. 특히, 영화 포스터에서 아슬아슬하게 줄타기를 하고 있는 월급쟁이를 표현하고 있어 직장인들이 얼마나 불안해 하며 회사생활을 하는지를 보여준다.

영화 『The Company Men』의 한 장면.
사진출처 Entertainment.ie, 2020-04-05.

이 영화의 배경은 GTX라는 대기업이고, 기업 임직원이었던 3명이 해고되는 과정과 극복의 스토리를 담고 있다. GTX는 원래 조선업부터 출발했던 제조업 기반회사였다. 그러나 시대가 변화하면서 창업주는 건강, 금융 등 소위 돈을 잘 벌 수 있는 사업에 더 집중하고자 한다. GTX의 방향성에 따라 조선업 등의 초기 사업들은 정리하는 수순에 들어가게 되고 많은 실직자가 발생한다.

회사에서 해고된 첫 번째 인물은 37세의 바비 워커이다. 바비는 MBA출신으로 12년 만에 GTX 부장 자리에 오른 인물이다. 그는 자부심에 가득 차 있었고 큰 집에 살면서 좋은 차를 몰고 다니며 친구들과 골프 치는 것을 좋아하는 전형적인 대기업 직원이었다. 특히, 그는 블루칼라 직종에 근무하는 처남을 무시하는 태도를 보이기도 했다.

그가 해고 통보를 당하자 그에게는 2가지 도전이 오게 된다. 첫 번째는 경제적인 문제였고, 두 번째는 자존심에 상처가 났다는 것이다. 우선, 대출을 끼고 큰 집을 산 상태여서 당장 대출금 이자를 해결해야 하는 입장이었다. 결국 그는 집과 자신이 사랑하던 차를 팔고 골프 회원권을 포기하는 등의 자구책을 마련해야 했다. 종국에 아내는 병원에서 보조업무를 시작하게 되고 가족 전부는 바비 아버지 집에서 신세를 지게 된다. 무엇보다 20대들과의 경쟁에서 밀려 재취업에 실패하고 자존심이 완전히 무너지게 된다. 그러나 다행히 아내의 심리적인 지원으로 용기를 얻게 되고 자신이 무시했던 처남 밑에서 건축관련 일을 배우게 된다.

두 번째 해고된 인물은 GTX 중역으로 일하는 필 우드워즈이다. GTX가 출범할 때 용접공부터 일을 시작하여 회사 간부로까지 승진한 인물이다. 60이 가까운 나이에 해고통보를 받자 바비와는 다른 문제가 드러나게 된다. 물론, 아직 대학교에 다니고 있는 딸을 지원해야 하는 경제적인 부담감도 있었지만, 그보다는 소속이 없는 자신을 버거워하며 정체성의 혼돈을 겪게 된다. 특히 평생을 함께 해온 기업으로 배신당한 것에 대해 분노를 이기지 못한다. 그리고, 이미 늙어버린 자신을 보면서 심한 우울증을 겪게 되고, 결국 자살을 선택하게 된다.

마지막으로 해고된 인물은 진 맥클러리다. 그는 회사의 2인자로, GTX 창업주와 함께 회사를 처음 시작한 인물이다. 그는 조선업 등 제조분야를 총괄하고 있었으며, GTX 지분도 가지고 있어서 넉넉한

생활을 하고 있는 인물이다. 회사가 새로운 사업분야로 눈을 돌리면서 진과 상의 없이 회사가 조선업 분야 직원들을 대거 해고하게 되고 진은 GTX 창업주와 갈등을 겪게 된다. 진은 회사가 돈보다는 사람을 중시해야 한다고 믿었다. 특히, 창업 초기에 함께 땀을 흘렸던 이들을 홀대하면 안 된다고 주장했다. 결국 GTX 창업주는 이를 부담으로 느끼게 되고, 진을 해고하는 결정을 내리게 된다.

진은 앞의 두 사람과 같은 경제적인 어려움을 갖고 있지는 않지만, 함께 해고된 사람들을 보면서 책임감을 느끼게 된다. 특히, 기업의 의미를 다시 한번 깊이 생각하게 되고 결국 자신이 주도하여 새로운 창업을 결심하게 된다. 해고된 GTX 직원들을 다시 불러 모으고 그들과 함께 조선업에 다시 뛰어드는 결정을 한 것이다. 물론 번듯한 건물이 아닌, 부둣가의 창고에서 창업을 하게 되었지만 직원들은 그 어느 때보다 사기가 드높았다.

사회자 평론가님의 브리핑 감사합니다. 우선, 평론가님은 이 영화를 어떻게 보셨나요?

평론가 남의 일 같지 않습니다. 평생직장이라는 말은 이미 옛 말이 되었고 삼팔육, 사오정, 오륙도 등의 용어가 생긴 지도 상당히 된 것 같습니다. 이 영화에서 37세의 바비 워커가 삼팔육에 해당하지 않을까요? 38세까지 직장에서 살아남으면 그나마 다행인데 그 고비를 못 넘은 것이지요.

사회자 왜 38세가 고비가 되는 시기인가요? 제가 볼 때는 아직 젊은데.

평론가 38세라는 나이가 직장생활에서 전환기적 시점이에요. 30대 중반까지는 스카우트가 참 잘 되는 시기에요. 대리 혹은 과장 정도의 직급이니까 월급을 많이 안 줘도 되고, 일도 잘하는 시기이기 때문이에요. 그런데, 30대 후반이 되면 점점 돈이 많이 들어가는 시기가 되는데 회사에서는 희망퇴직 등이 압박이 생기고 스카우트 되기도 힘들어지는 시기에요.

신학교수 전 아직도 이해가 안돼요. 회사가 이렇게 막 해고해도 되는 건가요? 직원들을 파트너로 이해하고 어려운 시기에 함께 노력해서 위기를 돌파해야 하는 것 아닌가요?

사회자 변호사님, 바비 워커를 해고하는데 법률적으로 문제는 없나요?

변호사 바비 워커는 12년 근무한 간부사원으로 정규직원으로 보입니다. 이 경우에는 기본적으로 사전에 해고사유를 통보해야 합니다. 해고사유는 단순히 '회사가 어렵다'는 등으로 설명하면 안 되고 구체적인 증거가 필요합니다. 그런데 영화에 따르면 GTX는 조선업 부문을 정리하는 수순에 있었고 이에 따른 해고는 정당해 보입니다. 다만 사전에 통보하지 않은 것은 법적인 문제가 될 수 있습니다. 영화에서 당일에 해고 통보하고 바로 짐을 싸서 나갔거든요.

평론가 그건 아마도 영화라는 한계가 있어서 그런 것 같습니다. 흐름을 빨리 해야 재미가 있으니까요.

변호사 또 하나 법률적으로 문제가 될 수 있는 부분이 있어요. 바비 워커가 12년 근무했는데, 12주에 해당하는 퇴직금을 준 거에요. 12주면 3개월 월급입니다. 한국에서는 1년에 보통 1개월에 해당하는 퇴직금을 줘야 하거든요. 즉, 12개월에 해당하는 퇴직금을 줘야 하거든요.

사회자 그럼, 이번에는 필 우드워즈 이야기를 해볼까요?

변호사 난 오히려 필 우드워즈가 이해가 안돼요. '오륙도'라는 말이 있듯이 56세까지 직장을 다니면 도둑놈 소리를 듣는다고 하는데 그 나이까지 직장을 다니면 많이 다닌 것 아닌가요?

평론가 그렇긴 한데, 딸이 아직 대학생이라는 것이 문제인 것 같습니다. 몇 살로 나오는지 모르겠는데 결혼은 조금 늦은 것 같습니다.

변호사 한국에서도 자녀가 대학을 졸업할 때까지 직장 다니는 것이 어렵습니다. 그래서 많은 사람이 직장에서 제공하는 '대학 학자금 보조'가 '빛 좋은 개살구'라고 말하고 있어요.

신학교수 필 우드워즈의 경우는 경제적인 것보다는 심리적인 섭섭함이 큰 것 같아요. 자신은 GTX가 출발할 때부터 함께 했거든요. GTX가 성공하고 성장해 갈 때마다 뿌듯하고 자신의 자식이 잘 되는 것 같이 생각했을 것 같아요. 그런데 자신의 젊음을 바친 GTX가 자신을 버리니 정체성에 혼란이 온 거지요. 인생 전체가 뒤틀린 것 같은 느낌이었을 거에요.

평론가 필이 해고될 때 공동 창업자인 진도 해고되어서 그나마 위로가 되었을 텐데. 큰 위로는 안 되었나 봐요?

신학교수 필과 진은 경제적인 상황이 다른 것 같던데요. 진은 2인자로 GTX 지분도 가지고 있고 금융소득도 상당한 것으로 나오잖아요.

변호사 법률적으로 진은 공동창업자는 아닌 것 같아요. GTX 행사에서 진이 '올해 GTX를 빛낸 인물'로 선정되어 상을 받고 잠깐 마이크를 잡고 이야기를 하는 장면이 있어요. 그때 창업될 때 자신이 유일한 직원이라고 표현했어요. 첫 번째 직원이었던 것은 맞지만 투자를 한 공동 창업자는 아니었던 것 같아요.

평론가 제가 그 부분 때문에 이 영화를 소개했습니다. 진은 실질적인 공동창업자에요. 그럼에도, 법적인 시스템이 없었기에 진이 해고를 당한 거에요.

신학교수 그럼 시각의 차이가 있을 수 있겠네요. GTX 사장은 진을 오래된 직원으로 인식했을 것이고, 진은 자신을 GTX의 공동창업자로 생각했을 수 있겠네요.

평론가 정확해요. 진이 출장에서 돌아와서 자신 몰래 조선업 부문의 수많은 직원이 해고된 것을 알잖아요. 화가 나서 사장실에 노크 없이 들어가 그 문제를 따지잖아요. 회의 중에 있던 GTX 사장은 그 일을 몹시 불쾌하게 여기고 자신의 권위가 훼손되었다고 생각하고 진에게 다시는 그러지 말라고 경고를 하죠. 그런데 진이 그 경고를 어기고 계속 불만을 표하자 해고된 것이에요.

신학교수 기업대표들이 직원들을 파트너로 여기지 않는다는 문제는 단순히 직원을 해고하는 것에서 끝나지 않습니다. 최근에는 직원들에 대해 다양한 '갑질'을 행하고 있어요. 이것이 최근에 사회적 문제로 대두되고 있어요.

변호사 맞아요. 가정 심부름을 시키기도 하고, 욕하고, 심지어 때리기도 해요. 마치 직원들을 현대판 노예로 인식하는 것 같아요.

사회자 이와 관련하여 평론가님께서 준비하신 것이 있지요?

평론가 네, 그렇습니다. 기업 CEO와 직원들간의 연봉차이가 심각해지면서 점점 심해지는 갑질 현상에 대해 분석해 보았습니다.

'갑질'과 빈익빈 부익부

2014년 12월 5일 뉴욕으로 향하는 대한항공 1등석에서 큰 소리가 들리기 시작했다. 한 여성이 승무원들에게 마카다미아를 봉지째 가져다 준 것에 대해 문제를 삼은 것이었다. 그리고 그녀는 승무원들에게 이륙을 위해 활주로로 이동 중인 항공기를 되돌리라고 호통쳤다. 결국 항공기는 그녀가 요구한 데로 방향을 되돌리고, 문제를 일으킨 사무장은 항공기에서 강제로 내리게 되었다. 이로 인해, 항공기는 20분 가량 연착되고 대부분의 승객은 그 이유를 알지 못했다.

그러나 이 문제는 한국 언론을 통해 드러나게 되고 이를 '땅콩회항 사건'이라고 부르게 되었다. 그리고 그러한 문제를 일으킨 장본인은 바로 대한항공 소유주의 장녀로 밝혀지며 국민들은 분노하게 된다. 강제로 하기한 사무장은 결국 미국에서 그 여성을 상대로 소를 제기하게

① 대한항공 멘데타 가면시위

된다.

그리고 이러한 소위 '갑질'은 한국 사회에 큰 여파를 일으키며, 그동안 숨죽여 있던 많은 기업의 직원들이 자신들의 사장에게 받은 '갑질'을 폭로하고 규탄하기 시작했다. 대한항공 직원들도 마찬가지로 대규모 집회를 열어 회사 소유주 가족을 규탄하고 나섰다.

그러나 특이한 것은 집회에 참석한 이들이 모두 가면을 착용한 것이다. 그동안 숨죽여 왔던 이들이 이슈를 드러내긴 했지만, 자신들의 얼굴을 드러내지는 못했다. 이유는 그들이 회사로 돌아가서 인사상 불이익을 받을 수 있기 때문이었다.

미국에서도 이와 비슷한 일들이 일어났다. 미국 시사주간지 『Time』은 2017년 '올해의 인물'을 선정하며, 검정색 가운을 입은 5명의 여성을 표지모델로 등장시켰다. 이들은 배우 애슐리 주드, 가수 테일러 스위프트, 전 우버 엔지니어 수전 파울러, 로비스트 아다마 이우, 농장 노동자 이자벨 파스쿨이었다.

이들은 모두 유력 인사들의 성희롱 혹은 성추행 사실을 폭로하며, 미투 운동(Me Too Movement)에 참여한 여성들을 대표했다. 『타임』은 이들을 '침묵을 깬 사람들(The Silence Breakers)'로 정의했다.

미국에서 미투 운동은 2006년에 시작되었다. 처음에는 익명으로 조심스럽게 시작했다. 자신이 받은 피해를 드러낼 수 있도록 독려하고, 피해자들끼리 공감대를 형성하며 용기를 내기 시작했다.

그들에게 가해한 사람들은 대부분 기득권층이었기에 자신들이 입은 피해를 마음 놓고 드러내지 못했다. 왜냐하면, 피해를 밝힌 이들이 오히려 인사상, 경제적, 사회적으로 불이익을 감내해야 했기 때문이었다.

한국에서의 '갑질에 대한 항쟁'과 미국에서의 '미투 운동'은 사실 예고된 것이었다. 사회가 점점 자본주의화하면서 '빈익빈 부익부' 현상은 가속화되기 때문이다. 원색적으로 이야기하면 정치권력은 법적으로 상속되지 않지만 경제권력은 지속적으로 상속되기 때문이다. 이로 인해, 이제는 더 이상 '개천에서 용이 나는 시대'를 기대하기는 어려워졌다.

민주주의 사회가 되었지만 보이지 않는 특권층이 생겨나면서 현대 시대의 귀족들로 변모하게 된 것이다. 그리고 그 심각성은 해가 갈수록 더욱 심각해진다. 예를 들면, 대기업(재벌기업)이 국가소득에서 차지하는 비중이 날로 커지고 대기업 CEO와 직원 간의 임금차이도 날로 벌어져 가는 실정이다.

미국은 2017년 기준으로 최고경영자(CEO)와 직원들의 평균 연봉은 300배 이상 차이가 나타났다. 워싱턴에 소재한 경제정책연구소(EPI)가 2018년 발표한 통계자료에 따르면 미국 상위 350개 기업의 CEO 연봉과 직원 평균연봉을 비교한 결과 312배의 차이를 보였다.[1]

중요한 것은 그 격차가 점점 가파르게 커지고 있다는 것이다. 통계적으로, 350개 기업의 CEO 평균 연봉(2017년 기준)은 1,890만 달러로, 2016년에 비해 17.6% 상승한 반면, 직원들의 평균임금은 0.3% 성장하는데 그친 것이다.

1) LA 중앙일보 (경제 1면), CEO、직원 연봉차 평균 312배…상위 350개 기업 조사, 2018. 8. 20.

이를 1960년 중반부터 살펴보면 그 심각성이 더욱 커진다. 1965년에는 20대 1의 차이, 1989년에는 58대 1의 차이, 2016년에는 270대 1, 2017년에는 312대 1이었던 것이다. 기하급수적으로 그 차이가 벌어지고 있는 것이다.

미국 350대 기업: CEO와 직원 평균임금 차이 배수

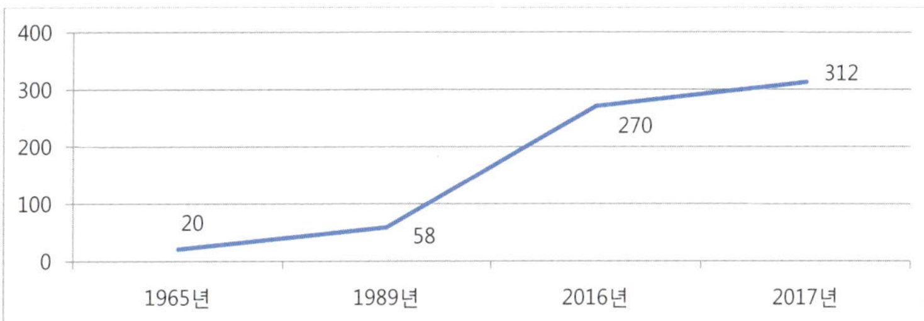

보아스는 왜 룻과 결혼했을까?

사회자 평론가님의 분석보고 잘 들었습니다. 그럼 궁금한 것은 어떻게 평론가님이 이야기하는 시스템을 구축할 수 있을까요? 즉, 직원의 무차별 해고, 사회적 갑질, 연봉의 격차 등을 막을 수 있는 시스템이 있을까요?

평론가 저도 무척 궁금합니다. 오늘만큼은 정책박사님께서 빨리 나오셔서 답을 주셨으면 좋겠습니다.

사회자 그 전에 성경에서 그 답을 찾아야 합니다. 교수님, 성경에서 '갑

질'을 막고 사회의 공동체성을 강조하는 내용이 있을까요?

신학교수 네, 그렇습니다. 보아스가 룻과 결혼한 것이 대표적인 예입니다.

사회자 아니, 남녀간의 문제가 어떻게 공동체 정신과 연관되나요?

신학교수 보아스와 룻의 결혼은 단순히 둘만의 문제가 아닙니다. 보아스는 사회적으로 공동체의 책임을 다한 것입니다. 보아스가 '기업 무를 자'의 의무를 이행한 내용이니까요.

사회자 '기업 무를 자'요? 약간 생소하네요. 무슨 뜻인가요?

신학교수 둘의 결혼은 성경 룻기서에 등장하는 내용입니다. 성경의 룻기는 구약의 다른 책과는 많이 차이가 있습니다. 다른 책들은 주로 왕이나 민족 지도자의 이야기를 다루고 있고, 굵직한 이스라엘의 역사와 함께하고 있습니다. 그러나 룻기는 독특한 이력을 가진 한 가정의 스토리를 다루고 있습니다. 마치 한 편의 '인생극장 TV 프로그램'을 보는 듯한 느낌을 받습니다. 독자에 따라 '기업 무를 자'라는 용어가 이해가 안 되면 왜 한 가정의 이야기가 성경에 포함되었는지 이해 못할 수도 있습니다.

사회자 룻기에 나오는 가정의 스토리는 무엇인가요?

신학교수 룻기의 대략 줄거리는 다음과 같습니다. 한 이스라엘 사람(엘리멜렉)이 흉년이 들어, 그 아내와 두 아들이 모압으로 이주하게 됩니다. 그곳에서 두 아들은 모두 모압 여성과 결혼하게 되는데 안타깝게 엘리멜렉과 두 아들이 모압에서 사망하게 되어 시어머니와 며느리들만 남게 됩니다. 결국, 시어머니가 고향으로 돌아오게 되는데 그때 한 며느리가 좇아옵니다. 그 며느리의 이름이 룻입니다.

사회자 아! 룻이 며느리의 이름이군요?

신학교수 네, 그렇습니다. 고향 베들레헴으로 돌아온 시어머니와 룻은 생계를 걱정해야 했습니다. 룻은 시어머니를 섬기기 위해 보아스라는 사람이 소유한 토지에서 이삭줍기를 합니다. 보아스는 엘리멜렉의 친족으로 부유한 농부였습니다. 보아스는 룻에게 많은 도움을 주는데요. 나중에 이 둘은 결혼하게 됩니다. 단순히 남녀관계로 사랑해서 결혼한 것이 아니라 보아스가 '기업 무를 자'의 의무를 이행한 것입니다.

사회자 아직도 정확히 이해가 안됩니다. '기업 무를 자'라는 개념도 어렵지만 보아스와 룻이 왜 결혼하는지도 궁금해지는 장면입니다.

변호사 사실 '기업 무를 자'는 법적 개념입니다. 따라서 이에 대한 법률적 설명이 먼저 선행되어야 할 것입니다.

사회자 그럼, 변호사님께서 법적으로 '기업 무를 자'에 대해 설명해 주실 수 있으신가요?

변호사 그렇게 하겠습니다.

'기업 무를 자'는 '법정 상속인'의 개념이다

이스라엘에서는 '고엘 제도'가 있다. '고엘'은 원어적으로 '보상할 자', '회복할 자', '구속할 자' 등의 의미를 담고 있다. '고엘 제도'는 사람이 어려움이 처하게 되면 가장 가까운 친족이 구해줄 의무와 권리를 갖는 것을 의미한다. 이는 하나님께로부터 할당 받은 토지를 보존하고 혈족을 유지하기 위한 목적을 갖고 있다.

고엘 제도에는 우선 '기업을 무르는 법'이 있다(레 25:25-26). 즉, 경제적으로 어려워져 사람이 토지를 팔았을 경우, 그의 가장 가까운 친족이 대신 땅값을 지불하고 그 땅을 되찾아주는 제도이다.

다음으로는 '계대혼인법'이 있다(신 25:5-6). 이는 형이 아들 없이 죽으면 그 동생이 형수와 결혼하여 형을 위해 아들을 낳아주어 후사를 이어주도록 하는 제도이다. 만약 동생도 없으면 가장 가까운 친족이 그 의무와 권리를 행사할 수 있다.

한편, 고엘의 자격을 갖추기 위해서는 다음과 같은 조건을 갖추어야 하는데, 이는 현대의 법정 상속인의 자격과 맥을 같이한다.

첫째, 혈연적으로 가장 가까운 친척이어야 하고, 만약 그가 그 의무와 권리를 이행할 수 없게 되면, 그 다음으로 가까운 친척이 그 대상자가 된다. 한국의 경우에는 상속인은 법정상속순위에 따라 결정된다. 민법상 4촌 이내의 방계 혈족이 법정상속인이 될 수 있고 그 순위는 다음과 같다.

1순위 직계비속(피상속인의 자녀 및 손자·손녀)

2순위 직계존속(피상속인의 부모, 친조부모, 외조부모)

3순위 형제자매 (피상속인의 형제·자매)

4순위 4촌 이내

보아스는 엘리멜렉의 친형제는 아니었고, 가까운 친족이었다. 그렇기에 보아스의 상속순위는 4순위 혹은 그 이하로 이해된다.

둘째는, 고엘의 대상자가 그 권리와 의무를 갖기 위해서는 본인이 자원해야 한다. 경제적으로 어렵거나, 기타 다른 이유로 고엘의 권리와 의무를 거절하게 되면 그다음 가까운 친족에게 기회가 넘어가게 된다.

현대의 상속제도에도 상속을 자신이 원하지 않으면 포기할 수 있다. 상속은 기본적으로 재산 상속뿐만 아니라 채무도 상속되게 되는데, 채무가 재산보다 클 경우 주로 경제적인 이유로 상속을 포기하게 된다.

사실 보아스 보다 순위가 높은 고엘 자격을 가진 이들이 있었다. 그러나 그들은 책임을 회피할 목적으로 그 자격을 포기하게 된다. 하지만, 보아스는 자진해서 권리보다는 의무가 큰 일(룻을 아내로 받아들이는 것)을 자청한다. 사실 이를 통해, 보아스는 자신이 알지 못하던 영광의 자리에 이르게 된다. 보아스와 나오미에게서 난 아들은 오벳이었는데, 오벳은 다윗 왕의 조부이며 예수 그리스도의 계보에 속하게 되는 것이다.

사실 룻기는 복음을 그대로 보여주는 책이다. 우선, 예수님이 우리가 감당할 수 없는 빚을 십자가를 통해 대신 탕감해 주어 자유인이 되게 하셨다. 예수님이 우리의 빚을 대신 탕감해 주는 이유는 예수님이 우리의 가장 가까운 근족이라는 증거이다.

하나님과 인간의 관계는 시간이 지나면서 점차 변화하게 된다. 창세기 초반에 인간은 하나님의 종으로 묘사되어 있다가 아브라함 시대에 가면서 친구로 변모한다. 그리고 점차 그 사이가 가까워져 우리는 하나님의 자녀가 된 것이다. 즉, 우리가 예수님의 가장 가까운 근족이 된 것이다.

사회자 설명 감사합니다. 변호사님께서 '기업 무를 자'의 의미를 현대적으로 요약해주실 수 있나요?

변호사 법률적으로 상속인은 상속을 선택할 수도 있고 포기할 수도 있습니다. 상속을 포기하는 경우는 채무가 재산보다 클 경우에 주로 발생합니다. 상속인이 상속을 받기 위해서는 피상속인의 채무를 책임져야 하기 때문입니다. 그런데 채무가 더 많음에도 상속을 포기하지 않는 경우가 가끔 있습니다. 그것은 자신이 부모님의 채무도 책임을 지겠다는 사회적인 선언입니다. 사실 쉽지 않지만, 채무자들을 보호하고 부모님들의 명예를 회복해 드리려는 값진 결정이지요.

신학교수 같은 맥락에서, '기업 무를 자'도 친족의 채무에 대해 책임을 집니다. 경제적으로 어려워져 사람이 토지를 팔았을 경우, 그의 가장 가까운 친족이 대신 땅값을 지불하고 그 땅을 되찾아 주는 것이니까요.

사회자 그럼, 교수님께서 '기업 무를 자'의 정신을 요약해 주시겠습니까?

신학교수 '기업 무를 자'는 '법정 상속인'의 개념을 포함하고 있습니다. 이는 단순히 상속인의 개념을 넘어서 '동행' 혹은 '공동체 정신'을 발휘해야 함을 의미합니다.

사회자 공동체 정신으로 가까운 근족의 어려움을 함께 책임져야 한다는 말씀이지요? 친족들을 경제적으로 보호하기 위해, 룻과의 결혼을 결정했다는 것인데, 이스라엘 문화를 접목해서 조금 더 설명이 필요할 것 같네요.

신학교수 성경에는 이스라엘 각 지파에게 땅을 분배했고 그 분할된 땅을 팔지 못하도록 했습니다. 그 이유는 이스라엘 지파가 경제적으로 독립하여 공동체 멤버로 살아가기를 희망했기 때문입니다. 그러나 경제적으로 너무 어려워져 자신의 땅을 팔게 되면, 그의 친족이 대신 찾아주도록 했습니다. 경제적으로 더 어려워져 자신의 몸까지 팔아 종이 되고자 하면 그를 종으로 대하지 말고 합당한 노동의 대가를 지급하여 근로자로 대우하도록 했습니다. 이 모든 것은 동등하게 살아가는 사람들이 서로에 대해 배려하는 '공동체 정신'을 강조하고 있는 것입니다.

공동체 시스템을 이식하라!

사회자 그럼, 궁금한 것이 이러한 내용이 어떻게 정책화될 수 있을까요? '기업 무를 자'가 왜 성경에 기록되었고, 우리에게 어떤 메시지를 전달하고 싶었을까요? 박사님께서 구체적인 정책으로 답해주시면 감사하겠습니다.

정책박사 앞에서 평론가님이 역설해 주신 것처럼 구성원들이 주인의식을 갖기 위해서는 시스템이 구축되어야 합니다. 즉, '공동체 정신'이 발현될 수 있도록 정책을 구상해야 할 것입니다. 룻기서의 보아스는 꼭 룻을 아내로 받아들일 필요는 없었습니다. 그러나 자신의 친족들을 경제적으로 보호하고 그들과 상생하기 위해 이러한 결정을 내린 것입니다. 이런 정신으로 정책을 기획해야 할 것입니다.

사회자 구체적으로 어떻게 적용될 수 있을까요?

정책박사 토론 서두에 평론가님께서 CEO와 직원 간의 월급차이가 지속적으로 커지고 있고 이로 인해 갑질 문화가 확산되고 있다고 말씀해 주셨습니다. 사실 현대 사회 재벌가의 갑질 문제는 더욱 심각해질 가능성이 높습니다. 왜냐하면, 자신들의 경제권력이 자녀들에게 상속되고 그리고 일반 직원들과의 소득 편차가 커질수록 재벌들은 직원을 동등한 파트너로 보는 것이 아니라 현대판 '노예'로 인식할 수 있기 때문입니다.

평론가 사실 영어로 회사(Company)는 com(함께)과 pany(빵)가 합성된 단어입니다. 즉, 함께 빵을 먹는 '경제 공동체'가 바로 회사임에도 이러한 '공동체 정신'으로 무장된 재벌들을 찾기는 쉽지 않습니다.

정책박사 따라서 최고경영자와 직원의 평균임금의 격차를 합리적으로 줄일 수 있는 정책과 재벌의 상속이 사회의 공동체를 위해 개선될 수 있도록 정책을 기획해야 합니다. 이러한 맥락에서 오늘의 정책제안은 '경제 공동체 정신을 강화하라'로 귀결될 수 있을 것 같습니다.

사회자 '경제 공동체 정신'이요?

정책박사 기본적으로, '기업 무를 자'의 전통이 이스라엘에 생긴 이유는 이스라엘 사람들이 성경의 법을 지키지 않아 차선책으로 발생한 것입니다. 성경의 법은 이스라엘 각 지파에게 땅을 적절히 분배하고 그 땅을 팔거나 자신을 노예화시키지 못하도록 한 것입니다. 이 법은 '경제 공동체 정신'을 내포하고 있음에도 이스라엘 사람들은 그것을 잘 인지하지 못했기 때문입니다.

신학교수 맞습니다. 제가 앞에서 설명한 것처럼 성경은 각 개인이 독립되고, 평등하고, 자율성을 가진 사람들로 살기를 희망했어요.

정책박사 제가 '경제 공동체 정신'을 정책화하기 위한 구체적인 방안을 정리해보았는데 소개해 드리겠습니다.

'경제 공동체 정신'을 위한 제안

1) 각 지파에게 땅을 분배 – 구성원의 독립성을 의미

땅은 개인이 살아갈 터전이며 생계수단이다. 이를 분배했다는 것은 각 구성원이 독립된 소득원을 가져야 한다는 의미이다. 독립된 소득원이 각 구성원이 평등한 파트너로서 대우받을 수 있는 구조를 갖게 한다.

예를 들면, 상장사의 경우에는 직원들에게 일정 부분의 주식을 보유할 수 있도록 법으로 정해 놓으면 직원들은 기업의 '소유 구성원'으로서 책임감과 자부심을 함께 가질 수 있게 되는 것이다.

2) 각 지파에게 적절히 분배 – 소득분배의 형평성을 의미

각 지파에게 똑같은 크기의 토지를 배분한 것은 아니다. 그 지파의 인구규모, 구성원, 역할 등을 종합적으로 판단하여 적절히 배분하여 준 것이다. 그러나 그 배분 정도가 현격히 차이가 나지 않았고, 모든 구성원들이 합리적으로 이해할 수 있는 수준이었다. 즉, 소득분배가 동일할 필요는 없지만, 형평성이 맞고 모두에게 이해될 수 있는 수준에서 분배해야 한다.

예를 들면, 중견기업 혹은 대기업 집단으로 인정받은 경우에는 사회적 공헌과 책임 등이 더욱 강조되게 된다. 특히, 공정거래위원회의 감독 안에서 시장 안에서의 공공성을 발현하는 것이 선택이 아닌 의무가 되어야 한다. 이런 맥락에서, 일정 규모 이상 기업의 최고 경영자 임금은 직원 평균 임금의 몇 배수를 넘지 못하도록 법제화하는 것이 필요할 것이다. 현재, 대한민국의 일부 공기업(한국수력원자력 등)에서는 실제적으로 적용되고 있다.

3) 각 지파에게 분배 – 공동체 의식을 가질 수 있는 그룹단위를 세분화

성경에서 토지는 각 지파에게 나누어진다. 그리고 그 지파 안에서 다시 각 가정별도 토지를 재분배해주었다. 땅을 분배받은 지파 혹은 가정은 무엇을 상징할까? 이는 '공동체 의식'을 가질 수 있는 최소단위를 의미한다. 서로에게 남이 아닌 함께 상생해야 하는 단위를 의미한다.

4차 산업혁명시대가 도래하면서 인류는 편리함을 영위하는 대신에 외로움과 고독함을 직면하게 되었다. 이를 타개할 수 있는 최선의 방책은 공동체를 만드는 것이다. 이 공동체 안에서 서로에게 정을 나누고, 함께 어려움을 극복해 나갈 수 있을 때 개인들은 행복함을 느낄 수 있을 것이다.

현대 시대에도 가정이 우리가 인정할 수 있는 최소의 공동체 단위다. 그런데 정책적으로 가정을 넘어선 공동체를 기획할 필요가 있다. 지방에서는 마을공동체가 대상이 될 수 있고, 도시 경우에는 회사가 대상이 될 수도 있다. 때로는 공통의 관심사를 가지고 있는 동호회 모임 등이 그런 공동체 역할로 변모할 수도 있다.

사회자 정책을 브리핑해 주심에 감사를 드립니다. 박사님 이런 정책을 한 번에 이해할 수 있는 좋은 사례가 있을까요?

정책박사 스페인에 '몬드라곤'이라는 협동조합 회사가 있습니다. 구성원의 독립성, 형평성이 잘 보장되고 공동체 그룹단위가 잘 세분되어 있는 좋은 모델입니다.

사회자 좋습니다. 소개 부탁드립니다.

탐색: 스페인 몬드라곤 협동조합

몬드라곤 협동조합 기업(Mondragon Cooperative Corporation)은 정부 지원 없이 자생적으로 성장한 세계 최대의 협동조합 기업이다. 몬드라곤은 스페인 바스크 지역을 기반으로 1956년 설립되어 2014년 기준으로 74,000여 명의 직원이 257개 기업에서 일하고 있다. 2015년 매출은 120억 유로 규모로서 스페인 10대 대기업에 속한다.

몬드라곤은 CEO와 직원 간의 엄청난 임금차이도 없고 소수가 기업을 소유하지도 않으며 공동체 정신으로 무장한 직원들이 일하고 있

① 몬드라곤

다. 앞에서 언급된 수많은 '갑질'이 존재할 수 없는 구조를 가지고 있다. 따라서 국가의 정책을 만들 때 필수적으로 벤치마킹 해야 할 기업임에 틀림없다.

몬드라곤의 역사는 호세 마리아라는 한 젊은 가톨릭 신부에 의해 시작되었다. 호세 신부는 인구 7,000명의 바스크 몬드라곤에 1941년에 정착하고 그곳에 가난, 굶주림 등을 목격하게 된다. 바스크 지역은 스페인에서 가장 변방에 속한 지역으로 아무도 관심을 두지 않던 곳에서 특별한 프로젝트를 시작한다. 우선, 1943년 호세 신부는 기술대학을 설립하고 지역 회사와 협동조합을 위해 필요한 매니저, 엔지니어, 그리고 숙련된 기능공들을 훈련하기 시작한다. 그리고 단순히 지식만을 전수하는 것이 아니라 사회참여와 공동체 정신을 강조하는 교육도 함께 교육했다.

일정수준의 준비가 끝나고 호세 신부는 5명을 선발하여 커뮤니티 정신을 기반한 협동조합을 설립하게 된다. 그 조합은 1956년부터 회사로서의 형태를 갖추기 시작했고 석유난로 생산 기업인 '울고'를 탄생시킨다. 그리고 지속적으로 금융, 제조업, 유통, 지식산업(컨설팅, 교육, 사회보장 등) 분야에서 다양한 자회사들을 탄생시킨다. 더 나아가, 자금력이 부족한 직원 협동조합의 자금 지원을 위해 '노동인민금고'를 출범시키고 기술연구소와 몬드라곤 대학도 설립하게 된다.

그리고, 1991년 몬드라곤 협동조합 그룹은 그 결속력을 강화하기 위해 단순한 협동조합 연합체에서 '몬드라곤 협동조합 기업'으로 변모하게 된다. 즉, 대기업 집단이 된 것이다. 이렇게 변경된 이유는 단순한 연대의 수준을 넘어서 단일한 시장 혹은 유사한 기술 시장에서 규모의 경제를 이루어 시장을 선점하고자 하는 비즈니스적인 판단이 있었다.

몬드라곤을 벤치마킹해야 하는 이유는 '경제 공동체 정신'이 잘 접목된 회사를 일구어 왔기 때문이다. 회사의 슬로건 'Humanity at Work (인간미 있는 일터)"를 통해 서로가 함께하는 '경제 공동체'를 꿈꾸고 있음을 드러내고 있으며 아래와 같은 특징을 그 기업의 문화로 일구어 내고 있다.

첫째, 구성원의 독립된 소득원이 함께하는 조직이다. 몬드라곤은 협동조합이라는 특성상, 소수가 회사의 지분을 보유하지 않으므로 모든 직원(조합원)들이 주인으로서 자부심을 갖게 되는 것은 기본이다. 특히, 각 협동조합이 독립된 회사로서 각 개인에게 소득원의 역할을 하고 있는 것이다.

특히, 각 구성원들이 자신들의 소득원을 창출해내는데 그 지원을 아끼지 않는다. 이를 위해 노동인민금고의 역할이 핵심이다. 협동조합 형태로 새로운 기업을 설립하는 사람들은 노동인민금고 기업국을 방문하게 되는데, 기업국은 예비 창업자들에게 새로운 기업을 만들고 운영을 지원하기 위해 존재한다.

기업국은 우선 예비창업자들 가운데 매니저를 선출하고, 사무실과 보수를 지원하게 된다. 매니저에게는 18~24개월 정도의 임금을 지급하며 이자가 연기된 대출형식을 띠게 된다. 그리고 이 기간 동안 매니저는 창업을 위한 보고서를 작성해야 한다. 창업 아이템이 존재하면 비즈니스 계약을 실제 체결해 주기도 하고 창업 아이템이 없으면 아이디어를 직접 제공해 주기도 한다. 창업 아이템이 성공할 수 있도록 멘토 역할을 할 '대부(padrino)'를 선정해 주고 기술적 지원도 하게 된다. 보고서가 완성되면, 은행국에서 최종 심사하여 창업지원(대출형식과 정부지원금)을 결정하게 된다.

둘째, 소득분배가 적절히 이루어지고 있다. 몬드라곤은 월급에 대한 특별한 규칙이 존재한다. 최고경영자와 최저임금을 받는 사람의 임금격차를 비율로 정해놓은 것이다. 이 비율은 자회사 별로 최대 9:1에서 최소 3:1까지 존재하는데, 평균적으로 5:1이다. 이러한 비율은 회사에 소속된 임직원들이 모여 민주적 투표로 결정하게 된다. 이러한 규칙의 결과로 몬드라곤 간부사원들은 다른 경쟁사에 비해 적은 월급을 받는 반면, 말단 직원들은 동종 업체들에 비해 13% 정도 월급을 더 받게 된다.

셋째, 공동체 의식을 가질 수 있는 그룹단위를 세분화했다. 그룹 내 한 회사가 어려워 구조조정을 하게 될 경우, 유급 휴직하되 일정기간 이내에 경영상황이 좋은 기업으로 재배치되도록 구조화한 것이다. 몬드라곤이 단순한 협동조합 연합에서 협동조합 기업으로 발전한 이유는 경제의 규모를 실현하는 것 외에도 인력순환의 목적도 한 몫을 차지했다. 이러한 구조는 직장에 대한 신뢰감과 안정감을 주게 되며 회사에 대한 무한 애정을 갖게 하는 특징이 있다.

'오직 선을 행함과 서로 나누어 주기를 잊지 말라 하나님은 이같은 제사를 기뻐하시느니라(히브리서 13장 16절).'

Topic 6

구성원 교육, 어떻게 할까?

- 복음서가 법적 유언장이었다
- 영화 《글래디에이터》: 유언장의 교훈
- 미래교육을 어떻게 기획해야 할까?

(탐색: 도널드 트럼프의 《The Apprentice》)

OTIENT

Topic 6

구성원 교육, 어떻게 할까?

복음서가 법적 유언장이었다

사회자 오늘은 여섯 번째 시간으로 '구성원 교육, 어떻게 할까?'란 주제로 함께 하겠습니다. 인재 육성은 어느 조직에 있어서나 너무 중요한 문제인데요. 교수님, 성경에서도 인재교육에 관한 많은 이야기가 있죠?

신학교수 네 물론 많습니다. 그런데 저는 교육 문제를 이야기할 때는 성경보다 청개구리 이야기가 먼저 떠올라요?

사회자 이유가 있으신가요?

신학교수 다 아시는 내용이지만, 청개구리 엄마는 아들이 자신의 말을 안 듣는 것에 속상해 합니다. 아기 청개구리를 어떻게든 교육해 보려고 했지만 실패하죠. 아기 청개구리는 엄마의 뜻과는 반대로만 행동했거든요. 결국 청개구리 엄마는 죽음을 앞두고 자신을 물가에 묻어달라고 부탁합니다. 이유는 아기 청개구리가 또 반대로 할 것이라 생각한 것이지요. 그러나 아기 청개구리는 엄마의 죽음 앞에서 엄마의 뜻을 따르죠. 엄마를 물가 옆에 묻은 것입니다.

사회자 실제로, 자녀들은 부모 말을 진짜 잘 안 듣죠? 자녀를 키워보신 분들이라면 누구나 동의할 것입니다. 그런데 왜 이 이야기를 먼저 하셨나요?

신학교수 이 이야기의 결론을 기억하시지요? 아기 청개구리는 비가 오면 엄마의 무덤이 떠내려갈 것을 염려하여 비가 올 때마다 소리 높여 울었다는 것이지요. 결국 아기 청개구리가 진심으로 후회하는 시간이 되었다는 뜻입니다. 결론을 이야기하면, 엄마의 죽음이 아기에게는 참교육이었다는 의미입니다. 이것이 무엇을 뜻하겠습니까?

사회자 예수님의 죽음이 말 안 듣는 우리를 교육했다는 의미인가요?

신학교수 정확합니다. 성경에는 수많은 리더가 등장합니다. 그리고 그들의 리더십을 연구해 볼 필요가 있습니다. 그러나 교육의 진수는 예수님입니다. 예수님의 이 땅에 오신 목적 중 하나가 제자를 부르시기 위함이었고 사역기간 중에는 제자들과 대부분 함께 지내며 교육에 시간을 투자하셨습니다.

사회자 동의합니다. 그럼 오늘은 '예수님의 교육'에 집중할 예정인가요?

신학교수 그렇습니다. 무엇보다 예수님의 교육은 단순한 교육수준이 아니라 청개구리 엄마처럼 유언을 한 것입니다. 즉, 복음서에서 수많은 예수님의 유언이 우리를 교육하기 위함이었습니다.

사회자 정확히 어떤 내용인가요?

신학교수 말씀 드렸듯이, 복음서를 통해 예수님은 유언을 남겼습니다. 그리고 그 유언 속에는 천국 시민권 보장과 이 땅에서의 지혜가 담겨있습니다. 모든 부모가 마찬가지겠지만 죽음을 앞둔 부모는 좋은 것만을 자녀들에게 물려주기를 희망합니다. 특히, 재산도 물려주지만 이 땅을 사는 지혜를 전수해 주고자 합니다. 예수님도 마찬가지로 자신의 노하우를 전수해 주기를 희망했습니다. 단순히 말로만 한 것이 아니라 삶으로 실천해 보이면서 제자들에게 가르쳐 주고자 했습니다.

사회자 예수님의 유언은 상당히 교육적이었네요.

평론가 교수님의 설명은 이해가 됩니다. 그러나 그것은 단순히 신앙적 해석이 아닐까요? 법적으로는 너무 억지 주장 아닐까요? 예수님의 유언장이 남아 있는 것도 아니지 않습니까?

신학교수 아닙니다. 복음서에 나오는 많은 예수님의 말씀은 자신의 죽음을 염두에 두고 제자들에게 유언으로 하신 말씀입니다. 예를 들면, 마태복음 17장 22-23절에 다음과 같은 기록이 있습니다. "…예수께서 제자들에게 이르시되 인자가 장차 사람들의 손에 넘겨져 죽임을 당하고 제삼일에 살아나리라 하시니 제자들이 매우 근심하더라"

평론가 말씀 드렸듯이 그건 신앙적인 해석이지 법적인 해석이 아닙니다. 복음서에 나오는 예수님의 말씀이 법적 유언 요건을 충족시키는지 증명할 수 있나요?

사회자 저도 궁금하네요. 변호사님, 복음서 예수님의 말씀이 법적으로 유언 요건을 충족하나요?

변호사 예상 밖이겠지만, 법적으로 유언장으로 인정될 수 있다고 생각합니다. 관련하여 제가 내용을 미리 정리해 보았는데, 한번 읽어 드리도록 하겠습니다.

예수님 유언의 법적 효력

복음서 기록을 보면, 예수님의 유언이 합법적으로 이루어졌기에 상속 요건을 갖춘 이들이 상속권을 주장할 수 있다.

유언장이란 생전에 사후를 예상하여 자신의 의사표시를 기록하여 사후에 법적 효력이 발생하게 하는 문서이다. 그 내용에는 상속인과 재산처분에 관한 내용이 포함하게 된다.

유언장 작성방법과 그 효력은 국가에 따라 다르지만, 한국은 기본적으로 5가지 방법으로 하고 있다. 자필, 공정증서, 비밀증서, 녹음, 구수증서 등이다.

1) 자필 유언장: 자필로 스스로 작성하는 방식으로, 기본적으로 증인이 필요 없음
2) 녹음: 스스로 녹음하는 방식
3) 공정증서: 공증인을 통해 공증을 하는 방식
4) 구수증서: 임종이 임박하여 구수한 내용을 제3자가 작성하여 증명하는 방식
5) 비밀증서: 유언장을 사망 후에 공개하는 방식

그럼, 복음서에서 예수님이 한 유언은 상기 5개 유언 방법에 해당할까? 기본적으로, 자필 유언장, 녹음, 공정증서 등의 방법은 검토 대상이 되지 않는다. 왜냐하면, 예수님이 자필로 적지 않았기에 자필 유언장은 해당하지 않고, 2000년 전에는 녹음기와 공증인이 없었기 때문이다. 그렇다면 남은 것은 구수증서 혹은 비밀증서이다. 예수님의 유언이 이 두 유언에 해당하는지 살펴보아야 할 것이다.

① 구수증서

우선, 구수증서는 '질병 기타 급박한 사유로 2인 이상의 증인이 참여한 가운데 유언자의 구수를 1인이 필기낭독'하는 방식이다. 구수증서는 법률적으로 3가지의 요건을 충족시켜야 한다. 예수님의 복음서 유언의 경우에는 구수증서로서 인정될 수 있다.

첫째, 질병 혹은 기타 급박한 사유로 인하여 부득이한 경우이어야 한다. 우선 예수님은 긴급 체포되어 십자가에 못박히게 되어 임종했다. 즉, 부득이한 경우에 해당된다. 단, 십자가에 못박히기 전에는 이러한 상황에 해당하지 않는 것으로 보인다.

둘째, 유언자가 유언의 취지를 구수하고 증인이 유언자의 말을 대신 적어야 한다. 예수님은 십자가 상에서 자신의 제자들에게 유언을 했을 뿐 아니라 복음서에서 사역하는 3년의 기간 동안 꾸준히 유언을 했다. 왜냐하면, 예수님은 자신의 십자가에서의 임종을 예견하고 있었기 때문이다. 이는 성경 기록이 명확히 하고 있다. '예루살렘에 올라가는 길에 예수께서…열두 제자들 데리시고 자기의 당할 일을 말씀하여 이르

시되…채찍질하고 죽일 것이나 그는 삼 일 만에 살아나리라 하시니라(막 10:32-34)'

그리고, 유언을 들은 제자들은 그 내용을 기록했다. 예수님으로부터 들은 유언을 제자들이 복음서에 기록했다. 참고로 복음서는 신약성경 전반부에 해당하는 마태복음, 마가복음, 누가복음, 요한복음의 총칭이다. 기록에 따르면, 이 복음서는 예수님의 이야기(유언)를 직접 들은 제자들이 기록한 책들이라고 명시하고 있다. '이 일들을 증언하고 이 일들을 기록한 제자가 이 사람이라 우리는 그의 증언이 참된 줄 아노라(요 21:24).'

셋째, 2인 이상의 증인이 필요하다. 예수님의 유언을 들은 증인은 2명 이상이다. 기록을 보면, 예수님의 유언은 많은 증인들 앞에서 이루어지는 경우가 많았다. 그래서 성경에서는 그 증인들의 이름을 구체적으로 명기하는 경우를 종종 볼 수 있다. 예를 들면, '그 후에 예수께서 디베랴 바다에서 또 제자들에게 자기를 나타내셨으니 나타내신 일은 이러하니라 시몬 베드로와 디두모라 하는 도마와 갈리리 가나 사람 나다나엘과 세베대의 아들들과 또 다른 제자 둘이 함께 있더니(요 21:1-2).'

② 비밀증서

사실, 복음서는 비밀증서에 가깝다. 비밀증서에 대한 요건은 국가마다 다를 수 있겠지만, 기본적인 절차는 다음과 같다. 비밀증서는 유언자의 이름을 기입한 증서를 엄봉, 날인하고, 이를 2인 이상의 증인에게 제출하는 방식이다. 그리고 그 유언장은 기간 이내에 공증인 또는 법원에 제출하여 봉인 상의 확정일자를 받도록 되어 있다. 그리고 일정한 시기(유언자의 사망)가 지나면, 비밀증서를 공개할 수 있다.

이를 정리하면, 비밀증서는 다음의 3단계가 필요함을 알 수 있다.

- 유언장의 내용을 비밀로 하고 2인 이상의 증인에게 제출
- 유언장의 봉인 및 공증(법원 제출)
- 일정한 시기(유언자의 사망)가 지나면 비밀증서 공개

첫째, 복음서 기록에 보면 예수님은 자신의 유언(이야기 한 것)을 증인들에게만 보여주고 외부에는 비밀로 하려는 의지가 분명해 보인다. 예를 들면, 누가복음 8장 10절에 다음과 같이 기록되어 있다. '이르시되 하나님 나라의 비밀을 아는 것이 너희(증인들)에게는 허락되었으나'라고 되어 있다. 즉, 유언장의 비밀을 증인들에게만 알려주고 다른 사람에게는 비밀로 한다는 내용이다.

둘째, 성경기록을 통해 예수님의 영(성령)을 통해 내용을 봉인하고, 도장을 찍고, 확정일자를 받는 절차가 확인되었다. 에베소서 1장 13-14절은 다음과 같이 명시하고 있다. '…성령으로 인치심(봉인하고 도장을 찍는 행위)을 받았으니 이는 우리의 기업(상속)의 보증(확정일자 받는 것)이 되사…'

셋째, 일정한 시기가 지나면, 비밀증서를 공개하는 것이 기록을 통해 확인되었다. 그 기록은 요한계시록에서 발견된다. 요한계시록에는 7개의 인을 떼는 장면이 나오는데, 유언장을 공개하는 내용이다. 그때야

비로소 사람들은 비밀의 내용을 확인하는 것으로 되어 있다.

본 법정이 비밀증서의 기준으로 신약성경을 살펴보니, 신약성경이 다음과 같이 구성되었다는 것을 알 수 있다.

복음서 - 예수님의 유언(비밀증서)과 증인들에게 전달

사도행전 - 성령이 유언장에 대해 보증(공증)

서신서 - 증인들이 유언장에 대해 증언

요한계시록 - 인을 떼어, 유언장의 내용을 공개

사회자 복음서의 예수님의 말씀이 법적으로 유언이었다니 놀랍습니다.

평론가 변호사님의 브리핑을 듣고 있자니 한 영화의 내용 중에 나온 유언이 유효한지 궁금하네요.

사회자 어떤 영화인가요?

평론가 《글래디에이터》란 영화인데요. 그 안에는 황제의 유언이 나오거든요.

사회자 《글래디에이터》는 어떤 내용인가요?

평론가 멋진 남자들의 영화이지요. 로마시대 검투사들의 이야기인데요. 멋진 남자들의 격투 장면이 인상적인 영화입니다. 제가 먼저 영화를 소개해 드려도 될까요?

사회자 좋습니다. 소개 부탁드립니다.

영화 《글래디에이터》: 유언장의 교훈

영화 《글래디에이터》는 2000년도에 개봉된 작으로, 리들리 스콧이 감독하고, 러셀 크로우(막시무스)와 호아킨 피닉스(코모두스) 등이 주연으로 출연했다. 특히 러셀 크로우는 《인사이더》 촬영을 마치고, 이 영화를 찍기 위해 20kg을 감량하고 근육질 몸매를 가꾸어 많은 여성의 스타로 떠오르게 된다. 연기자들의 출중한 연기와 대작에 맞는 영상미의 도움으로 2001년 아카데미상 시상식에서 최우수 작품상과 남우주연상 등 5개의 상을 휩쓴다.

영화 『Gladiator』의 한 장면.
사진출처 GO LONDON, 2019-06-12.

이 영화의 배경은 로마가 가장 넓은 영토를 확보하던 시기였던 오현제 시대의 마지막 마르쿠스 아우렐리우스 황제 시대이다. 참고로, 마르쿠스 황제는 『명상록』을 저술할 정도로 학문과 철학에 정통한 인물이었다.

마르쿠스 황제 통치 기간 동안에는 많은 전쟁이 있었고 수많은 이민족이 침입했다. 마르쿠스 황제는 책임감이 강한 사람으로 전쟁터에 직접 나가곤 했는데 그 전쟁터에서는 황제가 친아들처럼 신뢰하는 장수가 있었다. 그의 이름은 장군 막시무스였다.

황제 마르쿠스 아우렐리우스는 자신의 죽음이 가까워지자 막시무스와 둘만의 시간을 갖는다. 황제는 막시무스를 아들처럼 여기고 있으며 막시무스에게 황위를 넘겨주겠다고 이야기했다. 이유는 마르쿠스는 공화정 부활을 꿈꾸지만 자신의 아들(코모두스)은 그 꿈을 이루기에는 적합하지 않았기 때문이었다. 결국, 황제는 막시무스와의 둘만의 시간을 통해 막시무스에게 유언을 한 것이다.

막시무스와의 만남을 가지고 황제는 자신의 친아들 코모두스를 불러 자신의 계획(황위를 막시무스에게 넘기는 것)을 이야기한다. 이 과정에서는 왕자 코모두스는 분노를 이기지 못하고 자신의 아버지인 황제를 살해한다.

황위를 탈취한 코모두스는 막시무스 장군과 그 가족을 첫 번째 제거대상으로 지목한다. 이로 인해 막시무스의 가족들은 살해되고 막시무스는 도주하여 겨우 목숨을 건지게 된다. 그러나 부상을 입은 막시무스는 노예로 팔리게 되고 투기장의 검투사가 된다.

검투사가 된 막시무스는 매 경기마다 자신의 빼어난 검투 실력과 군대에서 다져온 리더십을 발휘한다. 막시무스의 매력은 점점 관중을 매료시켜 나갔고 그는 검투사로서 인기와 명성을 갖게 된다. 때마침 코모두스 황제는 검투대회를 콜로세움에서 개최하기로 하고 막시무스가 속한 검투단도 그 대회에 참여하게 된다.

황제 코모두스도 대회를 관람하러 왔다가 막시무스가 그 유명한 검투사인 것을 알게 된다. 콜로세움에서 황제 코모두스를 만난 막시무스는 복수를 꿈꾸게 되는데, 우선 자신을 지지하는 정치세력을 비밀리에 접촉한다. 또한, 막시무스는 자신이 지휘관으로 있는 군대를 동원하기 위해 검투단에서 탈출할 것을 기획하고 검투단 단장인 프록시모의 도움을 받는다. 프록시모의 역할을 했던 올리버 리드는 이 영화를 촬영하던 중에 사망하여 그의 잔여 분량은 CG로 처리했다.

그러나 안타깝게도 코모두스는 막시무스의 계획을 먼저 알아내어 막시무스를 다시 체포하고 칼로 찌른다. 칼에 찔려 부상을 입은 막시무스는 강제로 황제 코모두스와 검투 대결을 하게 되는데, 코모두스는 수많은 관중이 지켜보는 콜로세움에서 막시무스를 제압함으로 황제의 위엄을 보여주고 싶었던 것이다.

하지만, 코모두스의 계획과 달리 부상당한 막시무스는 마지막 힘을 내어 코모두스를 먼저 제압하는데 성공한다. 코모두스가 숨을 거두고 막시무스는 자신의 죽음을 앞두고 콜로세움에서 황제 마르쿠스의 유언을 대중에게 알린다.

사회자 오늘의 영화 소개 감사합니다. 평론가님, 그럼 이 영화에서 어떤 대목이 법률적으로 궁금하신 건가요?

평론가 영화에서 황제 마르쿠스는 막시무스에게 유언을 합니다. 그 내용은 황위를 막시무스에게 넘기고 공화정을 부활시키겠다는 것입니다. 과연 이 유언은 합법적으로 이루어졌을까요? 영화를 보면서 궁금했거든요.

사회자 정말 저도 궁금하네요. 변호사님, 답변 부탁드립니다.

변호사 결론부터 이야기하면, 이 유언은 법률적으로 어떠한 효력을 발휘하기 어렵습니다. 법률적으로 유효한 유언은 몇 가지 조건이 있는데, 이 유언은 그 어느 것도 충족하지 않습니다.

평론가 저는 마지막 장면에서 막시무스가 선황제의 유언을 전하자 군사들이 그 유언을 따르는 모습을 보고 유언이 유효하다고 생각했는데… 법률적으로는 유효하지 않군요. 왜 그렇죠?

변호사 우선 문서화되지 않았기 때문입니다.

평론가 왜 안되나요? 예수님도 말로 유언을 했잖아요.

변호사 앞에서 저의 브리핑을 잠깐 상기해 보시죠. 말로 하는 유언을 구수증서라고 하는데, '질병 기타 급박한 사유'가 있어야 한다는 조건이 있습니다. 문제는 황제 마르쿠스가 '질병 기타 급박한 사유'에 해당되지 않기 때문입니다. 영화를 보면, 황제 마르쿠스의 건강상태가 좋지 않았던 것은 맞지만 아직까지 스스로 거동하고, 말하고, 글을 쓰는데 전혀 문제가 없는 상황이었습니다.

사회자 그럼에도 불구하고 급박한 사유가 있었다고 주장한다면요?

변호사 그래도 어렵습니다. 구수증서는 누군가 황제 마르쿠스의 유언을 받아 적어야 하는데, 막시무스가 황제의 유언을 경청했을 뿐, 제3의 인물에게 받아 적으라고 시킨 적이 없습니다. 무엇보다 유언을 들은 증인이 없었다는 것이 약점입니다. 기본적으로 2명의 증인이 필요한데, 황제 마르쿠스와 막시무스 만이 비밀리에 대화를 했을 뿐 증인을 두지는 않은 것입니다. 이는 황제 마르쿠스가 자신의 계획을 밝혔을 뿐 아직 유언 단계에 이르지 않았다는 결정적인 증거입니다.

평론가 그럼, 상속 순위에 의해 아들인 코모두스가 황제가 된 것은 자연스러웠네요?

변호사 그렇지 않습니다. 코모두스는 상속권을 상실했습니다.

평론가 왜죠? 유일한 아들인데.

변호사 코모두스는 상속권을 상실한 이유는 자신이 황제를 살해했기 때문입니다. 기본적으로, 상속인이 고의로 직계존속, 피상속인, 상속의 선순위 혹은 동순위를 살해한 경우에는 상속권을 상실하게 됩니다. 또한, 코모두스는 황제의 유언을 변조하고 은닉했습니다. 이 또한 상속권을 상실하게 하는 원인이 됩니다.

평론가 그럼 딸이 황제가 되어야 하는 건가요?

변호사 그렇습니다. 루실라 공주가 황위를 포함한 모든 상속의 주체가 되는 겁니다. 법률로는 딸이 유일한 상속권자입니다.

신학교수 실제로, 황제 마르쿠스는 자신의 딸에 대한 신뢰가 있었고 딸로 태어난 것에 대한 안타까움을 표현했습니다. 제 생각에는, 영화 속 루실라 공주라면 황제가 소원했던 공화정을 부활시키는 일도 잘해냈을 것이라 생각됩니다.

사회자 정말 법적으로 영화를 토론해 보니 참 재미있네요. 결론이 저희 생각과 다르게 나오니까요.

미래교육을 어떻게 기획해야 할까?

사회자 자…그럼 박사님을 초청할 시간이네요. 박사님, 오늘의 토론을 기초로 '구성원 교육, 어떻게 할까?'에 대한 답을 주실 수 있을까요?

정책박사 답을 드리는 것은 아니고, 단지 오늘의 토론을 어떻게 적용할지에 대해 제안드릴 수는 있습니다.

사회자 물론입니다. 제가 말실수가 있었네요. 어떻게 적용할 수 있을까요?

정책박사 변호사님 브리핑에 따르면, 예수님이 복음서에서 유언을 했다고 되어 있습니다. 그렇다면 예수님의 인재상이 미래교육의 모델이 되어야 한다고 생각합니다.

신학교수 저도 동의합니다. 예수님께서도 박사님의 말씀을 적극적으로 요청하셨어요. 예를 들면, 성경에 다음과 같은 구절이 있습니다.

> 이를 위하여 너희가 부르심을 받았으니
>
> 그리스도도 너희를 위하여 고난을 받으사
>
> 너희에게 본을 끼쳐 그 자취를 따라오게 하려 하셨느니라
>
> (벧전 2:21)

사회자 말씀은 이해가 되지만, 구체적인 방법론이 있는 건가요?

정책박사 물론입니다. 이를 설명하기 위해 미래의 인재상이 어떻게 변하는지 설명해야 할 것 같습니다. 특히 기업의 인재상에 주목해야 합니다. 급격히 변하는 기업의 인재상을 알기 위해서는 이 분야를 선도하는 기업을 연구하는 것이 중요합니다. 대표적인 기업이 구글입니다. 구글은 많은 기업의 생각을 넘어선 인재상을 가지고 있는 기업으로 유명

합니다. 기업들을 선도하는 역할을 하고 있는데, 이는 많은 기업이 미래에 이런 인재를 원하게 된다는 의미이기도 합니다.

사회자 구글은 어떤 인재상을 원하나요?

정책박사 제가 간단하게 정리하여 왔는데 읽어 드리겠습니다.

구글이 원하는 인재상

첫째, T자형 인재다. 한 분야의 지식만을 보유하는 것이 아니라 자신의 전문분야와 관련된 폭넓은 지식을 가진 인재다. 현대 시대에는 융합의 시대이고, 지식을 넘어서 어떻게 응용하고 활용할 지가 더 중요한 시대가 되었다. 따라서 혁신적인 사고방식과 폭넓은 인간관계도 보유한 인재를 의미한다.

둘째, 메타 인지능력(종합적 사고력)을 보유한 인재다. 메타 인지능력은 자신이 처한 상황을 정확히 분석하고, 그에 따른 효율적인 판단을 내리는 능력을 의미한다. 취하여야 할 것과 버릴 것, 융합해야 하는 것, 문제 해결을 위한 창의력 등을 발휘하여 일을 효율화하고 시간을 절약할 수 있게 된다. 이 능력은 각 지식을 단순히 병렬적으로 묶거나 결합하는 것이 아니라, 상상력과 창의력을 통해 더 좋은 방안을 구축하는 능력을 가진 인재를 의미한다.

셋째, 현장형 리더십을 가진 인재다. 비즈니스 현장은 다양하고 예상치 못한 일들이 벌어진다. 이때 주인의식을 가지고 그 상황을 돌파하는 리더십이 요구된다. 현장 상황에 관해 정확히 파악하고 현장을 주도적으로 장악하면서 자신의 능력을 펼치는 인재다.

넷째, 주인의식으로 무장된 인재다. 주인의식은 능동적인 자세, 도전의식, 책임감, 그리고 창조성을 제공하는 중요한 요인이기 때문이다.

다섯째, 겸손함을 가진 인재다. 이는 단순히 다른 사람에게 겸양의 모습을 보이는 것만을 의미하지는 않는다. 자신의 실패를 돌아보고 자신의 나쁜 습관을 과감히 탈피하는 것을 의미한다. 이는 자신의 능력을 과신하지 않고 성공에 대한 자만심을 갖지 않을 때 나오는 자세다.

구글의 5가지 인재상은 사실 모든 기업이 미래 직원들로부터 원하는 역량이다. 단순히 스펙만 좋은 인재가 아니라, 현장에서 그 진가가 발휘되는 인재를 찾고 있는 것이다. 실무형 지식과 리더십, 주인의식과 겸손함 등은 단순히 스펙으로 증명될 수 있는 부분이 아니다.

사회자 감사합니다. 그럼, 한국의 인재상도 구글과 같이 변하고 있나요?

정책박사 네, 그렇습니다. 한국의 100대 기업이 꼽은 인재의 덕목도 구글의 인재상과 크게 다르지 않습니다. 2008년부터 2018년까지의 변화를 보아도 항목의 순위가 변동될 뿐이지, 상위권에 유지되는 항목들은 거의 동일하게 유지되는 것을 알 수 있습니다.

① ② 구글본사 내부

①

②

대한민국 100대 기업 인재상[1]

구분	2008년	2013년	2018년
1순위	창의성	도전정신	소통 · 협력
2순위	전문성	주인의식	전문성
3순위	도전정신	전문성	원칙 · 신뢰
4순위	원칙 · 신뢰	창의성	도전정신
5순위	소통 · 협력	원칙 · 신뢰	주인의식
6순위	글로벌역량	열정	창의성
7순위	열정	소통 · 협력	열정
8순위	주인의식	글로벌 역량	글로벌 역량
9순위	실행력	실행력	실행력

위의 항목들 중, 전문성과 글로벌 역량 정도를 빼면 나머지 항목들은 스펙과 상관 없는 역량입니다. 소통, 협력, 신뢰, 도전정신, 주인의식, 창의성, 열정, 실행력 등의 역량은 구글과 한국의 100대 기업 모두가 선호하는 덕목들임에 틀림없습니다.

변호사 그런데, 실제 구직자들의 생각은 다른 것 같습니다. 스펙에 따라 그들의 취업이 결정된다고 믿고 있는 것 같던데요.

정책박사 네, 맞습니다. 이러한 구직자와 인사담당자 간의 시각 차이는 심각한 결과를 초래하고 있습니다. 구직자들은 원하는 스펙을 쌓기 위해, 그들은 초,중,고 생활과 대학교 생활의 대부분을 투자합니다. 스펙이라 불리는 명문대학 졸업장, 어학능력, 우수한 성적표 등을 얻기 위해 10대와 20대를 희생하고 있는 것입니다.

1) CBS 노컷뉴스, 100대 기업 인재상, 2018. 8. 27.

평론가 문제는 그들이 얻고자 하는 스펙은 절대평가 요소가 아닌 상대평가의 대상이라는 것이겠네요? 치열한 경쟁을 뚫어야만 그들이 원하는 것을 얻을 수 있으니까요.

정책박사 그렇습니다. 남들보다 더 빨리 뛰어야 하고, 많은 고통을 감내해야 하는 것입니다. 더 심각한 것은 '경쟁적 스펙 쌓기'에서 기인한 스트레스가 화병, 분노조절장애, 자살률 증가, 부모와의 갈등, 청소년 범죄율 증가 등으로 연결되고 있다는 것입니다.

사회자 그럼, 다시 본론으로 돌아가서 예수님의 인재상이 구글이 찾는 인재들이라는 것입니까?

정책박사 네, 물론입니다. 사실 그 이상이지요. 관련하여 미래교육 기획서를 작성해 보았습니다. 읽어드리겠습니다.

미래교육 기획서

예수님의 인재상을 기초로, 다음과 같은 미래교육이 기획될 수 있다.

첫째, 전인격 인재들을 양성하도록 교육을 기획해야 한다. 예수님은 우리가 원래 창조되었던 몸을 회복하기를 원했고, 그 본을 보여주었다. 인간은 원래 '완전한 몸'으로 창조되었다. 이를 원어로 '쏘마(σώμα)'라고 부른다. 즉, 머리가 생각하면, 감정으로 전달되고, 몸이 그대로 반응하는 몸을 가지고 있었다. 그러나 인간이 죄를 지으면서 이러한 몸이 불완전해졌다.

예를 들면, 머리는 부모님께 효도해야 하는 것을 알지만 부모님의 간섭에 짜증이 나고, 마음에 없는 말을 하거나 행동을 하게 되는 것이다. 연관되어 설명하면, 교실에서는 분명히 배웠지만, 이것이 가슴으로 내려오지 않고 행동으로 나오지 않는 것이다. 즉, 교실에서 고아들을 도와야 한다고 배웠지만 고아들에 대한 안타까운 마음이 생기지 않고 행동으로 옮겨지지도 않는 것이다.

복음서에서 예수님은 달랐다. 머리의 지식과 가슴의 열정이 다르지 않았다. 무엇보다 지식과 열정을 행동으로 옮기는 모습을 보여주었다. 이는 예수님이 지정의가 분리되지 않는 전인격적인 모습의 본을 보여준 것이다.

정말 놀라운 것은 지식이 가슴으로 내려와 열정과 사랑으로 바뀔 때, 주변 지식이 연관되어 창조성이 발휘되고 도전정신이 생겨나게 된다. 따라서 가슴에 뜨거운 열정과 사랑을 갖고 꾸준히 실천한 사람들을 우대하는 정책을 마련해야 한다. 문제는 현재까지 대부분의 학교들은 단순한 지식전달을 위해 존재했지만 학생들의 가슴에 사랑과 열정이 생기게 하고 실천력을 강화하는 커리큘럼을 두고 있지 않다는 것이다.

가슴을 뜨겁게 하고, 실천력을 강화하는 프로그램이란 무엇일까? 예를 들면, 한국에서는 '어쩌다 어른이란 프로그램'에 설민석이란 인물이 등장해서 역사를 강의했다. 그는 대학 교수나 박사학위를 갖고 있는 인물은 아니었지만, 그가 TV 프로그램에 초대받은 이유가 있었다. 학교에서 듣던 역사강의와 설민석의 강의는 달랐기 때문이다. 학교에서 듣는 강의는 일방적인 지식 전달이 주목적이었다면, 설민석의 강의는 감동전달도 핵심 목표였다. 그로 인해, 역사 이야기를 듣다가 강사와 청중 모두가 웃기도 하고, 눈물을 흘리기도 하는 진풍경이 연출되었다. 지식과 감동을 함께 전달할 때 교육의 효과가 확연히 달라지고 있는 것이다.

만약 지식과 감동을 함께 자극하고 실행까지 이어진다면 교육의 효과는 극대화될 것이다. 생각해 보라. 위안부 문제에 대한 역사 지식을 감동과 함께 전달한 후, 학생들에게 실천할 수 있는 프로그램을 만들어 주는 것이다. 예를 들면, 학생들이 직접 위안부 문제를 전 세계적으로 알리는 편지 운동을 펼치고 언론과 국제단체 등에서 캠페인을 펼쳐나간다면 어떠하겠나?

학생들은 아마도 너무 재미있어할 것이고 자발적으로 국제활동 방법, 캠페인 기획노하우, 프레젠테이션 스킬 등 다양한 지식을 융합해 나갈 것이다. 또한, 도움이 될 만한 각 분야의 인물들과 인맥을 형성하기 위해 노력도 하고 효율적 업무 노하우도 터득해 나갈 것이다. 즉, 구글이 원하는 메타인지능력과 T자형 인재로 성장할 가능성이 점점 높은 것이다.

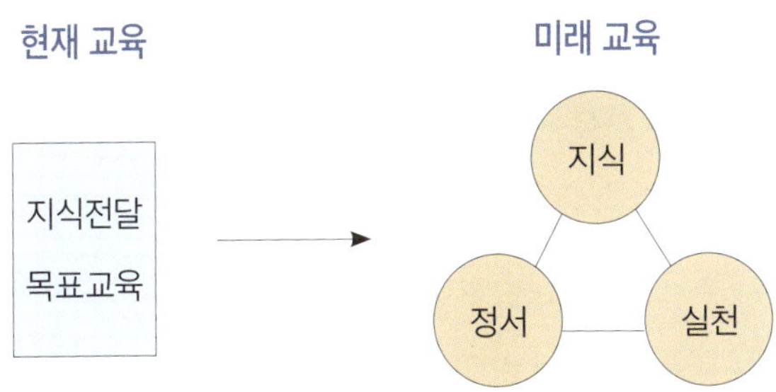

둘째, 현장형 인재들을 배출하는 시스템을 구축해야 한다. 복음서들은 모두 예수님이 인간으로 이 땅에 온 내용부터 소개하고 있다. 그렇다면, 예수님은 왜 이 땅에 온 것일까? 그 이유 중에 하나는 이 땅이 예수님에게는 현장이었기 때문이다. 예수님은 인간이 겪었던 배고픔, 아픔, 감정들을 똑같이 느끼며 현장에서 나오는 수많은 문제를 경청했고 그 문제를 해결해 나가셨다. 즉, 우리들에게 현장 중심의 삶을 보여주고 있는 것이다.

예수님의 사역과정에서도 제자들을 항상 현장으로 데리고 다니셨다. 가난하고, 아프고, 도움이 필요한 곳으로 가서 현장에서 문제를 해결했다. 현장에서의 모든 것이 제자들에게는 중요한 교육과정이었다.

현장에서는 앞에 설명한 전인격 교육이 가능해진다. 예수님이 문제를 해결하고, 병자를 치료할 때, 그리고 상담하는 것을 보면서 제사들은 단순히 노하우만을 얻지 않았다. 그들의 가슴은 뜨거워졌고 자신들도 예수님처럼 따라 할 수 있는 기회가 있었다. 즉, 전인격적인 교육이 이루어진 것이다.

또한, 현장에서는 바로 사용 가능한 노하우를 얻을 수 있다. 왜냐하면, 현장에는 그들에게 필요한 멘토를 만날 수 있었고, 실질적인 문제가 그들을 기다리고 있었기 때문이다. 따라서, 각 분야에서 활동하는 전문가들의 살아있는 지식과 경험이 학생들에게 여과 없이 그대로 전달될 수 있는 시스템을 구축해야 하는 것이다. 그럴 때 현장에서 강한 인재들이 배출되는 것이다. 사회는 이러한 '스트리트 스마트(Street Smart)' 찾고 있기 때문이다.

SBS 방송국은 2018년 '백종원의 골목식당'이란 프로그램을 기획했다. 한국 외식산업의 상징이 된 백종원이란 멘토가 골목식당을 시작하는 이들에게 자신의 노하우를 전수하는 프로그램이었다. 사실 백종원은 세계적인 요리전문학교를 졸업하고 일류 호텔 레스토랑을 거친 소위 '스펙'이 좋은 요리전문가는 아니다. 그는 전단지를 직접 돌리면서 봉변을 당했던 인물이고, 수많은 실패를 거듭하면 다양한 브랜드를 출범시킨 현장 전문가(스트리트 스마트)이다.

그런데, 백종원의 조언은 참가자들의 사업을 순식간에 변화시켰다. 그들의 음식 조리법이 달라졌고, 조리순서가 바뀌었고, 고객 응대법이 달라졌고, 음식 재료가 바뀌었고, 음식 가격이 달라졌고, 판매대 구조가 바뀌었다. 짧은 시간에 비즈니스를 위한 거의 모든 부분에 대한 멘토링이 이어졌다. 결국 단기간에 매출은 확연히 높아지게 되었다. 어떤 식당들의 지역의 명소가 되어 아침부터 줄을 서야 들어갈 수 있는 정도가 되었다. 실로 놀라운 일이 아닐 수 없었다. 백종원 멘토 자신이 '스트리트 스마트'가 아니면 이루어질 수 없는 일이었다.

따라서, 미래의 교육은 현장에 중심을 둔 교육으로 변모되어야 한다는 것을 알 수 있다. 현재의 교육이 현장과 분리된 강의실 교육이었다면, 미래의 교육은 각 산업분야와 연계된 현장 교육이어야 할 것이다. 현장에서 멘토들을 만나고, 현장에서 활용 가능한 지식을 배우고, 문제를 해결하는 실질적인 프로젝트에 참여하는 방식이 되어야 할 것이다.

현재는 현장 경험이 없던 초중고 교사들이 지식 전달만을 했다고

하면 미래에는 현장 경험이 풍부한 사람들이 교육학을 다시 전공하고 교사들로 진출할 수 있도록 해야 한다. 또한, 시험의 방식도 달라질 수 있게 된다. 단순히 시험지를 배포하고, 객관식 혹은 주관식 시험에 답하는 현재의 방식 대신에 현장의 실제 문제를 제공하고 이를 실질적으로 해결하는 종합능력을 평가하는 방식으로 변모해야 한다.

	현재	미래
교사	대학졸업 후 강의하는 교사가 대부분	현장경험 교사들도 상당수 참여
시험	주관식, 객관식 방식	현장 문제해결 방식 접목
커리큘럼	이론중심 교육	이론중심과 현장교육 접목
강의장소	대부분 강의실	현장교육 강화

더 나가서는 현장교육은 획일화된 사회진출 방식을 바꾸게 될 것이다. 현재는 학교 교육을 통해 스펙을 쌓고 좋은 직장을 찾거나 창업을 하는 방식이 대부분이다. 그러나 현장 중심 교육을 하게 되면 현장을 먼저 경험하고 이론을 체계적으로 배우기 위해 학교에 입학하고 다시 현장으로 돌아가는 방식도 늘어나게 될 것이다. 이러한 현상은 소위 스펙을 위해 공부를 하는 것이 아니라 지식에 대한 갈증에 따라 학교로 자연스럽게 오게 만든다. 즉, 참교육이 이루어지는 것이다.

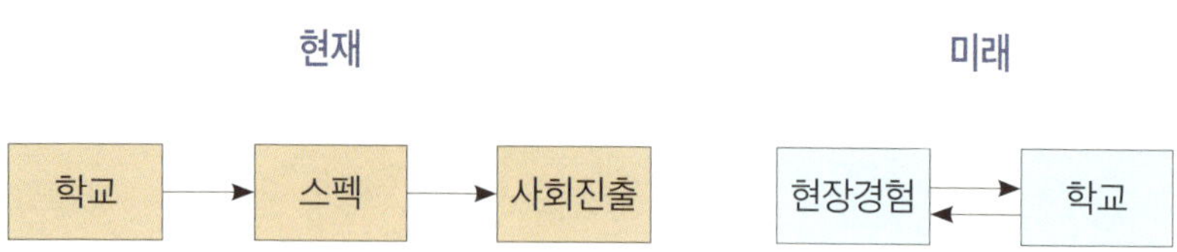

최근에 각 교육기관들이 현장을 기반으로 시도하고 있는 자유학기제, 멘토제도, Case Competition, 인턴십 등이 이와 연관되어 있다고 볼 수 있다. 그러나 이런 프로그램은 좀 더 발전이 요구된다. 왜냐하면, 대부분의 학생들은 그 프로그램을 '스펙 쌓기' 목적을 가지고, 방관자로 참여하기 때문이다. 이런 경우에는, 학생들이 현장에서 문제를 파악하고 현장을 장악하여 문제를 해결할 수 있는 역량까지 보유하기에는 한계가 있기 때문이다.

백종원이 만난 골목식당 주인들은 하나같이 공통점이 존재했다. 그 공통점은 '간절함'이다. 자신의 모든 것을 걸고 식당 운영에 뛰어든 인물들이었다. '스펙 쌓기'를 위한 방관자가 아니라 전심으로 사업을 하는 인물들이었다. 예수님도 이 땅은 자신의 목숨을 걸어야 하는 현장이었고, 제자들에게도 그것을 가르쳐 주고 싶어했다. 즉, 현장에 자신의 생계가 걸려야 참 지식을 습득하게 된다는 이치이다.

셋째, 정체성 교육을 강화해야 한다. 과거에 어린 학생들에게 미래의 꿈에 대해 물어보면, 대부분 자신이 갖고 싶은 직업을 이야기했다. 물론 지금도 비슷하겠지만, 교사, 연애인, 요리사, 의사, 공무원, 과학자 등의 희망직업을 언급하곤 했다.

사실 직업에 목표를 둔 교육은 사실 많은 부작용을 낳게 하였다. 우선 학교교육은 지식전달이 핵심 목표가 되었다. 또한, 그 직업을 갖지 못했을 때는 패배의식에 사로잡히게 되고 반대로 희망한 직업을 갖고 난 후에는 삶의 목적을 상실하는 현상이 나타나게 되었다.

따라서, 직업에 목표를 둔 교육의 한계를 극복하고자, 최근에는 진로교육이 다양하게 소개되고 있다. 즉, 직업을 갖기 위한 삶의 방향성이 더 중요하다는 이론이다. 이를 위해 개인의 능력, 적성, 흥미, 가치관, 성격 등을 파악하여 개인이 흥미를 가지고 걸어갈 수 있는 방향성을 잡아주는 교육이다.

그런데, 복음서에서 예수님은 진로 이전에 생각해야 하는 핵심을 보여주었다. 바로 정체성이다. 예수님은 어느 날 제자들에게 사람들이 자신을 무엇이라고 하는지를 물어본다. 사람들은 예수님을 선지자 중의 하나로 생각하고 있다고 할 때 예수님은 다시 제자들은 어떻게 생각하는지를 물어보게 된다. 이때 베드로는 예수님을 '하나님의 아들'이라고 고백한다. 그 이야기를 들은 예수님은 베드로를 칭찬한다. 왜냐하면, 베드로가 예수님의 정체성을 조금이나마 알고 있었기 때문이다.

예수님이 베드로를 칭찬한 이유는 정체성이 삶의 핵심이기 때문이다. 정체성은 그 사람의 존재 이유이고, 삶의 목적이 된다. 그 정체성으로부터 방향성(진로)이 드러나고, 삶을 위한 직업이 결정되기 때문이다.

예수님의 정체성을 명확히 알고 있던 또 한 명은 침(세)례 요한이었다. 그는 예수님을 보자마자 이렇게 예수님을 소개했다. '보라 세상 죄를 지고 가는 하나님의 어린 양이로다.' 이 정체성에서 알 수 있듯이 예수님은 인간의 죄를 해결하기 위해 이 땅에 온 것이다. 그리고 그 정체성에 따라 겸손히 십자가의 죽음을 택한다. 겸손과 주체적인 사명감을 우리에게 몸소 보여주신 것이다.

많은 사람은 자신의 정체성을 알지 못하기에 자신의 진로 혹은 직업을 쉽게 바꾼다. 좀 더 나은 월급, 근무여건, 복지, 승진기회가 있는 곳으로 너무 쉽게 옮기는 것이다. 그러나 자신의 정체성을 정확히 아는 이들은 그곳에 대한 꿈을 포기하지 않는다. 그들은 그 진로 혹은 직업을 사랑하기에 그 앞에서 겸손하고 주인의식을 갖는다. 자신의 정체성을 알지 못하고 교만하여 다른 곳으로 이동하려 들지 않는다. 즉, 구글이 찾는 주인의식과 겸손함을 함께 가지고 있는 사람인 것이다.

한국의 한 방송사는 '슈퍼스타 K'라는 프로그램을 통해, 숨은 노래 실력자를 발굴하여 스타 가수로 성장시키는 과정을 보여주었다. 그런데 프로 가수가 될 수 있는 최종 10인을 선발하기 전에 심사위원들은 참가자들을 대상으로 심층 인터뷰를 했다.

그때 그 심사위원들은 사회에서도 성공한 참가자들에게 도전적으로 질문한다. 그들은 소위 사회에서 좋은 학교를 다니고 재정적으로 부유한 인물들이었기에 만약 프로그램에서 탈락하면 원래 자리로 돌아갈 것인지 질문했다. 그때 몇몇 참가자들은 원래 자리로 돌아가겠다고 했다. 그들은 결국 탈락자 명단에 포함되었다. 한편, 다른 참가자들은 떨어져도 자신들은 다시 가수가 되기 위해 노력할 것이고, 원래의 자리로 돌아가지 않겠다고 했다. 예상대로 그들은 합격자가 되었다. 이유는 그들의 정체성은 가수였고, 그렇기에 심사위원 앞에서 겸손할 수 있었던 것이다.

사회자 브리핑 감사합니다. 정말 예수님의 인재상을 따라 미래교육이 기획되었으면 좋을 것 같습니다. 박사님, 이와 관련하여 좋은 사례를 소개해 주실 수 있을까요?

정책박사 도널드 트럼프 대통령이 대표적인 사례입니다.

사회자 무슨 말씀인가요? 도널드 트럼프 대통령이라니요?

정책박사 도널드 트럼프 대통령이 미국 NBC 방송국과 기획한 'The Apprentice'라는 프로그램을 말씀 드리는 겁니다.

사회자 프로그램이 교육과 연관되나요?

정책박사 그렇습니다. 프로그램이 말씀드린 미래교육과 연관되었고, 많은 사람의 공감을 불러일으킵니다. 실제로, 이 프로그램이 트럼프 대통령이 대선에서 승리하는 기반이 되었고요.

사회자 좋습니다. 소개 부탁 드립니다.

탐색: 도널드 트럼프의 《The Apprentice》

미국 도널드 트럼프 대통령은 사실 '스트리트 스마트'를 위한 TV 프로그램을 기획하면서 유명세를 탔다. 그는 미국 NBC 방송국과 2004년 'The Apprentice (도제)'라는 프로그램을 시작했다. 이 프로그램은 비즈니스 현장에서 최고의 역량을 발휘하는 인재를 찾는 프로그램이다. 트럼프는 이 프로그램의 14시즌을 함께했고, 대통령에 출마하게 되면서 아놀드 슈왈제네거에게 그 바통을 넘겨주게 된다. 트럼프는 이 프로그램으로 유명 방송인의 이미지도 갖게 되었고, 대권주자로서 성장하게 되었다.

이 프로그램에는 매 시즌마다 14~18명의 비즈니스맨들이 참석하고, 두 팀으로 분리하여 경쟁을 하는 방식이다. 두 팀을 나누는 방식은 매

번 달랐다. 남녀로 나눌 때도 있었고 고학력자와 현장형 사업가로 나누는 경우도 있었다.

경쟁의 내용은 제품판매, 자선기금 모금, 홍보 캠페인 기획 등으로 매 회마다 탈락자가 나오게 된다. 만약 시리즈 우승을 차지하게 되면 그는 단순히 대중에게 자기의 이름을 알리고 능력을 선보인 것으로 끝나지 않았다. 우승자에게는 트럼프 그룹에 고용되어 그룹의 계열사 혹은 프로젝트를 담당할 기회가 생겼다. 그리고, 약 USD 250,000의 초기 연봉도 함께 보장된 것으로 알려져 있다(1-7시리즈까지만 이 방식을 따름).

엄청난 기회가 따르기에, 수많은 사람이 지원했지만, 최종적으로 TV출연까지 하는 것은 쉽지 않았다. 과연 엄청난 경쟁을 뚫은 그들의 스펙은 어떠했을까? 물론 일부 출연자들은 소위 명문대학 출신, 변호사 등의 전문가, 화려한 이력의 소유자들도 있었다. 그러나 대학을 다니지 못한 소위 '스펙'이 없는 인물도 다수가 포함되었다.

중요한 것은 스펙이 어떠하건 모든 출연자에게는 공통점이 존재했다. 그들 대부분은 사회에서 이미 기업을 경영하고, 전문가로 활동하여 괄목할 만한 실적을 냈던 인물들이었다. 심지어 나이가 20대 초반임에도 그런 경력을 가지고 있었다. 소액의 자본을 투자해서 수십억을 벌어들인 기업가, 고객이 큰 돈을 벌게 해준 중개인, 사회적 이슈를 이끌어낸 인물 등 현장에서 강한 인물들이었다.

Topic 7

어떻게 신뢰받는 조직을 만들까?

- 성경은 왜 계약서일까?
- 영화 《포레스트 검프》: 3개의 약속
- 계약 중심의 조직을 만들라!

(탐색: 시애틀 시 캠페인 '민주주의 바우처')

OTIENT

Topic 7

어떻게 신뢰받는 조직을 만들까?

성경은 왜 계약서일까?

사회자 오늘은 일곱 번째 시간으로 '어떻게 신뢰받는 조직을 만들까?'라는 주제로 이야기를 나누도록 하겠습니다. 신뢰받는 정부, 신뢰받는 기업, 이런 말을 듣기만해도 기분이 좋아지는 데요.

평론가 연합뉴스에서 2017년 3월 16일에 7개 주요 직업 신뢰도를 다룬 적이 있습니다. 한국언론진행재단에서 조사한 내용인데, 정치인, 고위공직자, 경제인(기업인/CEO), 법조인, 언론인, 교육자(교사/교수), 종교인 등에 대한 신뢰도가 2006년부터 2016년까지 어떻게 변하는지 알아보기 위함이었습니다. 전체적인 신뢰도는 해가 갈수록 떨어지는 것을 알 수 있었습니다. 교육자, 종교인 등이 상위 신뢰도를 보였고, 언론인과 법조인은 중위 신뢰도를 나타냈습니다. 안타깝게도, 경제인, 고위공직자, 정치인 등은 하위 신뢰도를 나타냈습니다. 정치인이 최하위인 것은 11년 동안 변함이 없었다는 것이 특이점입니다.

변호사 정치인의 신뢰도가 낮다는 것은 결국 정부에 대한 신뢰도가 낮다는 것이겠네요?

평론가 요약하면, 정부가 약속을 잘 안 지킨다는 의미이지요?

사회자 맞습니다. '약속'이란 단어가 신뢰도를 높이는 키워드라고 생각합니다. 교수님, 성경은 약속에 대해서 어떻게 접근하고 있나요?

신학교수 사실 성경은 '약속' 혹은 '계약'에 관한 책입니다. 예를 들면, 구약은 '약속을 하는 책'이라면 신약은 '그 약속을 이행하는 책'이라고 볼 수 있습니다. 그 증거로 신약의 첫 장 즉, 마태복음 1장이 족보로부터 출발하는 것은 '다윗의 자손으로부터 메시아가 탄생한다는 구약의 약속'이 성취되었음을 보이기 위함입니다. 구약(이사야 9장 7절)에 따르면, "…또 다윗의 왕좌와 그의 나라에 군림하여 그 나라를 굳게 세우고 지금 이후로 영원히 정의와 공의로 그것을 보존하실 것이라 만군의 여호와의 열심이 이를 이루시리라"

사회자 성경이 계약에 관한 책이라는 것은 어떤 의미인가요? 계약은 약속보다 조금 더 법률적인 용어인데 성경이 법률적으로 계약이라는 의미인가요?

신학교수 네, 성경은 약속을 기본으로 한 계약서입니다. 우선 유대인에게 중요한 토라는 '법'이란 의미를 가지고 있습니다. 참고로, 토라는 구약성경의 5개 율법서를 지칭하기도 하지만 성경전체를 의미한다고 합니다. 또한, 구약은 영어로 Old Testament, 신약은 New Testament라고 합니다. Testament는 사전 용어로, 계약, 유언, 증거 등의 법적 의미를 갖고 있습니다. 즉, 성경은 계약서로도 해석할 수 있다는 의미입니다.

평론가 죄송하지만, 교수님의 의견에 의구심이 드네요. 기독교인들은 하나님과 인간들 사이에 계약이 있는 것처럼 이야기합니다. 문서로 된 계약서가 있는 것도 아니고, 어떻게 성경이 계약서라고 단정 지어서 말씀하시는 거죠?

신학교수 성경에는 하나님과 인간 사이의 계약에 관한 내용이 분명히 적혀 있습니다.

평론가 교수님 말씀대로 성경에 그런 언급들이 있습니다. 인정합니다. 그런데 그 계약이 유효한지 어떻게 증명하죠? 즉, 문서로 된 계약서도 없는데?

사회자 변호사님, 계약을 유효하기 위해 문서화 된 계약서가 필요한가요?

변호사 우선 평론가님이 말씀하신 문서로 된 계약서가 꼭 필요한 것은 아닙니다. 구두로도 계약을 할 수 있으니까요? 문서는 계약을 유효하기 위해서는 필요 요건이 아닙니다.

사회자 그럼 계약을 유효하게 하는 요건은 무엇인가요?

변호사 계약이 성립하기 위해서는 영미법과 대륙법 간에 약간의 차이가 있지만, 대륙법 기준으로 3개의 요소가 필요합니다. 즉, 청약, 승낙, 의사표시입니다. 설명하면 한 사람이 계약을 하기 위한 청약을 합니다.

그리고 상대가 그 청약을 변경하지 않고 승낙하는 의사표시를 하면 계약이 성사된 것입니다.

사회자 그 이론에 따르면 간단하네요. 그럼, 성경의 기록이 이 요건들을 충족하면 계약으로 인정될 수 있나요?

변호사 청약, 승낙, 의사표시가 있었다면 계약으로 인정될 수 있죠. 단, 그 청약과 승낙 안에는 계약내용, 조건, 권리, 의무 등이 구체적으로 포함되어야 합니다.

사회자 영미법에서는 계약충족 요건이 무엇인가요?

변호사 크게 다르지 않습니다. 청약, 승낙은 동일하고요. 단지 의사표시 대신에 약인이 충족요건입니다.

사회자 약인이요? 생소한 단어이네요. 무슨 의미인가요?

변호사 계약을 위해 어떤 대가를 지급하거나, 책임을 감수해야 한다는 의미입니다.

사회자 약간 어려워지네요.

변호사 그럼 이 시간 잠시 토론을 멈추고, 관련 영화를 한 편 추천해도 될까요? 추천 영화는 1994년 제작된 《포레스트 검프》입니다. 유명한 영화죠. 이 영화를 추천하는 이유는 이 영화에 몇 개의 약속들이 등장하는데, 이 약속들이 계약으로 인정될 수 있는지 살펴보기 위함입니다. 그럼 유효한 계약에 대해 좀 더 쉽게 이해할 수 있습니다.

사회자 좋습니다. 전문가이신 평론가님께서 이 영화를 소개해 주시면 좋을 것 같습니다.

평론가 그렇게 하겠습니다.

영화 《포레스트 검프》: 3개의 약속

영화 『포레스트 검프』의 한 장면.
사진출처 Entertainment Talk, 2020-04-05.

영화 《포레스트 검프》는 1994년도에 개봉된 작품으로, 로버트 저메키스가 감독하고 톰 행크스가 주연을 맡은 작품이다. 이는 윈스터 그룸의 동명의 소설을 영화화한 것이다. 이는 한 장애인이 세상에서 어떻게 빛날 수 있는지, 그리고 어떻게 약속을 지켜가는지를 보여주는 감명 깊은 영화이다. 개봉할 당시 약 3억 2,900만 달러의 수입을 기두었다. 특히 제67회 아카데미 시상식에서 작품상, 감독상, 남우주연상, 각색상, 시각효과상, 편집상 등을 수상했다.

포레스트 검프는 불편한 다리에 보조기를 착용하고 부족한 지능(IQ 75)으로 시골 동네에서 왕따인 소년이다. 그러나 그에게는 언제나 사랑을 주는 어머니와 따뜻하게 대해주는 '제니'라는 이름의 친구가 있었다. 포레스트는 그런 제니에게 고마움을 느끼고, 제니를 보호해 주겠다고 약속한다.

어느 날 포레스트는 친구들에게 괴롭힘을 당하던 중 달아나게 되고, 남들보다 빨리 뛸 수 있다는 것을 발견하게 된다. 포레스트는 그 재능으로 대학 미식축구 선수로 발탁되고 큰 활약을 펼친다.

대학 졸업 후에는 군에 입대하게 되는데 군에서는 포레스트가 대단히 우수한 군인으로 거듭나게 된다. 복종과 단조로운 일상이 포레스트의 성격에 부합하여 그의 재능이 마음껏 발휘된 것이다.

군대 생활 중에 포레스트는 흑인 절친을 만나게 되는데 그의 이름은 부바였다. 그는 새우에 관한 마니아이며 끊임없이 새우에 관해 이야기하는 4차원 군인이었다. 부바의 꿈은 새우잡이 배의 선장이 되는 것이었고 부바는 포레스트도 자신의 꿈에 동참해주기를 요청한다. 포레스트는 그리 하겠노라고 했다. 이 사실을 안 댄 중위(포레스트 상관)는 포레스트가 배의 선장이 되면 자신이 항해사가 되겠다고 농담하며 포레스트를 놀린다.

포레스트는 군대에서 탁구선수로 이름을 알리고 전투에서 자신의 동료들을 구해내는 큰 공로를 세우게 된다. 포레스트가 살려 낸 동료 중에는 댄 테일러 중위가 포함되어 있었지만 안타깝게 그의 절친인 부바는 전투에서 목숨을 잃게 된다. 병원으로 후송된 댄 중위는 전투의 후유증으로 두 다리를 절단하게 되고 자신의 목숨을 살린 포레스트를 원망하게 된다.

군대에서 제대한 포레스트는 부바와의 약속을 지키기 위해, 새우잡이 배를 사서 운영하기 시작한다. 그리고 이때 댄 중위가 갑자기 포레스트에게 나타나 이렇게 이야기한다. "네가 선장이 된다면 난 일류 항해사가 된다는 약속 잊지 않았어." 결국 포레스트와 댄 중위는 새우잡이 배를 운영하는 동업자가 된 것이다.

이 둘의 사업은 처음에는 실패를 경험하지만 점차 많은 돈을 벌게 되면서 큰 기업을 일구게 된다. 큰 부자가 된 포레스트는 자신이 부바에게 한 약속을 잊지 않았다. 회사 수익금 일부를 부바의 가족에게 전달하고 부바의 가족은 거부가 된다. 그리고 포레스트는 부바의 묘소를 찾아 자기가 약속을 지켰노라고 이야기한다.

실제로, 부바와 포레스트의 스토리를 기반으로 세계 각지(홍콩, 사이판, 하와이 등)에 '부바 검프'라는 새우요리 전문식당이 탄생하게 되고 엄청난 인기를 끌게 된다.

포레스트는 자신의 또 다른 약속인 제니를 지켜주기 위해 노력한다. 세상에서 방황하던 제니는 포레스트를 거부하다가 결국 병든 몸으로 포레스트에게 오게 된다. 놀랍게도 그녀의 곁에는 포레스트의 어린 아들도 함께했다. 제니는 포레스트의 아들을 낳아 혼자 키우고 있었던 것이다. 둘은 결혼을 하고 안타깝게도 제니는 포레스트의 따뜻한 보호아래 눈을 감는다.

포레스트는 자신이 약속했던 모든 일을 이루어낸 것이다. 그리고 남겨진 자신의 아들과 함께하는 인생을 새롭게 시작한다. 정상인들은 자신의 약속을 쉽게 깨어버리지만 포레스트는 결코 약속을 저버리지 않았다. 누가 진짜 장애를 갖고 있는 것인지 생각해 봐야 하는 영화이다.

사회자 변호사님, 이 영화에는 몇 개의 약속이 있는 거죠?

변호사 이 영화에는 3개의 약속이 보이네요.

1) 포레스트와 제니의 약속: 제니의 남자로서 보호해주겠다는 약속

2) 포레스트와 부바의 약속: 새우잡이 배 운영에 동참하겠다는 약속

3) 포레스트와 댄 중위의 약속: 포레스트가 배 선장이 되면, 댄이 항해사가 되겠다는 약속

사회자 그럼 3개의 약속은 유효한 계약인가요? 3개의 약속 모두 계약서는 없는 것 같은데요. 단순히 말로 한 약속도 계약으로 인정될 수 있나요?

변호사 네, 상관없습니다. 민법에는 계약을 하기 위한 어떤 특정한 방식을 요구하지 않습니다. 즉, 서로 문서로 계약서를 작성하든 구두로 계약하든 상관이 없어요. 단지 구두로 계약할 경우에는 이를 증명해야 하는 번거로움이 있어서 문제이지요. 구두계약을 증명할 증인, 증거 등이 추가로 필요할 수 있다는 의미입니다.

사회자 그렇군요. 그럼 약속들 하나씩 살펴보죠. 우선 포레스트와 제니의 약속은 계약으로 인정되나요?

변호사 포레스트와 제니의 약속은 법적인 계약이 될 수 없습니다. 포레스트가 제니에게 일방적으로 청약한 것으로 제니가 승낙하는 의사표현을 하지 않았기 때문입니다. 계약을 위해서는 적법한 청약과 승낙이 필요한데 승낙의 요건이 충족되지 않기 때문에 법적인 계약이 될 수 없습니다.

신학교수 한마디로 포레스트의 짝사랑이었던 거죠.

사회자 그렇군요. 그럼 포레스트와 부바의 계약은 어떤가요?

변호사 유효한 계약이라고 보기에는 한계가 있습니다. 왜냐하면, 구체적

인 조건(투자금액 등)과 시기(투자시기 등)가 전혀 논의되지 않았기 때문입니다. 또한, 이 영화가 미국을 배경으로 하기 때문에 영미법을 적용하여 살펴보면 약인이 있었다고 보기도 어렵습니다. 왜냐하면, 계약을 위해 어떠한 대가를 지급한 것도 아니고, 구체적인 책임을 부담하는 것도 아니기 때문입니다.

평론가 그럼 이 영화에서 포레스트가 부자가 되어서 부바 어머니에게 돈을 가져다 준 것이 바보 짓이네요. 더군다나 부바가 이미 죽어서 약속을 지킬 필요도 없었는데요.

신학교수 맞아요. 포레스트가 착한 심성으로 그 약속을 지킨 것 같아요. 심지어 부바의 어머니도 포레스트가 돈을 가지고 찾아 왔을 때 포레스트에게 이렇게 이야기합니다. “너는 미친 것이냐, 아니면 멍청하게 행동하는 것이냐?”

사회자 마지막으로, 포레스트와 댄 중위의 계약은 어떤가요?

변호사 포레스트와 댄 중위의 약속은 법적인 계약이 되기에는 아직 미흡합니다. ‘네가 선장이 되면, 내가 항해사가 되겠다’라고 말한 댄 중위에게 계약을 하려는 의지가 있는지가 의심스럽죠. 농담이거나 놀리는 이야기였을 가능성이 높죠. 더군다나 항해사로서의 조건(근무요건, 월급 등)이 아직 이야기되지 않았고요.

신학교수 결국에는 3개 약속 다 법률 계약이 되기에는 한계가 있네요. 그럼에도, 포레스트는 모든 약속을 다 지킨 것을 보면 놀라워요.

평론가 맞아요. 바보같이 보이지만 이 시대에 진정으로 필요한 인물 같아요. 진심으로 다른 사람을 대하는 따뜻한 마음, 다른 이들을 위해 희생하지만, 그것을 당연히 여기고 감사히 여기는 정신. 존경스럽죠…

사회자 정리하면, 구두계약은 문제가 되지 않지만 추가적인 증인 혹은 증거가 필요하다는 것이네요.

변호사 맞습니다.

사회자 그리고 계약을 위해서는 구체적인 조건이 합의가 되어야 하고요. 또한, 어떤 대가를 지불하거나 책임을 부담해야 하는 것이 미국에서는 추가적으로 요구되는 것 맞나요?

변호사 정리해 주신 내용이 정확합니다.

사회자 그럼 계약서의 유효성을 인정받는 것이 쉽지 않네요? 이런 기준으로 볼 때, 성경에 나온 계약이 과연 유효하다고 볼 수 있나요?

변호사 결론부터 말씀드리면 유효합니다. 그 이유를 보고서로 작성했는데 소개해 드리겠습니다.

성경은 유효한 계약서인가?

성경은 법률적인 요건이 충족된 계약서이다. 계약서란 계약의 당사자 간의 계약에 대한 의사표시를 문서화한 것으로, 법적으로 강제되는 당사자 간의 약속(합의)이다.

계약이 성립하기 위해서는 영미법과 대륙법 간에 약간의 차이가 있지만 이를 종합하면 다음과 같은 요건이 필요하다.

1) 청약과 승낙

2) 의사표시(대륙법) 또는 약인(영미법)

첫 번째, 청약(Offer)과 승낙(Acceptance)이 있었는지 살펴보아야 한다. 이를 위해서는 누가 무엇을 청약했는지를 알아보아야 한다. 구약의 경우에는 하나님이 이스라엘 백성들에게 하나님의 백성(Citizen: 하나님 나라의 시민권자)이 될 것을 청약하고 이스라엘 백성들은 이를 승낙한다. 신약의 경우에는 예수님이 자신을 믿는 이들에게 하나님의 자녀가 될 수 있도록 제안했고 믿는 자들이 이를 승낙하는 것으로 구성되어 있다.

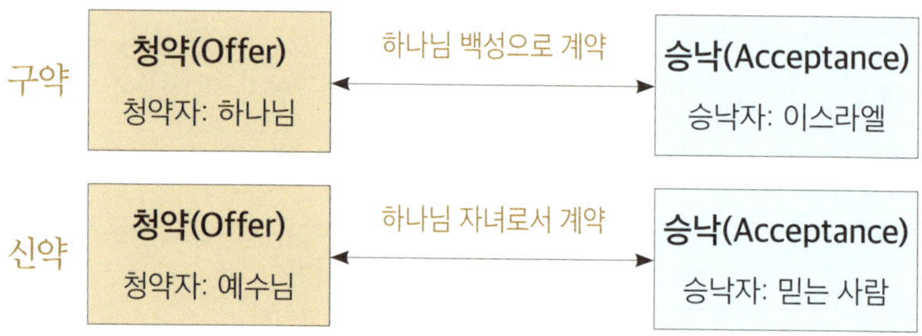

구약부터 구체적으로 살펴보면 처음에 하나님과 계약을 하는 이들은 개인이었다. 아브라함, 이삭, 야곱으로 계약자가 이어진다. 그러다가 야곱의 이름이 이스라엘로 변경되면서 계약자는 야곱의 가족(12 아들)이 된다. 계약의 대상이 확대된 것이다. 그리고 야곱의 가족이 애굽으로 이동하여 한 민족으로 규모가 커지자 모세의 시대가 되어 결국 이스라엘 민족과 언약 계약을 다시 한 번 하게 된다.

그 계약의 주체는 구체적으로 신명기 29장에 기록되어 있다.

10절: 오늘 너희 곧 너희 수령과 너희 지파와 너희의 장로들과 너희의 지도자와 이스라엘 모든 남자와

11절: 너희의 유아들과 너희의 아내와 및 네 진중에 있는 객과 너를 위하여 나무를 패는 자로부터 물 긷는 자까지 다 너희 하나님 여호와 앞에 서 있는 것은

12절: 네 하나님 여호와의 언약(계약)에 참여하며 또 네 하나님 여호와께서 오늘 네게 하시는 맹세에 참여하여

13절: 여호와께서 네게 말씀하신 대로 또 네 조상 아브라함과 이삭과 야곱에게 맹세하신 대로 오늘 너를 세워 자기 백성을 삼으시고 그는 친히 네 하나님이 되시려 함이니라

신약의 경우를 살펴보면, 요한복음 1:12에 "영접하는 자 곧 그 이름을 믿는 자들에게는 하나님의 자녀가 되는 권세를 주셨으니"라고 되어 있다.

여기에는 특이한 점이 발견되는데 계약의 주체가 예수님과 '예수님을 믿는 자'로 되어 있다. 즉, 청약에 대해 수락하는 사람이 특정되어 있지 않고 조건부로 되어 있다는 것이 특이하다. 이러한 형식의 계약은 편무계약(Unilateral Contract)으로 볼 수 있다. 계약 당사자 쌍방이 의무를 지게 되는 쌍무계약(Bilateral Contract)과 달리 편무계약은 청약을 제기한 쪽만이 의무를 지게 되는 독특한 특성을 지닌다.

예를 들면, 라디오 방송국 MC가 '오늘 저희 방송에 처음 전화 주시는 분께 70인치 TV를 선물로 드리겠습니다'라고 방송을 했다. 그 방송

을 들은 마이클이 첫 번째로 전화를 했고 라디오 방송국은 마이클에게 TV를 선물할 의무를 지게 된다. 이런 것처럼 청약을 하는 사람이 조건부로 제안을 하고 자신만이 의무를 지는 방식을 편무계약이라고 한다.

이를 적용하면, 예수님이 청약을 불특정 다수에게 조건부로 제안을 했고, 그에 대해 화답하는 이들에게 약속된 것(하나님의 자녀 신분)을 제공할 의무를 예수님이 지게 되는 것이다.

두 번째, 대륙법에서 요구하는 의사표시가 있었는지 확인해야 한다. 대륙법에서 계약이 성사되기 위한 요건이다.

우선 구약에서 의사표시가 있었는지를 살펴보면, 앞에서 언급된 신명기 29장처럼 하나님과 이스라엘 백성은 서로 간에 구두로 계약을 하고자 하는 의사를 분명히 표시했다. 그리고 그것이 많은 사람 앞에서 이루어짐으로 증인들도 확보된 것이다.

그러나 신약의 경우에는 약간 다르다. 편무계약인 관계로 청약자가 제시한 조건을 이행해야 하는 행위가 요구된다. 이 행위로서 계약을 체결하고자 하는 자신의 의사표시를 하게 되는 것이다. 즉, '예수님을 영접'하는 행위를 해야 계약에 대한 의사표시를 하는 것이다.

예수님을 영접하는 것은 어떤 것을 의미하는가? 기록에는 영접하는 방법이 분명히 명시되어 있다. '누구든지 사람 앞에서 나를 시인하면 나도 하늘에 계신 내 아버지 앞에서 그를 시인할 것이요(마 10:32).' 즉, 사람 앞에서 예수님을 하나님으로, 우리를 용서해 주실 구세주로 인정하면 예수님과의 계약이 성사되는 것이다.

왜 사람 앞에서 해야 할까? 이는 법적인 증인을 만드는 행위이다. 계약이 문서가 아닌 구두로 이루어지다 보니 이를 증명하기 위해 증인을 만드는 작업을 하는 것이다.

기본적으로 당사자 간에 계약을 문서로 하지 않고 구두로 하더라도 이는 문제가 되지 않는다. 대부분 국가의 민법에서는 계약의 형태(문서 혹은 구두 등)에는 제한을 두지 않기 때문이다. 다만, 문서로 계약을 하는 것이 추후 분쟁을 막기 위해 유리함으로, 구두계약 보다 문서계약이 권장되고 있을 뿐이다. 구두로 계약을 할 경우에는 이를 증명할 별도의 장치가 필요한데 증인을 두고 계약을 하는 것도 한 방법이 될 수 있다.

세 번째, 영미법에서 요구하는 약인(Consideration)이 있었는지 검증해야 한다. 약인은 쉽게 설명하면 계약 당사자 간에 주고 받는 실체가 있어야 한다는 것이다. 결국에는 무엇인가는 교환하는 것인데, 그 실체가 없다면 계약이 성사되지 않는다는 것이다.

이런 개념으로 약인은 '대가를 주고 받는 약속'이다. 그 약속을 한 쪽은 권리, 권한, 이익, 편의 등이 될 것이며, 약속을 해준 쪽은 그에 대한 의무, 불이익, 손실 등이 발생하게 될 것이다.

구약에서는 하나님은 '하나님 백성(시민권)'이라는 신분을 제공했고 이스라엘 백성들은 하나님께서 주신 율법에 순종해야 하는 의무를 지니게 되었다. 이스라엘 백성의 의무는 구약 전체에 지속적으로 상기시켜주고 있는데, 대표적인 기록은 신명기 30장 2절이다. '…내가 오늘 네게 명한 것을 온전히 따라 마음을 다하고 뜻을 다하여 여호와의 말

씀을 순종하면.'

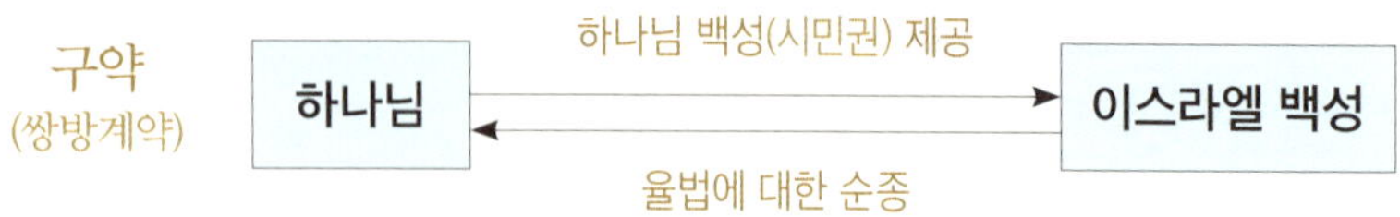

신약의 경우에는 예수님이 '하나님의 자녀(신분과 상속권)'을 제공했고 사람들은 믿음을 고백하는 행위가 요구되었다. 즉, 편무계약에서는 청구인의 조건을 만족시키는 행위를 함으로 약인이 충족되는 것으로 인식된다.

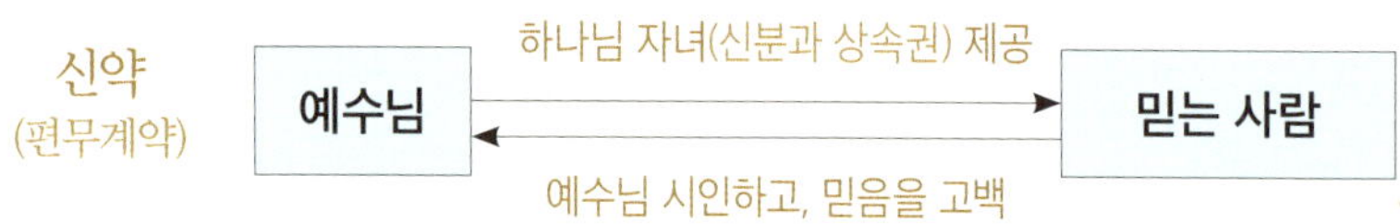

계약 중심의 조직을 만들라!

사회자 변호사님의 의견서를 소개해 주심에 감사합니다. 이제 성경이 왜 계약서인지 분명히 알 수 있겠네요. 박사님, 오늘 주제가 어떻게 적용될 수 있을까요?

정책박사 약속이 지켜지는 사회를 만들어야 할 것입니다. 특히, 정치인들부터 약속을 지키는, 신뢰성이 보장받는 사회를 만들어야 할 거예요.

평론가 맞아요. 선거 때마다 선심성 공약이 너무 많은데, 그 후에 실제 그 약속이 지켜졌는지는 검증되지 않는 것 같아요.

사회자 맞습니다. 변호사님, 정치인들이 제시하는 공약도 유권자들과의 계약으로 볼 수 있을까요?

변호사 법적으로는 일종의 편무계약으로도 볼 수 있을 것 같습니다. 왜냐하면, 정치인들은 "저를 뽑아 주시면 000한 일을 하도록 하겠습니다"라고 공약을 합니다. 이때 정치인은 불특정 다수에게 조건부로 제안을 했고 유권자는 화답으로 그 정치인에게 투표를 하여 당선이 되었기에 정치인들은 공약이행에 대한 의무를 지게 되는 것입니다.

사회자 그럼 그에 대한 책임도 정치인에게 물을 수 있습니까?

변호사: 물론 민사적으로 손해배상을 청구하기는 쉽지 않을 것입니다. 다만, 투표로서 그 대가를 치르도록 해야겠지요.

사회자 그렇다면 더욱더 정치인들이 약속을 지킬 수 있도록 해야 할 것 같은데요. 박사님, 왜 정치인들이 자신들의 공약을 이행하지 못할까요?

정책박사 기본적으로 장기적인 공약 준비 없이 즉흥적이고, 경쟁적으로 공약을 제시하기 때문에 그렇습니다. 대선의 예를 들어 보겠습니다. 한 국회의원이 유력 정당에서 대선후보에 출마하게 됩니다. 이 국회의원은 지지도 조사에서 3~4위 정도를 하는 수준이었습니다. 공약을 준비하는 사람은 당연히 비서관 2~3명이 준비하게 됩니다.

사회자 그렇죠? 9명의 비서 중에서 행정업무와 지역구 관리를 제외하면 공약을 준비할 수 있는 비서들은 2~3명 정도일 거예요.

정책박사 그렇습니다. 그 비서들은 단시간에 방대한 분량의 공약을 만들어야 하기 때문에 신문과 인터넷을 보고 공약을 준비할 수밖에 없습니다. 한마디로 초치기 하는 것이지요. 현장 이야기를 충분히 듣거나 다양한 논문을 읽거나 예산 문제를 깊이 생각할 수 없는 것입니다. 따라서 개인적인 논리를 이용하여 공약을 만들어내는 것입니다. 그러다가 덜컥 그 국회의원이 정당의 대선후보가 되었다고 생각해 볼까요?

사회자 어이쿠?

정책박사 그렇죠? '어이쿠' 소리가 저절로 날 수밖에 없습니다. 국회의원 비서 입장에서는 내가 인터넷 보고 만든 공약이 정식으로 정당공약이 되는 순간입니다. 그 후보는 자신이 한번 내뱉은 공약을 자세히 검토할 시간도 없이 그 공약을 홍보하기 위해 논리 만들기에 급급해지는 것입니다.

사회자 다른 선거도 크게 다르지 않을 거란 말씀이지요?

정책박사 그렇습니다.

사회자 교수님, 성경은 계약에 대해 어떻게 접근하고 있나요?

신학교수 우선 하나님과의 계약이 이루어지는 신명기를 보면 몇 가지 중요한 부분을 확인할 수 있어요. 우선 본문을 읽어드리지요.

> 여호와께서 다만 너희를 사랑하심으로 말미암아 또는 너희 조상들에게 하신 맹세를 지키려 하심으로 말미암아 자기의 권능의 손으로 너희를 인도하여 내시되 너희를 그 종 되었던 집에서 애굽 왕 바로의 손에서 속량하셨나니 그런즉 너는 알라 오직 네 하나님 여호와는 하나님이시요 신실하신 하나님이시라…(신 7:8-9)

사회자 이 본문에서 무엇이 발견되는 것이지요?

신학교수 첫째는, 약속을 지키기 위한 장기적인 계획이 있었다는 것을 알 수 있어요. 애굽왕 바로의 손에서 구원하기 위한 계획을 몇 세대를 두고 준비하신 것을 알 수 있어요.

정책박사 성경을 적용하면 장기적인 공약준비가 필요하다는 말씀이네요. 예를 들면, 싱크탱크 등을 통해 장기적으로 정책을 준비해 놓아야 한다는 것이네요.

신학교수 둘째는, 그 약속의 목적과 방향성이 정확했어요. 즉, 하나님은 이스라엘 백성이 자유민으로 살기 원했고 약속된 가나안 땅에서 주권자로 살 수 있기를 원했어요. 분명한 목적이지요. 왜 가나안 땅에서 살아야 될까요? 그 이유는, 이스라엘 백성이 주권자로 가나안 땅에서 살면서 하나님의 법을 실천하기를 원했던 것이지요. 이것이 방향성입니다.

정책박사 다시 적용하면 즉흥적으로 공약준비를 하지 말고 일정한 목적과 방향성을 유지하라는 것이네요.

평론가 그런 것 같아요. 확고한 목적과 방향성이 국민들에게 효과적으로 꾸준히 전달되는 것이 중요할 것 같아요.

신학교수 셋째는 이스라엘 백성을 사랑함으로 그들의 고통을 들었고 그들의 고통을 근원적으로 해결할 방법론을 제시했다는 점입니다. 하나님은 현장의 목소리를 듣는데 게으르지 않았습니다.

정책박사 말하자면, 풀뿌리 민주주의로서 구성원들을 사랑하고 그들의 목소리를 들을 수 있는 소통채널이 있어야 하겠네요. 그리고 단순히 눈 가리기식의 정책이 아닌 근본적인 해결할 수 있는 정책을 만들어야 한다는 것이네요.

평론가 박사님의 적용이 정확해요. 이를 위해, 싱크탱크가 활성화되고 풀뿌리 민주주의가 실현될 수 있는 정책 등이 개발되어야 할 거예요.

정책박사 제가 최근의 좋은 정책을 하나 소개하고 싶어요. 시애틀 시에서 시행하고 있는 'Democracy Voucher(민주주의 쿠폰)'라는 캠페인이에요. 이러한 캠페인이 꾸준히 실천되었으면 좋겠어요.

탐색: 시애틀 시 캠페인 '민주주의 바우처'

이 프로그램은 시애틀 시의회에 의해 법안으로 도입되었고 2017년도에 처음 시행된 캠페인이다. 미국 역사상 처음 시행되는 프로그램이었다.

이 프로그램의 내용은 간단히 이렇게 요약된다. 시애틀 시의 '윤리 및 선거위원회'는 유권자에게 25불의 바우처 4개를 지급했다. 단, (향후에는) 투표에 참여하지 않은 유권자에게는 발송되지 않는다. 쿠폰을 받은 유권자들은 그 쿠폰을 민주주의 발전을 위해 쓸 수 있다.

예를 들면, 시의회 후보들의 공약을 면밀히 살펴보고, 자신이 원하는 후보를 위해 그 쿠폰을 쓰는 것이다. 유권자들은 후보자에게 바우처를 직접 전달하거나 우편을 이용할 수 있게 되는데, 유권자들이 좀 더 적극적으로 민주주의를 실천하게 되는 것이다. 한편, 규정을 엄격히 준수하겠다고 서약한 후보자들은 민주주의 바우처를 사용하여 캠페인 자금을 조달할 수 있다.

이러한 캠페인은 어떤 장점이 있을까? 우선, 유권자들이 정치에 대한 관심을 갖게 되는 동기가 될 수 있다. 다음으로, 유권자들이 단순히 관망하는 것에서 좀 더 적극적으로 참여하는 자세로 변화할 수 있다. 한편, 후보자들은 평소에 신뢰성 있는 정책을 만들고 좀 더 많은 사람에게 적극적으로 자신의 정책을 소개하는 계기가 될 것이다. 왜냐하면, 단순히 표만 얻는 것이 아니라 캠페인을 위한 자금도 실제로 마련할 수 있기 때문이다.

Topic 8

가족과 함께하는 일터, 만들 수 있을까?

• 승리한 집단소송, 십자가

• 영화 《Class Action》: 누가 진정한 가족인가?

• 가족중심 문화를 만들라!

(탐색: 클라렌스 페리의 소도시 이론)

Topic 8

가족과 함께하는 일터, 만들 수 있을까?

"

승리한 집단소송, 십자가

사회자 오늘은 여덟 번째 시간으로 '가족과 함께하는 일터, 만들 수 있을까?"라는 주제로 토론하도록 하겠습니다. 오늘 주제는 제가 개인적으로 가장 고민이기도 합니다. 가족과 함께하는 절대시간이 부족하기 때문이죠. 그럼에도 궁금한 것은 가족과 함께하는 일터를 꼭 만들어야 할까요?

평론가 저는 이 문제가 선택이 아닌 필수라고 생각합니다. 우리가 어렸을 때 많은 집안에 이런 글귀가 벽에 걸려 있었습니다. '가화만사성'. 즉, 집안이 화목해야 모든 일이 풀린다는 의미입니다. 가정과 일터는 분리된 것이 아니라 연결된 문제라고 생각합니다.

신학교수 저도 평론가님의 말씀에 동의합니다. 하나님이 처음 만든 인간 조직이 가족입니다. 즉, 인간 사회의 기초단위가 가족입니다. 그러나 최근에 안타깝게도 가족해체가 늘어나고, 그 속도도 빨라지고 있습니다. 여러 가지 이유가 있겠지만 일터와 가정에 대한 균형성을 유지하지 못해 나오는 경우도 많이 있습니다.

사회자 제가 앞서 말씀 드린 것처럼 이 문제는 저에게도 고민인 문제입니다. 사회생활로 늦게 귀가하다 보면 아이들 잠들 때 들어갈 때가 많거든요. 특히, 주말에 아이들과 함께 보내려고 마음이라도 먹으면 꼭 피곤이 몰려옵니다. 즉, 졸음과의 싸움을 이기지 못해 아이들을 실망시키는 일이 많거든요. 평론가님은 어떤가요?

평론자 저라고 예외이겠습니까? 저도 항상 아내와 아이들에게 미안해하고 있습니다. 사실 저희 같은 프리랜서 평론가들은 열심히 뛰지 않으면 가족의 생계를 유지하기가 힘들어요. 그래서 가족과 함께하는 시간이 줄어들더라도 경제적인 활동에 열심을 내는 거고요. 약간은 변명 같지만 저는 제가 희생함으로 가족이 행복하면 족하다고 생각합니다.

사회자 개인적인 차이들은 있겠지만 아마도 비슷한 고민들을 하고 있지 않을까 합니다. 교수님, 성경에서 가족의 행복을 위해 개인이 희생한 사례가 있나요?

신학교수 멀리서 찾을 필요가 없이 예수님이 대표적입니다.

사회자 예수님이요? 예수님의 가족이라면 아버지 요셉과 어머니 마리아 말씀인가요?

신학교수 저는 인류를 말씀드린 것입니다. 예수님은 십자가에서 인류를 위해 희생한 것이니까요. 십자가의 희생 뒤에는 가족과 함께하고자 하는 마음이 담겨있는 것이니까요?

평론가 저는 그 부분이 이해가 안 됩니다.

사회자 어떤 부분 말씀이신가요?

평론가 어떻게 십자가가 모든 사람에게 적용이 되는가 하는 문제요?

사회자 사실 저도 그 부분이 궁금하기는 했습니다. 어떻게 가능한 것인가요?

변호사 법적으로 이해하면 가능할 것 같습니다. 십자가는 집단소송 성격을 가지고 있으니까요.

사회자 집단소송이요? 무슨 말씀인가요?

변호사 집단소송이란 공동의 이해관계가 있는 다수가 존재할 때 그 중에 한 명 혹은 일부가 전체를 대표해 소송을 제기하는 방식입니다. 만약 그 소송인이 승소하게 된다면 다른 사람들도 별도의 소송 없이 구제받을 수 있게 되는 시스템입니다.

신학교수 즉, 모든 사람이 죄를 지었는데 그 죄인들을 대표해서 예수님이 법적으로 필요한 요건을 충족시켜 그 죄인들이 면죄를 받게 되었다는 의미이네요.

변호사 정확합니다.

평론가 그럼, 십자가가 집단소송의 요건을 법적으로 충족시켰다는 의미인가요?

변호사 그전에 집단소송의 요건을 살펴보아야 할 것 같습니다. 집단소송은 미국에서 많이 활용하고 있습니다. 미국 기준에 따르면 집단소송을 위해서는 기본적으로 3가지의 요건을 충족해야 합니다. 첫 번째는, 공동의 이해관계가 있는 다수가 존재해야 합니다. 두 번째는, 그중에 한 명 혹은 일부가 전체를 대표해 법의 요건을 충족시켜야 합니다. 세 번째, 집단소송에 승소한 뒤에 개인이 집단소송의 혜택을 보기 위해서는 행정적인 절차를 해당 요건에 따라 별도로 진행해야 합니다.

사회자 다시 여쭈어보겠습니다. 십자가 사건은 세 가지 요건을 충족하나요?

변호사 물론입니다. 이를 위해 제가 보고서를 만들었는데, 브리핑을 해드리겠습니다. 참고로 집단소송의 충족 요건별로 설명하겠습니다.

첫 번째 요건: 공동의 이해관계 집단이 존재한다.

인간은 법적으로 해결해야 할 공동의 이해관계를 가지고 있다. 즉, 하나님에 대한 채무와 죄의 문제를 해결해야 하는 집단인 것이다.

구약시대에는 기본적으로 사람이 죄를 지으면, 동물이 대신 희생제물로 사용되었다. 즉, 죄 지은 사람을 대신하여 동물이 희생되었다. 죄 지은 사람은 소, 양, 비둘기 등의 동물을 제사장에게 가져가서 그 동물을 대신 희생제물로 드려 자신의 죄를 사함 받는 절차를 받았다.

그러나 안타깝게도 인간의 죄는 너무 많아 매 번 희생제물로 문제해결을 하는 것이 불가능해졌다. 인간은 하루에도 수십 혹은 수백 번의 죄를 짓는 데 그에 해당하는 만큼 희생제물을 드릴 수 없었던 것이다. 이것이 하나님께는 채무가 되고 죄가 해결되지 못하는 문제가 생긴 것이다.

중요한 것은 모든 인간이 같은 상황이라는 것이다. 누구 하나 이 문제에서 자유로울 수 없었다. 기록에 따르면 '모든 사람이 죄를 범했으매 하나님의 영광에 이르지 못하더니(롬 3:23)'라고 되어 있다. 그러고, 결국 이 문제를 해결하지 못한 인간에게 죽음이라는 선고가 내려진다. '죄의 삯은 사망이요(롬 6:23).'

정리하면 모든 인간은 죽음을 경험해야 하는 죄인이요 엄청난 채무를 가진 자요 죄의 속박의 받는 노예가 된 것이다. 집단소송을 위한 첫 번째 요건인 '공동의 이해관계를 가진 집단'이 되었고, 법률요건을 충족시킨 것이다.

두 번째 요건: 한 명이 대표로 집단소송을 하고 승소했다.

두 번째는, 그 집단의 한 명 혹은 일부가 전체를 대표해서 소송을 해서 승소해야 한다. 이를 검토하기 위해서 예수님은 전체 집단을 위해 십자가 희생을 당하셨는지 먼저 확인해야 한다. 즉, 집단소송을 위한 것이었는지 확인해야 하는데 이는 기록을 통해 증명될 수 있다. '그는 우리 죄를 위한 화목 제물이니 우리만 위할 뿐 아니요 온 세상의 죄를 위하심이라(요일 2:2)'. 이 기록에 따르면, '온 세상의 죄를 위함'이라고 분명히 명시되어 있어, 집단을 위한 법률행위를 하고 계심을 알 수 있다.

다음으로 이 집단소송은 승소했다. 예수님의 십자가의 사건은 우리의 죄와 채무를 한 번에 청산하게 되었다. 이 승리의 소식도 기록에 분명히 명시되어 있다.

우선 죄의 문제에 대해 승소했다는 기록은 명확히 나와있다. 구약 시대에 행했던 죄를 없이하는 제사의식이 더 이상 필요없게 된 것이다. '그는 저 대제사장들이 먼저 자기 죄를 위하고 다음에 백성의 죄를 위하여 날마다 제사 드리는 것과 같이 할 필요가 없으니 이는 그가 단번에 자기를 드려 이루셨음이니라(히 7:27).' 즉, 예수님 자신이 구약의 희생 제물이 되었고 단 번(한 번의 집단소송)으로 추가적인 제사가 필요없게 만든 것이다.

또한, 채무와 노예신분을 해결하는 승소의 기록도 있다. 기록(골로새서 2장 14절-15절)에 따르면, '우리를 거스리고 불리하게 하는 법조문으로 쓴 증거를 지우시고 제하여 버리사 십자가에 못 박으시고…십자가로 그들을 이기셨느니라'라고 되어 있다. 이 기록에는 '증서를 도말했다'는 표현이 있는데 이는 우리의 채무와 노예신분과 관련된 증서를 의미하고, 이 증서를 법률적으로 없애버렸다는 의미이다. 그리고 승리(승소)했음을 기록을 통해 명시하고 있다.

추가적 행정절차: 집단소송 혜택을 받기 위해 행정절차 요건을 충족시켜야 한다.

이렇게 예수님이 집단소송에서 승소했음에도 사람들은 행정절차 요건을 충족해야 그 혜택을 직접 받을 수 있는 것이다. 즉, 죄의 문제, 채무, 그리고 노예신분의 문제가 해결된다는 의미다.

그럼 성경에는 어떤 행정절차가 있는가? 우선, 법원에 추가로 지급해야 하는 법원비용(인지대 등) 혹은 변호사 비용은 필요하지 않다. '그리스도 예수 안에 있는 구속으로 말미암아 하나님의 은혜로 값없이 의롭다 하심을 얻은 자 되었느니라(로마서 3장 24절)'.

다만 예수님이 시인하여 하나님의 자녀가 되어야 하는 행정절차가 남아 있는 것이다. 이는 구약의 전통과 연관된다. 구약시대 이야기로 돌아가면 땅을 남에게 팔게 되면 그 근족이 땅의 값을 지불하고 땅을 되찾아올 수 있었다. '만일 네 형제가 가난하여 그 기업 중에서 얼마를 팔았으면 그에게 가까운 기업 무를 자가 와서 그의 형제가 판 것을 무를 것이요(레 25:25).' 예수님도 자신의 근족을 위해, 채무를 해결한 것이다. 정확히는 하나님의 자녀들을 위해 집단소송을 한 것이다.

행정절차의 방법은 예수님께서 먼저 시연해 보였다. 즉, 침(세)례를 받는 장면을 연출한 것이다. 예수님은 사실 침(세)례를 받을 필요가 없는 분이었다. 기록의 증명에 따르면, 예수님께서 침(세)례 요한에게 침(세)례를 받으려 할 때에, 침(세)례 요한은 자신이 예수님께 오히려 침(세)례를 받아야 한다고 만류한다. 그러나 예수님은 자신이 개인을 위함이 아니요, 전체를 위한 것임을 강조한다. '우리가 이와 같이 하여 모든 의를 이루는 것이 합당하니라(마 3:15).' 즉, 행정절차인 침(세)례를 받아 어떻게 하나님의 아들이 되는 지를 보여준 것이다. 실제로 예수님이 침(세)례를 받고 하늘에서 이런 음성이 들리게 된다. '하늘로부터 소리가 있어 말씀하시되 이는 내 사랑하는 아들이요 내 기뻐하는 자라 하시니라(마 3:17).'

사회자 변호사님의 브리핑 감사합니다. 이해하기가 쉽지는 않네요.

평론가 그럼 이 시점에서 많은 분들의 이해를 돕기 위해 관련 영화를 소개하면 좋을 것 같습니다.

사회자 좋은 제안이네요. 평론가님, 집단소송에 관련한 영화가 있나요?

평론가 예, 있습니다. 제목부터가 《집단소송》입니다. 원제가 《Class Action》이니까요?

사회자 영어로 'Class Action'이 집단소송이란 뜻인가요?

평론가 네, 그렇습니다.

사회자 어떤 내용인가요?

평론가 자동차 회사에 대한 집단소송 내용을 다루고 있습니다.

사회자 흥미롭군요. 소개해 주시기 바랍니다.

영화 《Class Action》: 누가 진정한 가족인가?

영화 《Class Action》은 마이클 앱티드가 감독하고 진 핵크만과 메리 엘리자베스 매스트란토니오가 주연을 맡은 작품이다. 자동차 회사에 대한 집단소송을 주제로 한 영화로 가족간의 갈등과 사회정의에 관해 다룬 영화이다. 이 영화는 전 세계적으로 $28,277,918의 매출을 올리며 상업적으로도 중간 정도의 성공을

영화『Class Action』의 한 장면.
사진출처 CINEPLEX, 2020-04-04.

거두게 되었다.

제데다이어 워드는 미국에서 변호사로 일을 하고 있었다. 워드는 진보적 사회권익 변호사로 명성을 쌓고 있었지만 가정에서의 그의 평판은 썩 좋지 못했다. 그에게는 매기라는 이름의 외동딸이 하나 있었는데 딸과의 사이가 별로 좋지는 않은 편이다. 매기가 13살 때, 아버지가 엄마의 친구와 부적절한 관계인 것에 충격을 받고 아버지에 대한 반감을 갖게 되었기 때문이다.

매기는 아버지에 대한 반항심도 있었지만 그에게 인정받고자 하는 욕구가 있어 로스쿨에 가게 되고 아버지와 같은 변호사의 길을 걷게 된다. 매기의 꿈은 대형 로펌의 파트너가 되는 것이었기에 대형 로펌에서 변호사로 커리어를 쌓게 된다.

어느 날, 매기가 속해 있던 로펌은 한 자동차 회사를 대리하여 집단소송을 담당하게 되었다. 그 자동차 회사의 스테이션왜건이 폭발을 빈번히 일으키자 피해자들이 집단소송을 한 것이다. 매기도 이 사건에 대해 관심이 있어 살펴보던 중, 원고(피해자들)측 대리인이 자신의 아버지(워드 변호사)임을 알게 되었다. 참고로, 워드 변호사는 사회적 약자를 위해 인권변호사로 많이 활동해 온 인물이다. 매기의 어머니도 이 사실을 알게 되어 이 사건을 매기가 담당하는 것을 만류했다. 그러나 매기는 로펌에서 승진이 걸린 중요한 사건이어서 이 사건을 담당하게 된다.

재미있는 것은 워드 변호사는 딸 매기가 돈에 자신의 양심을 팔았다고 생각하고 매기 변호사는 아버지 워드 변호사가 이중인격자라고 생각한다. 왜냐하면, 어머니를 속이고 부정을 행했으면서도 뻔뻔하게 '정의의 사자'처럼 자신을 포장한다고 여긴 것이다.

드디어 소송이 본격화되고 매기 변호사는 사건 관련 리서치를 하던 중, 해당 자동차 연구개발팀의 일원이었던 연구원과 만나게 되고 중요한 정보를 알게 된다. 그 연구원은 해당 스테이션왜건의 방향표시등 회로가 불량이고 차량 폭발의 원인이 될 수 있다는 보고서를 회사에 제출했다. 그러나 자동차 회사는 그 보고서를 무시한다. 이유는 리콜을 통해 차량을 수리해 주는 비용보다 소송을 처리하는 것이 경제적으로 유리하다고 판단한 것이다. 경제적 이익을 위해 소비자들의 안전에 눈을 감아버린 것이었다.

아버지 워드와 딸 매기는 만나 서로에 대한 불만을 이야기하게 되고 심하게 싸우게 된다. 그리고 아버지 워드는 딸에게 변호사가 걸어야 하는 진정한 길에 대해 진심을 다해 이야기해 준다.

사회자 오늘은 집단 소송에 관한 이야기를 하고 있는 데, 평론가님 영화에 관해 추가로 말씀해 주실 내용 있으세요?

평론가 저는 영화를 보면서, 본 영화의 줄거리가 1978년에 있었던 포드 자동차의 핀토 모델 엔진탱크 관련 사건과 많이 유사하다고 생각했어요.

사회자 핀토자동차 말씀인가요?

평론가 네, 핀토는 포드자동차가 1970년 출시한 모델이에요. 1978년 한 모자가 탑승한 핀토는 후방에서 오던 트럭과 충돌하여 불이 붙고 폭발하는 사건이 있었어요. 이로 인해 어머니는 사망하고, 아이는 심각한 화상을 입게 되었는데 결국 유가족은 포드에게 소송을 걸게 되었던 사건이에요.

사회자 폭발의 원인이 밝혀졌나요?

평론가 우선 핀토의 결함을 분석한 결과 후방 범퍼와 후방 패널, 연료탱크 중간에 충격을 지탱할만한 구조물이 없는 것이 문제였습니다. 이로 인해, 후방에서 충돌하여 연료탱크가 안쪽으로 밀리게 되면 문짝에 끼어 폭발할 가능성이 높았던 것입니다.

① ② Ford_Pinto

사회자 그럼 포드자동차 본사는 이 결함에 대해 모르고 있었나요?

변호사 그 부분은 제가 알고 있습니다. 재판과정에서 포드자동차는 핀토의 결함에 대해 인지했으나, 내부에서 경제적인 실익을 놓고 계산을 한 것이 드러났습니다.

사회자 정말이요? 충격적인데요. 영화의 내용이 현실에도 존재했군요.

변호사 네, 그렇습니다. 폭발 안전장치를 판매된 모델에 장착하는데 한 대 당 11달러가 지불되고, 1,250만대를 처리하는데 약 1억 3,700만 달러를 지불하게 되는 반면, 폭발사고를 처리하는데 드는 비용(사망, 부상, 차량수리 등)은 그것보다 훨씬 적게 든다는 것을 계산한 후에, 안전장치 장착을 포기하게 되었던 것이었습니다.

사회자 법원의 판결은 어떻게 되었나요?

변호사 결국 법정은 피해배상액 외에 벌금형(1억 2천 500만 달러)도 함께 선고합니다.

사회자 재미있네요. 포드자동차가 계산했던 금액과 거의 일치하는 데요.

평론가 네, 그렇죠. 그런데, 이 사건으로 핀토에 대한 부정적인 반응이 계속되고, 미국에서 일본계 소형차들이 인기를 얻게 되는 결과를 낳게 됩니다.

사회자 일본 회사는 많이 고마워했겠네요.

평론가 재미있는 것은 코미디 영화 《특급비밀》(1984년)에서도 이를 비꼬는 장면이 나오게 됩니다. 닉 리버스 일행을 추격하는 독일군 차량이 들판에서 주차되어 있는 한 차량을 보고 급히 브레이크를 밟는 장면이 나옵니다. 그 차량은 핀토였는데 겨우 브레이크를 밟아 범퍼를 감지하기 힘들만큼 살짝 건드립니다. 이때 영화에서는 고의적으로 차량 후면에 부착된 핀토의 이름을 정확히 보여줍니다. 왜냐하면, 물리적으로 정말 약한 접촉에도 핀토는 폭발했고 독일군의 차량도 함께 화염에 휩싸이게 되어 닉 리버스 일행은 다행히 추격을 따돌리게 됩니다.

사회자 핀토의 폭발성을 고의적으로 비꼰 내용이네요. 영화에까지 핀토 이야기가 나오다니 놀랍습니다.

평론가 재미있는 장면이지만 당시 미국에서 얼마나 이 사건이 심각했는지를 보여주고 있습니다.

가족중심 문화를 만들라!

사회자 그럼, 이 즈음에서 박사님을 초청하도록 하겠습니다. 박사님, 오늘의 토론내용이 어떻게 기업과 정책에 적용될 수 있을까요?

정책박사 저는 오늘의 이슈를 기초로 첫 번째는 '가족중심 문화'를 확산하고, 두 번째는 '디아스포라 지원'을 기획해 볼 수 있다고 생각합니다.

사회자 한 가지씩 이야기를 해보면 좋을 것 같습니다. 먼저 '가족중심 문화'는 오늘 내용과 어떻게 연관되나요?

정책박사 '십자가'의 목적과 연관되어 있습니다. 예수님이 십자가를 진 이유는 인간의 죄와 채무를 해결하기 위함이었습니다. 중요한 것은 예수님이 죄인들의 근족으로서 책임을 다한 것이지요. 근족은 가족을 상징

하는 것으로서 가족을 위해 예수님이 희생한 것입니다,

사회자 그렇다면 성경에서 가족을 중요시 여기는 이유는 뭔가요?

정책박사 사실 성경에서 가족은 사회의 가장 근간이 되는 그룹입니다. 아담과 하와가 한 가정을 이루면서, 우리 사회의 기초를 이룬 것이지요. 이는 가정이 무너지면 사회의 근간이 무너진다는 의미입니다. 따라서 가족을 회복하는 정책을 마련하는 것은 너무 중요하다 할 것입니다.

사회자 이해됩니다.

정책박사 조금 더 명확한 설명을 위해 제가 이스라엘에서 경험한 이야기를 해드리면 좋을 것 같습니다. 제가 기회가 있어 이스라엘에 한 달 정도 머물 기회가 있었습니다. 이스라엘을 방문하면, 여러분도 바로 느낄 수 있는 것이 유대인들은 가족중심의 문화를 가지고 있다는 것을 알 수 있습니다. 우선 평일 저녁시간에는 거리가 한산합니다. 왜냐하면, 거의 대부분의 사람들이 가정으로 돌아가 가족과 함께하고 있기 때문입니다. 주말에는 가족끼리 길거리를 걷는 사람들을 많이 볼 수 있습니다. 아마도 회당에 가고 있는 것이겠지요.

사회자 머리에 이스라엘 거리의 모습이 그려지는데요.

정책박사 한 번은 제가 한 유대인 가정으로 초대를 받은 적이 있었습니다. 그때가 때마침 명절 기간이었는데 그 유대인 가정이 마당에 텐트를 크게 설치하는 것을 보았습니다.

사회자 성경에 나오는 내용이네요.

정책박사 네, 그렇습니다. 사회자께서는 그 텐트 안에는 무엇이 있는지 아십니까?

사회자 글쎄요? 한번도 생각을 못해 봤네요.

정책박사 그 가정은 텐트 안에 음식을 준비했습니다. 그리고 가족들이 음악을 들으면서 그 안에서 식사를 합니다.

사회자 식탁에서 식사를 안하고 왜 굳이 텐트 안에 들어가 밥을 먹죠?

정책박사 식탁 주변에는 우리의 시선을 뺏는 것이 많이 때문입니다. TV, 스마트폰, 기타 다양한 볼거리 등이 있습니다. 그러나 텐트 안에는 오로지 가족에게만 집중해야 합니다. 서로에게 눈을 마주치고 이야기할 수 있는 것이지요.

평론가 미국도 이스라엘과 비슷한 문화를 가지고 있습니다. 미국이 개인주의 국가로 알려져 있지만 잘 보면 가족중심의 문화를 가지고 있습니다. 퇴근 후에는 바로 가정으로 향하고 주말에는 자녀들과 시간을 보냅니다. 또한, 가족중심 문화는 직장에서도 발견됩니다. 근무 중에 자녀들을 학교에서 픽업하기 위해 나가도 허용되는 문화가 대표적이지요.

사회자 그렇군요. 그럼 가족중심의 문화가 되면 사회에 긍정적인 영향이 있나요?

정책박사 가족중심의 문화는 그 사회의 분위기를 바꾸어 놓습니다. 부모가 일찍 퇴근하기에 유흥문화가 자연스럽게 줄어듭니다. 미국에 가면, 저녁에 돌아다니는 사람도 적고 상점들이 일찍 문을 닫는다고 느낄 것입니다. 다음으로는, 성공보다는 행복중심의 사고를 하게 됩니다. 성공하거나 돈을 많이 버는 것보다는 가족과 함께하는 시간 자체에 의미를 두는 것이지요.

평론가 저는 추가로 정부가 건강한 가정을 양산하기 위한 정책을 기획해야 한다고 생각합니다. 요즘에는 청년들이 경제적 이유, 사회생활의 이유 등으로 결혼과 자녀출산을 기피하는 경우가 많습니다. 이는 사회의 구조가 건강하게 되지 않는 근본적인 요인이 될 수 있습니다. 따라서, 결혼적령기의 결혼과 출산이 이루어질 수 있도록 문화를 조성해야 한다고 생각합니다.

정책박사 저도 절대적으로 동의합니다. 사실 결혼이 늦어지는 이유는 동거문화가 확산되고, 독신 수가 증가되며, 교육 등의 자기개발에 투자하는 시간 때문입니다. 통계청이 발표한 '2018 한국의 사회지표'를 보면, '결혼을 해야 한다'고 생각하는 미혼남녀 비율은 48.1%로 처음으로 50% 이하로 떨어졌습니다. 참고로, 2010년도에는 이 비율이 64.7%였다는 것을 감안하면, 얼마나 사회가 빠르게 변하고 있는지 알 수 있습니다. 초혼 연령도 매년 늦어지고 있는데, 2018년 기준으로 남자는 33.2세, 여자는 30.4세로 높아졌습니다. 당연히 첫 자녀를 출산하는 여성의 평균 연령도 31세 이후로 늦어지는 것이지요.

사회자 그럼 어떻게 결혼을 장려할 수 있는 문화를 만들 수 있을까요?

정책박사 사실 한국 사람들이 결혼을 안 하는 이유는 경쟁문화와 연결성이 있습니다. 입신양명이라는 유교문화를 기반으로 최고가 되기 위해 경쟁하는 문화를 갖게 됨으로 결혼과 출산이 늦어지는 근본 원인이 있습니다. 따라서, 정부가 이런 경쟁문화를 개선할 캠페인을 해야 할 것입니다. 사실 문화는 한두 번의 관련 캠페인으로 형성되지 않습니다. 문화로 정책하기 위해서는 우리 삶 자체에 스며있어야 합니다. 즉, 교육으로 가르치고, 법과 정책으로 지원하고, 미디어와 기업이 협조하는 구조를 만들어야 합니다. 이런 구조를 꾸준히 밀고 나가면, 10년이 지나기 전에 효과로 나타나게 될 것입니다.

평론가 또한 육아가 가능한 사회문화를 위한 정책이 필요합니다. 예를 들면, 여성들의 경우에는 직장에서 자신의 근무시간을 탄력적으로 조절할 수 있는 유연근무제, 탄력적 근로시간제 등을 확대 혹은 의무화해야 하지 않을까요?

신학교수 남자들에게도 필요한 정책인 것 같아요. 남자도 육아에 동참해야 하니까요?

정책박사 당연합니다. 2018년 한국의 출산율은 0.98명으로 2017년 출산율(1.05명)보다 줄었습니다. 한 명 이하로 출산율이 하락한 이유는 결혼 비율이 줄어들고 육아에 대한 어려움이 많기 때문입니다.

평론가 맞아요. 과거에는 육아가 여성 1인에게 의존했다면 현대에는 사회가 함께 육아에 동참하는 구조를 만드는 것이 무척 중요하다 할 것입니다.

탐색: 클라렌스 페리의 소도시 이론

정책박사 사실 가족중심 문화를 만들기 위해서는 구조적 환경을 만들어야 합니다.

사회자 구조적 환경이요? 무엇을 의미하시나요?

정책박사 현재 각 가정의 환경을 생각해보겠습니다. 일반적으로 회사가 9시에 시작함으로 6~7시 사이에 기상을 해서, 밥 먹고 세면을 1시간 안에 마치고 9시 이전에 출근을 합니다. 규정상 퇴근은 6시에 해야하지만, 잘해야 7~8시 사이에 일을 마무리하고 집에 돌아오면 9시 정도가 됩니다. 물론, 퇴근 후 모임이 있거나 하면 이마저도 불가능하고요. 그럼, 언제 가족이 만날 수 있습니다. 아침 시간에는 등교, 출근 등으로 정신 없고, 돌아와서는 피곤해서 잠깐 TV보다가 자는 이들이 대부분일 것입니다. 결국 남는 시간은 주말에 한정되고, 이 주말도 다양한 경조사와 교회활동에 불려 다니다 보면 가족과 함께 식사할 수 있는 시간도 확보하기 어려워집니다.

사회자 아마 대부분의 가정이 그렇지 않을까 생각합니다. 그러면 이런 문제를 구조적으로 해결 가능하다는 것인가요?

정책박사 최근에 실리콘밸리 사례를 들은 적이 있어요. 한 기업이 회사와 학교를 인접하게 배치시켜 부모와 자녀가 언제든지 만날 수 있는 환경을 만들었더니 실제로 이직률이 거의 발생하지 않았다고 합니다. 즉, 가정생활과 직장생활 모두 만족하는 환경이 만들어진 것이지요.

사회자 우리 나라 기업들도 직장 내에 어린이집을 운영하고 있는 경우가 있잖아요?

정책박사 단순히 어린이집을 넘어서, 초중고 학교에 적용되어야 합니다. 즉, 학교를 중심으로 기업이 배치되는 것이지요. 즉, 많은 기업들이 위치를 정할 때 고려하는 것이 교통, 접근성, 홍보효과 등입니다. 즉, 경제적인 초점을 맞추어 위치를 선정합니다. 그러나, 학교를 중심으로 위치한다는 것은 가정에 초점을 맞추는 것입니다. 직원들이 자녀들과 얼마나 자주 만나고, 가정생활과 직장생활이 연계되어 건강한 사회생활이 될 수 있는 환경을 조성하는 것입니다.

평론가 대기업들이 회사 근처에 사립학교들을 만드는 것도 좋은 예가 될 수 있는 것이네요?

정책박사 물론입니다. 그러나 자녀와 부모가 점심시간에 만날 수 없다면 무의미하겠지요.

사회자 그럼, 아주 가까운 거리에 회사와 학교가 위치해야 한다고 생각하시는군요?

정책박사 그렇습니다. 사실 정부와 기업이 협력하면 이를 좀 더 구체화할 수 있습니다. 예를 들면, 클라렌스 페리의 소도시 이론을 현실화하는 것이지요.

사회자 클라렌스 페리의 소도시 이론이요?

정책박사 이 이론은 직장, 학교, 집이 한 타운 안에 존재함으로 가족이 일상에서 지속적으로 만나고 소통할 수 있는 환경을 만드는 내용입니다.

사회자 그게 가능한가요? 직장 거리가 가까운 사람이나 가능하겠죠? 보통의 도시 직장인들은 주로 도심에서 일하고, 저녁에 주거지로 돌아오는 형태이잖아요?

정책박사 이 이론에 따르는 도시의 사이즈는 최대 1시간 보행거리, 약 4km로 한정하여 도시 어느 지역에서도 편도 2km면 도달할 수 있도록 구조화하는 것입니다. 그러면 자녀와 부모가 함께 걸으면 중간에서 점심을 먹고 각자 일터와 학교로 돌아갈 수 있는 환경이 되는 것이지요. 저는 이를 '가족중심 타운시티'라고 부르고 싶습니다.

평론가 그 이론이 가능하려면 부모가 그 도시에서 일해야 하는데 자영업이 아니고는 불가능하지 않을까요?

정책박사 그래서 제가 생각할 때 '가족중심 타운시티'는 정부와 기업의 협력이 필요합니다. 예를 들면, 벤처기업이나 중소기업에게 특혜를 주고 신도시에 입주시킵니다. 그리고 그 직원들이 그 도시에 입주할 수 있도록 구조화하는 것입니다. 우선분양, 세제혜택, 유치원 우선 배치 등의 특혜가 예로 될 것입니다.

평론가 사실 상당히 이상적이긴 하지만, 이렇게 도시구조가 되면 출퇴근 시간이 확 줄어들겠네요. 또한, 평일에는 부모와 자녀가 만나기 힘든 게 사실인데 평소에도 만날 수 있는 환경도 되고요?

정책박사 사실 도시규모가 작아지면 차가 없는 안전한 도시도 기획해 볼 수도 있어요. 주차시설은 도시 외곽에 위치시키고 도시 진입은 도보, 자전거, 개인용 전동보드 등을 이용하는 것이지요. 이렇게 안전한 도시가 되면 다양한 거리문화를 기획해 볼 수 있어요. 카페거리를 만들고, 거리공연을 기획하고, 다양한 도시정원을 만들어 볼 수 있을 거에요.

사회자 멋있네요. 그렇지만 아직 질문이 있습니다. 큰 쇼핑몰이나 큰 기업들은 어디에 위치하나요?

정책박사 물론 차량 이동이 필수인 큰 쇼핑몰이나 기업들이 입주하기는 어려울 것입니다. 좀 더 큰 그림으로 보면 '가족중심 타운시티'는 하나의 작은 Cell(세포)이 될 수 있습니다. 이러한 타운도시들이 여럿이 연결되고 그 중심에 우리가 기대하는 다운타운이 위치할 수 있습니다. 즉, 주변에 타운시티들이 함께 도시 전체를 구성하게 되겠지요.

디아스포라 지원

사회자 시간이 많이 흘렀네요. 그럼, 두 번째인 '디아스포라 지원'에 대해 이야기를 나누어 봐야 할 것 같습니다. 박사님, 이 내용은 어떤 것인가요?

정책박사 어려움을 당한 해외 동포들을 지원하는 노력을 해야 한다는 의미입니다.

사회자 해외 동포들이요?

정책박사 동포들의 사전적 의미가 '한 부모에게서 태어난 형제자매' 혹은 '같은 나라 또는 같은 민족의 사람을 다정하게 이르는 말'입니다. 즉, 가족이란 의미입니다.

사회자 현재 한인 동포가 얼마나 되죠?

정책박사 2017년 외교부 통계에 따르면, 한인 동포가 740만 정도이고, 그 중에 중국과 미국에 각각 250만 명씩 살고 있고, 일본에 80만 명, 독립국가연합(러시와 및 중앙아시아)에 50만 명 정도가 살고 있습니다. 즉, 해외 동포의 85%가 미국, 중국, 일본, 독립국가연합에 살고 있습니다. 이 중에 중국과 독립국가연합에 살고 있는 조선족과 고려인은 절대적으로 도움이 필요합니다.

사회자 그럼, 어려움을 당한 동포는 누구를 의미하나요?

정책박사 아마도 고려인과 조선족이 될 것입니다. 그들은 우리 민족의 아픈 역사와 함께하기 때문입니다. 자신들의 고향 터전을 잃어버리고, 한국 시민권도 상실하여, 이방인으로 떠돌게 된 이들입니다. 문제는 이들이 자신의 의지로 선택한 것이 아니라, 민족 아픔의 희생자라는 것입니다. 따라서, 십자가의 '집단소송 정신'에 입각할 때 고려인과 조선족의 아픈 현실을 대변해 주는 것이 바람직합니다.

사회자 모르시는 분들을 위해, 고려인과 조선족들에 대해 약간의 설명이 필요해 보입니다. 이에 대해 교수님이 설명해 주면 더 좋을 것 같습니다.

신학교수 그렇게 하겠습니다. 고려인과 조선족은 구한말, 일제시대, 그리고 한국전쟁 등 어려운 시기에 고향을 떠난 실향민들입니다. 대표적으로 고려인들의 경우에는 19C 후반부터 러시아의 동쪽 연해주에 잘 정착했지만 소련이 말도 안 되는 이유를 들어 중앙아시아로 이주시킵니다.

사회자 이유가 있었나요?

신학교수 네, 있습니다. 1937년도에 중일전쟁이 반발하여 소련이 일본에 대해 경계하게 되었습니다. 이런 시기에 고려인 중에'김아파나시'라는 인물이 일본스파이(철도파괴 및 반소선전) 용의자로 체포됩니다. 이에 스탈린이 고려인들이 위협요소가 된다고 생각하여 고려인들을 중앙아시아로 강제 이주시킨 것입니다.

평론가 이 사건은 '드레퓌스' 사건과 비슷한 것 같아요.

사회자 드레퓌스 사건이요?

평론가 19세기 말에, 프랑스 군에서 근무하던 유대인 장교에게 간첩 혐의를 씌워 종신형을 받게 하고, 프랑스 군이 독일과의 전쟁에서 지고 나서 그 책임을 모면하려 한 사건입니다. 민족주의를 발흥시켜 반유대주의를 확산시키는 전략이었습니다. 결론적으로는 이 모든 것이 조작된 것임이 밝혀집니다.

사회자 정말 유사성이 있네요. 고려인들의 강제 이주과정은 어떠했나요?

신학교수 증언에 따르면, 고려인들은 어디로 가는지 알지 못하고, 짐승이 타는 열차 칸에 앉아 중앙아시아까지 가게 됩니다. 그들은 배고픔과 추위를 견뎌야 했기 때문에 그 과정에서 수많은 노인과 아이가 죽어, 고려인들 중에 1935년~1938년에 출생한 이들을 찾기가 어렵다고 합니다.

정책박사 사실 중앙아시아에 도착해서가 더 큰 문제였습니다. 지금의 카자흐스탄, 우즈베키스탄 등 중앙아시아에 겨우 도착한 그들은 정말 난감할 수밖에 없었습니다. 집도 없고, 돈도 없고, 음식도 없었기 때문입니다. 사실, 부동산 등 재산을 놔두고 중앙아시아로 가는 고려인들을 위해 러시아 정부는 보상을 해 준다고 약속했지만, 전혀 지켜지지 않았던 것이죠. 황무한 땅에 버려진 그들은 갈대밭에 땅을 파고 겨울을 지나면서, 먹을 것을 얻기 위해 수많은 죽음의 고비를 넘기게 됩니다.

사회자 정말 안타까운 이야기입니다. 그럼 현실적인 이야기를 해보겠습니다. 그들이 힘들었지만 현지 정착에 성공했는데, 아직도 한국에서 도

① 중앙아시아
② 강제이주 고려인 비석 사진

움을 얻기를 원하나요?

정책박사 물론입니다. 사실 고려인과 조선족 동포는 어려운 환경에서도 현지 정착에 성공했고, 인정받는 소수민족으로서 자리매김을 하게 됩니다. 그러나 그들 마음 속에는 고국에 대한 그리움이 남아있고, 이방인으로서의 서러움을 항상 간직하며 살아가고 있습니다. 특히, 중국, 러시아, 중앙아시아의 소수민족에 대한 정책이 수시로 바뀌면서 설 자리가 점점 좁아지는 것도 사실이고요.

사회자 최근의 예를 들어 주시겠습니까?

정책박사 중국의 경우에는 동북공정이라는 정책을 취해서, 조선족 동포가 많이 사는 동북삼성(요령성, 길림성, 흑룡강성)에서의 우리 역사를 지우는 정책을 취하고 있습니다. 이는 중국의 국경 안에서 전개된 모든 역사를 중국의 역사로 편입시키는 작업으로, 고구려와 발해도 포함됩니다. 이는 통일 이후에 있을 영토분쟁을 미연에 방지하는 목적이 있으며 그 일환으로 그 지역에서 조선족들의 확장을 막는 정책도 취하고 있습니다.

평론가 저도 들었습니다. 실제로 연변 등에는 조선족 비율이 급감했더군요. 지금은 젊은이는 없고 고령의 조선족들만 살고 있는 실정이라고 하더라고요.

정책박사 또한 카자흐스탄의 경우에는 그동안 공용어로 사용되던 러시아어의 비중을 줄이고, 카작어 사용을 의무화하고, 공무원 채용 등의 기준으로 삼고 있다고 들었습니다. 이러한 차별대우는 수시로 또 다양한 방법으로 우리 동포들을 괴롭힐 것으로 예상됩니다.

사회자 그럼 우리가 그들을 어떻게 도와주면 좋을까요?

정책박사 십자가에서 보여진 '집단소송 정신'을 반영하면 좋을 것 같아요. 그들에게 잃어버린 시민권을 찾아주고, 고향 터전을 회복해주는 운동이 필요할 것 같습니다. 어찌 보면 한국형 알리야 운동이 필요할 것 같습니다.

사회자 한국형 알리야 운동이요?

정책박사 네, 그렇습니다. 1917년 벨푸어 선언(영국정부가 유대인을 위한 민족국가 건립을 공식적으로 인정) 등의 과정을 통해 흩어져 있던 많은 유대인들이 이스라엘 땅으로 돌아오는 운동입니다. 그런데 그 대부분이 구소련 지역에서 돌아오게 됩니다. 이는 우리에게 구소련 지역 고려인들이 고국으로 돌아오는 것을 연상시킵니다.

사회자 그들 모두에게 어떤 보상을 해주면 좋을까요?

정책박사 집단소송의 정신에 따라 그들에게 필요한 신분적, 경제적 보상을 해 주어야 할 것입니다. 예를 들면, 그들에게 고국에 돌아와 살 수 있는 영주권을 주고, 많은 기업이 적극적으로 채용해야 한다고 생각합니다. 사실 이들이 한국 기업에 취업하게 되면 자연스럽게 민간사절이 되어 한국의 세계화에 이바지할 수 있으리라 생각합니다.

‘우리가 이와 같이 하여 모든 의를 이루는 것이 합당하니라(마태복음 3장 15절).’

Topic 9

사회적 책임, 어떻게 기획할까?

• 전도는 착한 사마리아인 법
• 영화 《쇼생크 탈출》: 책임감 제로
• 착한 사마리아 매뉴얼을 제공하라

(탐색: 핑크 텐트 캠페인)

OTIENT

Topic 9

사회적 책임, 어떻게 기획할까?

전도는 착한 사마리아인 법

사회자 우리의 토론이 벌써 후반부로 접어들었습니다. 오늘은 아홉 번째 시간으로 '사회적 책임, 어떻게 기획할까?'입니다. 사실은 '사회적 책임'이란 내용이 익숙하지 않은데요. 오늘은 토론 전에 이 개념부터 정립하면 좋을 것 같습니다. 평론가님이 말씀해 줄 수 있을까요?

평론가 기업의 사회적 책임은 종종 윤리경영으로 이해되기도 합니다. 시장에서 요구되는 윤리를 근거로 기업을 운영하고 시장질서를 준수하는 것을 의미합니다. 물론 국가 차원에서 이해하면 해외원조 등을 통한 '국제적 책임'도 연결된 개념이 될 수 있습니다.

사회자 큰 틀에서는 이해가 되는데, 좀 더 구체적으로 말씀해 주시면 좋을 것 같습니다.

평론가 기업의 사회적 책임은 크게 법적 책임, 경제적 책임, 윤리적 책임, 자선적 책임으로 구분됩니다. 우선 법적 책임은 조직의 운영이 공정한 규칙 속에서 이루어져야 함을 말합니다. 예를 들면, 기업이 성장을 위해 불법, 탈법이 허용된다고 생각해 보십시오. 오수도 아무데나 버리고 공장에서 안전장비도 갖추지 않고 영업할 때 뇌물들을 주는 것입니다.

평론가 경제적인 책임은 사회의 필요에 따라 제품과 서비스를 적절한 가격에 공급하여 기업을 영위하고, 주주들에게 이윤을 돌려주는 책임을 의미합니다.

변호사 공정무역도 여기에 해당이 될 것입니다. 예를 들면, 거대기업들이 커피산지의 유통을 장악하고 농민들로부터 터무니없는 가격에 커피콩을 사들이는 것이 문제가 되었습니다. 법적으로는 문제가 없지만 윤리적인 문제죠. 자본을 이용해서 시장을 교란하는 것이니까요.

평론가 윤리적 책임은 말대로 윤리를 강조한 운영을 하는 것입니다. 법적인 문제는 없지만, 윤리적인 문제에 해당하는 것이죠. 예를 들면, 기업을 경영하면서 친환경 제품을 많이 만들어내고 에너지를 절약하고 가격책정 등이 적절한 것 등이 해당됩니다.

신학교수 자선적 책임은 쉽네요. 기부를 많이 하자는 것이죠?

평론가 그렇습니다. 기업의 경영활동과 직접적 관련이 없더라도 기부활동, 봉사활동, 문화활동 등을 통해 사회에 기여하는 것입니다.

사회자 그럼, 이 시점에서 시선을 성경으로 돌려보겠습니다. 교수님, 성경에도 사회적 책임에 대해 이야기하는 내용이 있나요?

신학교수 물론입니다. 선한 사마리아인 이야기가 대표적입니다.

사회자 어떤 내용이죠?

신학교수 한 사람이 강도를 만나 부상을 당하여 죽음의 위기에 이른 사람이 있었습니다. 이때 제사장(목회자), 레위인(성도) 등은 그냥 지나쳤으나, 사마리아 사람은 그를 지나치지 않았습니다. 사마리아 사람(일반인)은 그 부상당한 사람을 구해주고, 돌봐주었다는 스토리입니다.

사회자 어려운 일을 당한 이웃에게 실질적인 실천을 강조하고 있다고 봐야겠네요? 궁금한 것은 어려운 이웃을 도와주지 않는 것도 성경에서는 죄로 보나요?

신학교수 죄가 될 수 있습니다. 죄는 원어로는 '과녁에서 벗어나다'라는 의미이며 '해야 할 것을 하지 않았다'라는 의미입니다. 하나님이 우리를 청지기로 삼았다는 것은 어려운 이웃을 도우라는 의미도 포함하고 있습니다. 성경에서는 '하나님의 각양 은혜를 맡은 선한 청지기 같이 서로 봉사하라(베드로전서 4장 10절)'고 되어 있습니다.

사회자 돕지 않으면 벌을 받는다는 문구가 성경에 있나요?

신학교수 성경에 있습니다. 예를 들면, 성경에서는 남의 돕는 것에 전도도 포함됩니다. 사도 바울은 성도들이 전도를 하지 않으면 큰 죄를 짓는 것이라고 강조했습니다. '만일 복음을 전하지 아니하면 내게 화가 있을 것임 이로라(고린도전서 9장 16절).'

사회자 그렇군요. 성도들의 책임이 무겁네요. 변호사님, 그럼 법적으로도 남을 돕지 않으면 죄가 되나요?

변호사: 법에서도 죄가 될 수 있습니다. 관련법인 '착한 사마리아인 법' 입니다.

사회자 '착한 사마리아인 법'이요? 그게 뭐죠?

변호사 '착한 사마리아인 법'은 타인의 생명이나 신체에 중대한 위험이 발생했음을 인지하고도, 돕지 않는 경우에는 처벌하는 법률입니다. 이는 성경의 선한 사마리아인의 사례에서 유례했습니다.

사회자 실질적인 사례를 소개해 주시겠어요?

변호사 관련 판례를 소개하면 2017년 독일에서 한 노인이 현금 인출기 근처에 쓰러져 있었습니다. 그러나 사람들은 쓰러져 있는 노인을 돕지 않았고 심지어는 그 노인의 몸 위로 자유롭게 건너다녔습니다. 결국 이 노인은 아무런 도움을 받지 못하고 사망하게 됩니다. 이와 관련하여 독일의 에센 법원은 노인을 돕지 아니한 이들에게 490만 원 상당의 벌금을 선고했습니다.

사회자 듣고 보니 우리 사회에서 꼭 필요한 법이네요. 현대 시대가 각박하다 보니 더욱 그렇고요.

변호사 법은 기본적으로 '사람들이 살아가면서 지켜야 할 최소한의 규율을 강제하는 것입니다.' 그러나 이러한 강제적인 법이 규정되어 있지 않더라도, 인간이 최소한으로 지켜야 할 의무를 강제할 수 있는 법이 '착한 사마리아인 법'입니다.

사회자 '착한 사마리아 법'은 모든 나라에서 적용되나요?

변호사 그렇지는 않습니다. 다만, '착한 사마리아 법'은 시대가 지날수록 그 중요성이 더 강조되고 있습니다. 특히, 사람들의 개인주의적 성향이 강해질수록 이 법률의 가치는 높아지고 있습니다. 이러한 추세에 발맞추어 각국은 '착한 사마리아 법'을 제정하고 있으며, 미국, 독일, 호주, 캐나다, 영국, 핀란드, 프랑스 등이 대표적인 국가들입니다. 프랑스에서는 '착한 사마리아 법'을 어길 경우 5년 이하의 징역 혹은 7만 5천 유로 이하의 벌금을 물을 수 있도록 되어 있습니다.

사회자 만약에 어려운 이웃을 돕다가 이웃이 더 어려운 상황에 처하면 어떻게 되나요?

변호사 '착한 사마리아인 법'의 주요 목표는, 위기에 처한 사람을 돕다가 오히려 그 사람을 어렵게 한 경우라도 이에 대해서는 처벌하지 않는 것입니다. 예를 들면, 소방관이 불 속에서 사람의 생명을 살리기 위해 5층에서 1층으로 질식한 사람을 급히 이송하다가 다리 골절이 되어도 면책되는 것 등이 예입니다. 비슷하게, 전도는 때로 상대를 심적으로 혹은 시간적으로 불편하게 할 수도 있습니다. 그러나 (성경에 기초한) 생명을 살리기 위한 불가피한 상황이라는 것을 감안할 때 면책되어야 함이 마땅합니다.

평론가 그러나 '착한 사마리아인 법'은 한국 등 몇몇의 국가에서는 제한적으로 받아들이거나 수용하지 않고 있습니다. 이유는 도덕적으로 이해되지만 법으로 강제하는 것은 개인의 자유를 침해한다는 원리때문이지요.

변호사 하지만 이런 국가에서는 주로 부작위법을 적용하고 있습니다.

사회자 '부작위법'이요?

변호사 참고로, 작위란 말은 '행위'라는 말로 부작위는 '행위를 하지 않다'라는 의미입니다. 부작위법이란, '위험 발생을 방지할 의무가 있는 사람'이 '위험에 빠진 사람'을 구조하지 않으면 처벌되는 규정입니다. 예를 들면, 한 버스가 운행 중에 급정지를 했고 이로 인해 한 노인이 버스 안에서 쓰러져 크게 다쳤는데 그 버스 운전기사가 그 노인을 구조하지 않고 계속 운전만 했고 이로 인해 그 노인이 사망한 경우입니다.

사회자 그럼, 전도를 부작위법에 적용하면 어떻게 되나요?

변호사 '착한 사마리아인법' 대신에 '부작위법'을 '전도'에 적용하더라도, 법적인 요건을 충족하는 것으로 보입니다. '착한 사마리아인법'과 '부작위법'의 가장 큰 차이는 '위험 발생을 방지할 의무'의 존재 여부입니다. 그런데, '그러므로 너희는 가서 모든 족속으로 제자를 삼아 아버지와 아들과 성령의 이름으로 침(세)례를 주고(마 28:19)'라는 기록은 성도들이 전도에 대한 의무를 분명히 부여받았음을 보여줍니다. 즉, 성도들은 예수님의 증인들로서 그것을 많은 사람들에게 전해야 할 의무가 있고, 이를 행하지 않을 경우에는 (성경적으로) 죽어가는 사람들을 살리지 못한 죄에 대해서 자유로울 수 없다고 사도 바울이 이야기한 것으로 보입니다.

신학교수 그럼 성경에는 '복음을 전하지 않으면 화가 임한다'고 했는데, 현실적으로 부작위법이 적용되었다고 볼 수 있겠네요?

변호사 정확하십니다. '위험 발생을 방지할 의무'를 가진 사람임에도 위험에 빠진 사람을 보고 돕지 않을 경우에는 이 법이 적용되어야 하는데, 크리스천들은 이 의무를 가진 사람들이라고 성경에 명시되어 있습니다.

평론가 그렇다면, 이는 공직을 가지고 있는 이들에게도 적용되겠네요. 최근에 홍수, 지진, 화재 등 재난의 빈도가 높아가고 있습니다. 수많은 사상자가 나오고 이재민들이 발생하는데, 정부 부처는 서로에게 책임을 떠넘기며 자신들의 책임을 전가해 버려서 늦장 대응이 나오고 현실성이 결여된 정책이 나올 때가 많거든요.

변호사 맞는 말씀이에요. 공직자들의 사회적 책임은 그 누구보다 크다 할 것입니다.

사회자 평론가님, 공무원들이 책임을 다하지 않고 이웃의 억울함을 눈감아버려서 말할 수 없는 고통을 받은 스토리를 담은 영화가 있나요?

평론가 네, 관련 영화가 있습니다. 《쇼생크 탈출》이라는 영화입니다. 이 영화는 자신의 책임과 의무를 저버린 교도소장과 교도관들로 인해 고통받는 재소자들에 대해 다룬 영화입니다.

사회자 책임감이 얼마나 없었는지 한 번 들어 볼까요? 영화 소개 부탁드립니다.

영화 《쇼생크 탈출》: 책임감 제로

영화 《쇼생크 탈출》은 1994년 개봉 당시에는 미국에서 크게 흥행에 성공하지 못했다. CNN 창립자인 테트 터너가 꾸준히 TV에서 방송해 준 결과, 현재까지도 그 인기가 지속되고 그 가치에 대한 재평가가 꾸준히 이어지는 특이한 영화이다. 예를 들면, AFI(미국 필름 연구소)의 '역대 최고의 헐리우드 영화 100'에 선정되었고 야후의 '죽기 전에 꼭 봐야 할 영화 100선'에도 선정되었다.

이 영화는 스티븐 킹의 『리타 헤이워드와 쇼생크 탈출』이라는 소설을 기반으로 프랭크 다라본트가 감독하고 팀 로빈스와 모건 프리먼이 주연을 맡은 작품이다. 쇼생크 교도소에서 진정한 자유를 꿈꾸는 죄수들의 에피소드를 다루고 있다. 참고로, 스티븐 킹의 소설은 여러 편이 영화로 제작되는데, 대표적으로 《스탠 바이 미》, 《미저리》, 《샤이닝》, 《캐리》 등이 있다.

영화 『쇼생크 탈출』의 한 장면.
사진출처 IMDB, 2020-04-05.

영화 《쇼생크 탈출》의 스토리는 다음과 같다. 미국 메인주의 주립 교도소는 타락한 교도관들, 욕망에 굶주린 동성애자들, 재미를 찾아 헤매는 장기수들이 있는 곳이었다.

무료하기만 했던 교도소에 어느 날 새로운 수감자들이 들어오게 된다. 수감자들 중에는 교도소에는 전혀 어울리지 않는 엘리트 인물이 하나 끼어있었는데, 앤디라는 촉망받던 은행가였다. 그의 죄목은 바람을 피던 아내와 그 애인을 살해한 것이었고 종신형을 받고 수감되었다.

앤디는 눈에 띄는 외모와 분위기로 인해 수감 초기에는 동성애자들로부터 괴롭힘을 당하게 된다. 그러나 다행히 앤디는 교도소에서 레드를 만나 친구가 되는데 레드는 교도소 내에서 외부 물건을 구해

주는 인물이었다.

앤디가 교도소에 적응해 나가기 시작하면서, 그의 진가는 발휘하게 된다. 우연히 교도관들의 세금신고를 도와주다가 교도소장의 비자금을 관리하는 역할까지 맡게 된다. 결국, 교도소장과 교도관들의 비호 아래 앤디는 교도소 내에서 영향력 있는 일들을 해낸다. 즉, 교도소 내에 도서관이 개설되게 하고 사람들에게 교육의 기회를 제공하는 일들을 하며 나름 의미 있는 삶을 살게 된다.

그러던 어느 날, 유쾌하고 음악을 좋아하는 토미라는 청년이 수감되는데 앤디에게 교육을 받으며 검정고시를 준비하게 된다. 앤디와 토미는 점점 가까운 사이가 되면서 서로의 과거 이야기를 듣게 되는데 그 안에는 앤디의 살인사건과 관련된 비밀이 담겨있었다. 즉, 앤디가 이전 교도소에서 만난 수감자가 앤디의 아내와 그 애인을 죽인 진범이라는 것을 알게 된 것이다.

앤디는 이 사실을 교도소장에게 알려 자신의 억울함을 풀어달라고 부탁하지만 냉혹하게 거절당하고 오히려 토미가 교도소장에게 죽임을 당하게 된다.

결국 앤디는 오랫동안 계획했던 탈출계획을 실행으로 옮기게 되고 교도소장의 비자금을 전부 찾아 맥시코로 가서 자유를 찾게 된다. 결국, 앤디의 투서로 인해 교도소장은 자살하고 비리 교도관들은 체포되게 된다. 한편, 앤디의 친구 레드는 출소하게 되어 앤디가 알려준 주소를 찾아가서 앤디와 함께 자유를 누리게 된다.

사회자 영화 소개 감사합니다. 정말 교도소장과 교도관들의 무책임에 분노가 차오르네요. 변호사님, 교도소장에 대해 어떻게 생각하세요?

변호사 영화 《쇼생크 탈출》에서 교도소장과`교도관들은 그들이 수감자들을 적법하게 감독하고 보호해야 할 의무를 가졌음에도 그들은 수감자들의 위기에 눈을 감고 오히려 수감자들을 위기에 빠뜨리는 모습을 볼 수가 있습니다. 자신들의 주어진 책임을 다하지 않고 수감자들을 자신들의 돈벌이 수단으로만 여겼던 것 같습니다.

사회자 변호사님, 교도소장과 교도관들의 죄목이 뭐가 될까요?

변호사 너무 많아서 다 이야기 할 수도 없겠네요. 기본적으로 살인을 했고, 횡령, 배임, 폭행, 협박, 알선수뢰, 공문서 위조 등 다양한 죄목이 적용될 수 있습니다.

사회자 일단 들어도 너무 많네요. 교수님, 성경에서는 죄를 어떻게 정의하나요?

신학교수 성경에서는 죄는 '해야 할 것을 하지 않는 것', 즉 '부작위'를 의미합니다. 즉, 선을 행하지 않는 것도 이에 포함되지요. 또한, 비슷한 단어로 허물이 등장하는데 '하지 말아야 할 것을 하는 것'을 의미합니다.

사회자 그럼, 교도소장과 교도관은 어떤 것에 해당하나요?

신학교수 영화 《쇼생크 탈출》에서 교도소장과 교도관들은 죄와 허물을 모두 행한 것으로 보입니다. 재미있는 것은 영화 《쇼생크 탈출》에는 성경과 연관된 다양한 매개체를 구성해 놓았습니다. 우선 《쇼생크 탈출》 스토리 자체가 마치 출애굽기 내용을 연상하게 합니다. 특이하게 교도소장은 자신의 사무실에 '하나님의 심판이 곧 임한다'는 성경구절을 걸어놓고 나쁜 짓을 하면서도 성경을 강조합니다. 또한, 주인공 앤디는 교도소장에게 '성경 안에 구원이 있었다'라는 카드를 보내고 자신의 탈출 기구를 성경책에 감추어 놓은 것을 보여줍니다.

사회자 교수님 말씀을 들어보니 정말 그렇네요. 변호사님 궁금한 것이 있습니다. 이 영화 주인공 앤디는 아내와 그녀의 애인을 죽이지 않았습니다. 그럼에도 불구하고 그는 20년의 수감생활을 하게 되었습니다. 그 무엇으로도 보상될 수 없는 억울한 상황입니다. 어떤 보상이 있을까요?

변호사 사실 이런 일들은 현실에도 존재합니다.

사회자 실제로요? 믿을 수 없네요?

변호사 예를 들어, 미국의 로렌스 맥키니(Lawrence McKinney)는 1977년 미국 테네시 멤피스에서 강도, 성폭행을 저질렀다는 이유로, 115년형을 받습니다. 교도소에 수감될 당시 로렌스 맥키니는 약관 22살이었습니다. 그런데, 2008년 DNA 검사를 통해 그가 진범이 아니라는 것이 밝혀지게 됩니다. 그리고 그는 2009년 출소하게 되는데, 이미 약 31년 9개월을 교도소에서 복역한 상태였죠.

사회자 31년이요? 그럼, 자신의 무죄가 밝혀지고 엄청나게 국가를 원망했겠네요?

변호사 그렇지 않습니다. 그는 20대, 30대, 40대 전체를 교도소에 복역했지만, 크리스천이 된 것에 만족해 했습니다. 그러나 출소 후에 그의 생계는 또 다른 문제였습니다.

사회자 정부가 손해배상을 해야 하는 것 아닌가요?

변호사 자동으로 해결되는 문제는 아닙니다. 그는 2009년 출소할 당시, 테네시주는 그에게 75달러만을 지급했기 때문입니다. 그래서 그는 생계를 위해 테네시주를 상대를 배상을 요구했지만, 이 또한 만만한 여정은 아니었습니다. 실제 배상을 받는 데는 약 10년이라는 세월이 걸렸습니다. 2018년 최종적인 배상판결이 이루어진 것입니다.

사회자 듣는 제가 다 화가 날려고 하네요? 그래서 최종적으로 얼마를 받게 되나요?

변호사 결국, 1백만 불이 최종적인 배상액으로 결정되었습니다.

사회자 생각보다 너무 적네요. 왜 그렇게 결정되었죠?

변호사 왜냐하면 이 금액은 법률상 지급될 수 있는 최고 금액이었습니다. 더 심각한 것은 1백만 불 중에 변호사 비용 등의 처리를 위해 약 353,000달러가 선급으로 지급되었고, 나머지 647,000달러는 매달 약 3,300달러씩 분할하여 받게 되었습니다. 이 월 지급은 10년간은 보장되고 만약 그 사이에 그가 사망하면 그 아내가 잔여분을 받게 되는 방식이었습니다.

평론가 과연 이 돈의 액수가 그의 잃어버린 31년간의 삶을 위로해 줄 수 있는지는 의문입니다.

착한 사마리아 매뉴얼을 제공하라

사회자 변호사님의 설명 감사합니다. 그럼 이 시점에서 박사님을 초청해서 오늘의 토론을 기업과 정책에 적용해 보도록 하겠습니다.

정책박사 오늘 토의한 '착한 사마리아인 법' 혹은 '부작위법'은 사실 다양한 정책으로 재현될 수 있습니다. 주변의 어려운 이웃들을 돌아보며 그들이 당한 어려움에 대해 나 자신이 책임을 지는 정책들이 여기에 해당될 것입니다.

사회자 어려움을 당한 이웃이라면 누구를 의미하나요?

정책박사 다양할 수 있습니다. 장애인, 고아, 실직자 등도 예가 될 수 있습니다. 기업의 경우에는 CSR(기업의 사회적 책임)의 일환으로 이들을 돕는 프로젝트를 적극적으로 기획해 볼 필요가 있을 것입니다. 장애인들의 창업을 후원한다든지 고아들과 직원들을 매칭시켜서 후견인이 되도록 한다든지 등의 창의적인 프로그램을 기획해 볼 수 있을 것입니다.

평론가 저도 동의합니다. CSR은 사실 기업의 브랜드 가치를 높이는 중요한 수단이 될 수 있어요. 왜냐하면, 착한 기업의 이미지를 제공하여서 기업의 잠재적 가치가 향상하도록 만들어 주거든요.

신학교수 재난지역 주민들도 적극적인 도움이 필요한 일이 아닐까요?

정책박사 네, 그렇습니다. 재난지역 주민들은 신속히 구조하지 않으면 그들의 생존이 위협 받을 수 있기 때문에 정부와 이웃들의 도움이 필수적입니다.

사회자 박사님, 재난은 어떤 종류들이 있나요?

정책박사 재난은 크게 인재로 인한 재난 그리고 자연재해로 인한 재난으로 구분될 수 있습니다. 인재는 담뱃불로 인한 산불, 부실시공으로 인한 건물붕괴, 유전자 조작으로 인한 전염병 확산 등 다양하게 나타날 수 있습니다. 물론 자연재해도 지진, 태풍, 홍수 등 다양하게 존재합니다.

평론가 문제는 시대가 지날수록 점점 재난의 빈도수는 많아지고 그 규모도 점점 커지고 있는 것 같습니다.

정책박사 그렇습니다. 국내에서는 2019년 고성 산불, 2017년 포항 지진 등이 대표적이고 국제적으로는 2018년 인도네시아 쓰나미, 2010년 아이티 대지진, 2007년 쓰촨성 대지진 등 대규모 재난이 끊임없이 발생하고 있습니다.

평론가 저는 재난이 발생했을때 정부가 신속히 대응하지 못하고 피해를 키웠을 때는 정말 답답하고 안타까웠던 적이 너무 많았습니다.

변호사 아마 모든 사람이 마찬가지였을 것으로 생각합니다. 이제는 정부의 재난 대응능력이 그 정부의 역량을 가늠하는 중요한 기준이 되고 있습니다.

평론가 맞습니다. 그러나 아쉽게도 아직 기대하는 기준을 충족시키지 못하고 있는 사실입니다. 제가 알아본 것에 따르면, 지진 등의 재난 이후에 많은 이재민들이 수년간 임시 대피소에서 생활하는 경우도 많습니다. 추위 혹은 더위와 싸워야 하고 프라이버시는 보장이 안 되고 각종 위험에 노출되게 됩니다. 그렇다고 파손된 자신의 가옥과 지역재건은 재정의 문제로 계속 지연되어 발만 동동 구르게 되는 경우가 허다하죠.

신학교수 맞습니다. 인간으로서 누려야 하는 기본적인 권리를 수년간 포기해야 하는 것이죠.

사회자 적절한 정책이 없어서 그런 결과가 난 것이라고 보이네요. 박사님

그럼 구체적으로 재난이 발생했을 때를 위해 어떠한 정책이 필요한 것인가요?

정책박사 성경에서는 이를 위한 중요한 해답을 주고 있는데 지금부터 간단히 브리핑을 해드리도록 하겠습니다.

사회자 좋습니다. 부탁 드리겠습니다.

정책박사 브리핑

누가복음 10장은 전도에 대해 예수님이 방법론을 소개하는 내용이다. 그런데, 이 내용을 통해 우리는 재난팀을 어떻게 구성해야 하는지에 대한 노하우를 배울 수 있다.

첫 번째로, 민간 재난팀을 발족하여 상시화해야 한다. 즉, 개인적으로 재난구제를 돕는 것보다는 팀으로 참여하는 것이 훨씬 효율적으로 일할 수 있다는 의미이다.

10잘 1절에는 "그 후에 주께서 따로 칠십 인을 세우사…둘씩 앞서 보내시며"라고 되어 있다. 이는 전도를 혼자 하지 않고 팀으로 했다는 것을 알 수 있다. 예수님의 가르침에 따라 사도들도 그 노하우를 배우게 된다. 사도 바울도 바나바 및 동역자들과 함께 전도 여행을 하는 것이 대표적이다. 정리하면 전도는 팀과 함께하는 것이 효과적이라는 의미이다.

전도가 팀워크로 이루어졌듯이, 재난구제도 훈련된 구성원들의 팀워크가 필수적이다. 대표적인 사례가 일본 고베이다. 1995년 고베 대지진으로 사망자가 6,000명을 넘었고 이재민이 약 20만 명이 발생했다. 이때 건축사, 변호사, 회계사, 도시계획 전문가 50여 명이 팀을 이루어 도시복구 기획을 진행했다. 이들은 자신들의 전문성으로 장단기 계획을 세웠고 효과적으로 대응하여 좋은 선례가 되었다. 일본은 고베 지진 이후로, 이러한 민간 재난팀들이 활성화되고 있어 많은 인명을 구제하고 복구사업에도 함께하게 되었다.

두 번째로, 재난 구제는 현장과 본부가 원활히 소통이 되도록 시스템화 해야 한다. 예를 들면, 현장의 목소리가 재난복구를 지휘하는 정부단체에 전달되지 않으면 동상이몽의 현상이 나타날 수 있기 때문이다.

10장 1절 후반부에 "친히 가시려는 각 동네와 각 지역으로 둘씩 앞서 보내시며"라고 되어 있고, 같은 장 17절("칠십 인이 기뻐하며 돌아와 이르되…")에 본부에 보고하는 장면이 발견된다.

설명한 것은 예수님이 "친히 가시려는 동네와 지역"은 정부가 살펴보아야 하는 재난현장을 의미한다. 안타깝게도 재난현장의 목소리는 쉽게 정부에 전달되지 않는다. 이유는 재난현장의 목소리가 다양하여 일원화되지 않고, 전문성이 결여되어 효과적인 요구를 만들어 내지 못하며 바로 앞에 닥친 재난으로 인해 중장기적인 안목을 갖기 어렵기 때문이다.

실제로, 일본 고베 대지진 때 현장과 정부의 간격을 좁힌 것은 민간 전문가 팀이었다. 이들은 "선조치 후계획"을 모토로 신속히 대응했고 정부로 하여금 특별법을 공포해 전문가팀의 활동범위가 넓어지도록 만들었다. 이를 통해, 주택 복구뿐 아니라 도시 마스터플랜도 세워 지진으로 폐허가 된 고베가 관광도시로 변모할 수 있도록 중장기 계획도 세우게 된 것이다.

세 번째로, 매뉴얼을 통해 신속하고 안전하게 재난을 극복해야 한다. 10장 2~3절에 "이르시되 추수할 것은 많되 일꾼이 적으니…내가 너희를 보냄이 어린 양을 이리 가운데로 보냄과 같도다"라고 되어 있다. '추수'라는 단어는 일할 수 있는 시간이 정해져 있음을 의미한다. 즉, 추수 기간이 끝나고 나서의 노동은 아무 의미가 없다는 뜻이다. 재난이 일어난 곳에도 도움이 절실히 필요한 골든타임이 존재한다. 따라서 신속한 도움이 무엇보다 중요하다.

기억해야 할 것은 신속하더라도 중장기적인 매뉴얼 안에서 움직여야 한다는 것이다. 그렇지 않으면 효과성이 떨어지기 때문이다. 예를 들면, 2004년 인도네시아 반디아체가 쓰나미로 폐허가 되었다. 중국, 일본, 대만 등의 주변국들이 도움의 손길을 주었고 임시주택을 건축하여 현장에 공급했다. 그러나, 이재민들은 그 임시주택을 거부했다. 이유는 살던 지역에서 많이 떨어지기도 했고 고상주거를 기본으로 하는 현지 주택문화를 인지하지 못하고 임시주택을 지었기 때문이다.

예를 들면, 재난 초기단계에는 재난현장에서 가까운 곳에 임시거처를 마련해야 한다. 그러나, 현장에 그들을 수용할 만한 시설이 없을 수 있으니 미리 이동용 임시거처를 개발해야 한다. 공모전 등을 통해 다양한 유형의 이동용 임시거처를 창의적으로 준비해야 한다. 그리고,

다음 단계는 현장이 개발되는 동안 거주할 지역을 준비하고 적절한 재정지원이 되어야 한다. 이 기간은 2~3년 정도 걸리는 것이 보통이다. 따라서, 임시적으로 거주하더라도 이주민들이 사회생활과 문화생활 등을 영위할 수 있는 여건이 갖춰져 있어야 한다. 마지막으로, 재난현장을 중장기 계획안에서 개발하는 것이다. 사실, 이는 그 재난현장이 새롭게 탈바꿈할 수 있는 절호의 기회이다.

또한, 재난 지역은 위험한 곳이라는 것을 기억해야 한다. 마치 이리에게 보냄과 같이 많은 위험을 감수해야 한다. 재난 극복을 위해 투입되는 인력뿐만 아니라 재난을 당한 이들도 생사를 넘나들어야 한다. 따라서, 이들을 신속하고 효과적으로 구할 수 있는 매뉴얼이 사전에 준비되어야 할 것이다.

마지막으로, 후원시스템이 구축되어야 한다. 10장 4~7절에 따르면, "전대나 배낭이나 신발을 가지지 말며…그 집에 유하며 주는 것을 먹고 마시라 일꾼이 그 삯을 받는 것이 마땅하니라"라고 되어 있다.

이는 전문가팀이 투입될 때 자신들이 직접 돈을 쓰는 것이 아님을 알려준다. 오히려 재난을 당한 지역에서 그 전문가들에게 적절하게 지불해야 함을 알려준다. 재난구조는 상당한 전문성이 요구되고 중장기적으로 접근해야 할 필요가 있기 때문에, 경제적인 지원이 없이는 현실성이 떨어질 가능성이 높다. 따라서, 평상시에 각 지역은 재난을 위한 예산을 미리 확보해 놓아야 한다. 정부 예산이 부족하다면, 재난펀드 등을 통해 민간의 도움을 받아 미리 재정을 확보할 필요가 있을 것이다.

탐색: 핑크 텐트 캠페인

허리케인 카트리나는 2005년 8월 말에 미국 남동부를 강타했다. 카트리나는 초대형 허리케인으로 북대서양에서 발생한 허리케인 중에 6번째로 강력했다. 카트리나는 엄청난 상처를 남겼는데 특히 뉴올리언스 최대 피해지로 지역 대부분이 물난리를 겪었다. 이유는 지역 제방이 붕괴되었는데 뉴올리언스 지역 대부분이 해수면보다 지대가 낮았기 때문이다.

결국, 수많은 이들이 실종되고 수만 명이 집을 떠나 임시처소에서 거주하게 되었다. 전기, 물, 음식 모든 것이 부족한 상황에서 약탈과 강간 등 다양한 범죄가 기승을 부리게 되었다.

2007년 영화배우 브래드 피트는 이 지역을 찾게 되는데 2005년 재난 직후의 모습에서 크게 달라지지 않은 것을 보고 안타까운 마음을 가지게 된다. 결국 그는 '메이크 잇 라이트'캠페인을 출범시킨다. 목표는 150채의 친환경 주택을 지역에 공급하는 프로젝트였다. 중장기 프로젝트였던 것이었다.

그런데, 브래드 피트는 관련 기부를 받을 때마다 폐허 현장에 오브제로써 '핑크 텐트'를 설치했다. 중장기적인 프로젝트를 실시간으로 볼 수 있도록 구조화한 것이다. 이 전략은 주효했고 미국을 넘어 전세계가 주목하는 캠페인으로 남게 되었다.

'그러므로 너희는 가서 모든 족속으로 제자를 삼아 아버지와 아들과 성령의 이름으로 침(세)례를 주고 (마태복음 28:19).'

Topic 10

바이블 지수, 어떻게 높일까?

- 설교는 하나님의 말씀인가?
- 영화 《Belle》: 영국 노예제 폐지 판결
- 하브루타를 조직에 이식하라!

(탐색: 미국대법원의 위대한 3대 판결)

UOTIENT

Topic 10

바이블 지수, 어떻게 높일까?

설교는 하나님의 말씀인가?

사회자 드디어 최종 토론 시간이 되었네요. 오늘은 열 번째 시간으로 '바이블 지수, 어떻게 높일까?'입니다. 그동안 성경이 어떻게 법으로 해석되고 기업과 나라에 적용되는지를 살펴보았습니다. 이젠 종합적인 정리가 필요해 보이는 데요. 오늘은 박사님께 바로 질문 드리겠습니다. 박사님, 바이블 지수를 어떻게 높일 수 있을까요?

정책박사 사회자님도 그 동안 수고 많으셨습니다. 우리가 지금까지 했던 이야기를 정리하면 됩니다. 즉, 성경을 법으로 해석하고, 토론하며, 사회에 적용해야 합니다.

사회자 그럼, 성경을 법으로 해석하기 위한 훈련은 누가 받아야 하는 것이죠?

정책박사 당연히 모든 성도에 해당된다고 생각합니다. 그럼에도 특별히 기대하기는 목회자들이 이 훈련을 받기를 기대해 봅니다.

사회자 목회자들이요? 왜 그렇죠?

정책박사 목회자들은 하나님의 말씀을 전하는 이들입니다. 따라서 목회자의 설교는 권위가 있어야 합니다. 그런데 그 권위가 목회자의 영성, 도덕성, 전문성에 따라 좌우될 때가 많습니다.

사회자 그렇지 않나요? 그래서 목회자들도 영성, 도덕성, 전문성을 함양하기 위해 노력하는 것이고요.

정책박사 물론 목회자 각자가 열심히 노력해야 합니다. 그러나 설교는 하나님의 말씀이므로 목회자 개인의 영성, 도덕성, 전문성에 상관없이 그 자체로 항상 권위를 가져야 합니다.

사회자 어떻게 그럴 수 있죠?

정책박사 바로 설교가 법으로 해석되어야 가능합니다. 예를 들어보겠습니다. 법원에서 판사의 연소함과 그 판결의 권위와 연관이 될까요? 약간의 연관성은 있지만 그 권위 자체가 훼손되지는 않습니다. 법 자체에 권위가 있기 때문입니다.

사회자 정말 그러네요. 법원 판결은 판사의 개인 상황과 상관없이 권위가 있네요.

정책박사 맞습니다. 따라서 목회자들이 성경을 법으로 해석하는 능력을 함양하는 것이 중요합니다.

평론가 잠시만요. 말을 끊어서 죄송한데, 잠시 짚고 넘어가야 하는 것이 있습니다. 앞에서, 박사님께서 목사님의 설교가 하나님의 말씀이라고 하셨나요? 이건 수정이 필요한데요. 왜냐하면, 목회자의 설교와 하나님의 말씀은 구분되어야 하는 것 아닌가요?

사회자 구분되어야 하는 이유가 있나요?

평론가 당연합니다. 정확히 구분해야 한다고 생각합니다. 설교가 하나님의 말씀은 아니죠? 생각해 보세요. 성경말씀을 여과 없이 그대로 읽어 준다면 하나님의 말씀으로 이해할 수 있습니다. 그런데 그게 아니잖아요? 따라서 하나님의 말씀에 해당하는 권위가 설교에 있어야 한다고 주장하는 것은 논리가 떨어져요.

사회자 그럼 설교에 다른 것들이 개입되나요?

평론가 그렇습니다. 개신교의 예배는 천주교의 예배와 달리, 목회자의 설교가 예배에서 약 절반 정도의 시간을 할애하게 됩니다. 1시간 정도의 예배가 보통인데, 그중의 절반(약 30분) 혹은 그 이상이 설교가 차지하는 것입니다. 그것은 성경 외에 다른 것도 이야기하고 있다는 것을 증명합니다.

사회자 개신교의 설교 시간이 상당히 길군요. 교수님, 개신교 설교가 특별히 긴 이유라도 있나요?

신학교수 제가 설명 드리지요. 천주교의 예배가 성막/성전 제사를 기초로 다양한 예식(성찬식 등)이 중심이 된 예배가 기획되었다면, 개신교의 예배는 회당 예배를 기초로 설교 중심의 예배가 자연스럽게 구축되었기 때문입니다.

사회자 회당 예배요?

신학교수 회당 예배는 이스라엘 백성이 나라를 잃고 디아스포라로 흩어지면서 그들이 성막/성전 제사를 이행할 수 없어 좀 더 간소화된 회당 예배를 드리게 됩니다. 회당 예배에서는 이스라엘 백성이 왜 나라를 잃고 흩어지게 되었는가에 대한 성찰과 회개의 시간이 주를 이루었고, 절망에 빠진 이스라엘 백성들에게 위로와 희망의 메시지를 전하기 위해 자연스럽게 말씀을 전달하는 시간이 길어지게 된 것으로 보입니다. 그리고 이러한 형식이 개신교 예배의 기초가 된 것이고요.

사회자 예배에서 설교가 차지하는 비중은 이해가 되네요. 그런데 평론가님, 설교 시간이 긴 것이 문제가 되나요?

평론가 그렇습니다. 우선 목회자의 설교가 어떻게 구성되는지를 살펴보아야 할 것입니다. 제가 알기로는 개신교의 설교는 다양하게 구성됩니다. 물론 성경본문에 대한 해석이 주를 이룹니다. 그러나 회중의 이해도를 높이기 위해, 교회 혹은 사회의 이슈, 철학, 예화 등을 소개하기도 하고 흥미를 위해 유머나 영화, 방송 등의 내용을 포함시키기도 합니다. 문제는 다양한 기법(사회 이슈, 철학, 예화, 유머, 영화, 방송 등)이 설교에 활용되다 보니 목회자의 인간적인 철학 혹은 주관이 반영된다는 겁니다. 이것이 어떻게 하나님의 말씀입니까? 개인의 주장 혹은 의견이죠!

신학교수 무슨 말씀입니까? 하나님의 말씀에 대해 이해하지 못하기 때문에 그렇게 이야기하시는 겁니다. 기본적으로 활자로 된 성경말씀을 목회자가 회중들에게 전달할 때, 성령께서 감동시키셔서 하나님의 말씀이 되게 하는 것입니다.

평론가 완전하지 못한 인간이 말하는 것이 하나님의 말씀이 된다고요?

신학교수 그렇습니다. 그것이 하나님의 방법입니다.

사회자 잠시만요, 평론가님 '설교가 하나님의 말씀'이라고 주장할 때 사회적으로는 어떤 악영향이 있나요?

평론가 목회자의 설교가 하나님의 말씀이라는 주장은 교인들이 목회자에게 이의를 제기하지 못하게 하고 교인들이 목회자들에게 종속하는 결과를 낳게 됩니다. 이러다 보니 경우에 따라서는 목회자들이 설교를 자신 혹은 교회의 목적을 이루기 위한 수단으로 사용하는 듯한 느낌을 받을 때도 있기 때문입니다.

사회자 아무래도 이 부분도 법적 도움이 필요하네요. 변호사님은 어떻게 생각하나요? 법적으로는 어떻게 이해할 수 있을까요?

변호사 법적으로 볼 때 목회자의 설교가 법원의 판결과 같다고 생각해요. 영미법 국가에서는 법원의 판결이 판례법으로 인정되듯, 목회자의 설교도 하나님의 말씀으로 인정될 수 있다고 생각합니다.

평론가 변호사님, 이건 억지 아닌가요? 구체적인 근거가 있는 건가요?

변호사 근거가 있습니다. 제가 이 부분을 설명하기 위해 간단하게 브리핑해보도록 하겠습니다.

사회자 그것이 좋겠습니다. 부탁하겠습니다.

변호사 브리핑

전 세계 법은 영미법과 대륙법으로 구분된다. 영미법은 영국과 미국의 법이 대표적이고, 대륙법은 프랑스와 독일과 같은 유럽대륙의 법을 의미한다. 20세기부터는 미국이 초강대국이 되면서 미국이 속해있는 영미법이 국제법처럼 대우를 받아온 것이 사실이다.

성문법주의의 대륙법에 반해 영미법은 판례법을 기초로 한다. 영미법이 판례를 기초로 하게 된 배경에는 영국의 역사와 관련이 깊다. 영국은 초기에 관습법을 존중했고, 미리 규칙(법조항)을 만들어 구체적 사건에 적용하는 것보다는 법원의 판결이 법이라고 생각했다. 즉, 법원의 판례를 사건에 대해 판결하기 위한 기초 자료로 삼은 것이다. 이러한 판례가 집적되어 구축된 법을 보통법(Common Law)라고 부른다.

현재의 영국과 미국에서도 법조항이 있지만, 판례도 역시 동일한 법률로 인식된다. 따라서 입법부에서 법조항을 만들고 법관들이 판결을 통해 판례법을 만들고 있는 것이다.

이러한 전통으로 인해, 영미권에서는 사법권의 영향력이 상당히 높고 법관들의 지위가 상당히 높은 편이다. 특히, 미국에서는 법관들에 대한 존경심도 상당히 높은 편이어서 법관들의 판결을 소재로 하는 TV프로그램들이 성행하는 기반이 되었다. 주로 은퇴한 법관들이 중재재판 형식의 법정에서 판결하는 내용이다. 이런 법관들은 때로는 당사자들을 혼내기도 하고, 달래기도 하며, 예상하지 못한 창의적인 판결을 함에도 참석자 모두는 그 법관들에게 순종하는 모습을 보인다. 이는 모두 그들의 위엄을 존중하고 정의로운 판결에 대한 신뢰가 있기 때문이다. TV에 출연하는 은퇴 법관들은 때로는 수백억의 수익을 올리는 유명인이 되기도 한다.

특히, 미국인들은 주요 업적이 있는 판사, 대법관, 대법원장의 이름을 기억하고 기념하고 있다. 역대 대통령의 이름만 겨우 알고 있는 한국과는 확연히 다른 분위기다. 미국인들은 그들의 판결 내용을 명확히 이해하고 있으며 그 판결이 사회에서 실천되어야 한다고 믿고 있는 것이다.

높아진 그들의 위상만큼 그들의 말은 참으로 중요해졌다. 즉, 그들의 판결은 사회를 선도하는 역할을 하고 기준을 세우는 기능을 하는 것이다. 실제로, 미국의 큰 변화가 있을 때마다 그에 상응하는 법원의 판결이 있었다. 즉, 그 판결이 시대를 이끌었다고 보아야 할 것이다.

최근에는 대륙법계에서도 판례법의 중요성은 날로 커지고 있는 상황이며 사회의 새로운 변화를 주도하게 되었다.

그렇다면, 법조문과 판례가 모두 국가의 법으로 인식되듯이 성경과 설교가 모두 하나님의 법으로 인정될 수 있는가? 이유는 판례와 설교가 만들어지는 과정이 거의 동일하기 때문이다.

우선 Text(법조문, 성경구절)를 읽고, 그에 대한 분석을 한다. 분석 과정에서 Text의 목적, 구성, 전후 비교, 용어 분석 등을 하게 된다. Text 분석이 끝나게 되면, 관련 Case(관련 판례, 설교, 예화) 및 주변 환경(문화, 역사, 관습, 사회 변화 등)을 조사하게 된다. 그리고 리서치 된 부분 중에서 적절한 내용을 사건(혹은 설교)에 적용시킨다. 마지막으로 내용을 정리해서 회중에게 전달하게 된다. 이를 정리하면 다음의 표와 같다.

판결과 설교의 준비과정

	판사의 판결	목회자 설교
1단계 Text 분석	법조문 분석 - 법조문 목적 파악 - 법조문 구성 파악 - 법조문 전,후 비교 - 법조문 용어 분석 - 기타 관련 분석	성경구절 분석 - 성경구절 목적 파악 - 성경구절 구성 파악 - 성경구절 전,후 비교 - 성경구절 원어 분석 - 기타 관련 분석
2단계 Case 리서치	관련 판례 리서치	관련 설교/예화 리서치
3단계 환경 리서치	관련 리서치(문화, 역사, 관습, 사회변화 등)	관련 리서치(문화, 역사, 관습, 사회변화 등)
4단계 리서치 적용	분석된 법조문과 리서치 내용을 사건에 적용	분석된 성경구절과 리서치 내용을 설교에 적용
5단계 내용정리 및 회중선포	정리된 판결문을 법정 회중에게 선포	정리된 설교문을 예배 회중에게 선포

이렇게 비슷한 준비과정을 가지고 있는 이유는 동일한 전통을 가지고 있기 때문이다. 첫 번째 Chapter에서 살펴보았듯이 동일한 교육시스템에서 출발했고 목회자도 역시 재판관의 역할을 해왔기 때문이다. 예를 들면, 영국에는 equity law(형평법)이라는 것이 있는데, 보통법이 사회의 발달에 효과적으로 적응하지 못하여 형평법원(equity court)에서 형평, 평등, 정의의 원리에 입각하여 보충하는 재판을 했다. 초기에는 성직자가 형평법을 다루게 되고, 점차 법률가가 그 역할을 대신하게 된다. 즉, 성직자가 그 기초를 만드는 역할을 했다는 의미이다.

위의 내용을 정리하면, 판례가 다양한 내용(관련 판례, 문화, 사회현상) 등을 검토하여 적용했음에도 법으로 인정되듯이 설교가 다양한 내용

(관련 예화, 문화. 사회현상)등을 포함하더라도 '하나님의 말씀'으로 인정될 수 있다.

사회자 변호사님 브리핑을 잘 들었습니다. 그럼, 평론가님의 질문에 대해 결론적인 답변을 주실 수 있을까요?

변호사 평론가님 의견에 따르면, 목회자의 인간적인 철학 혹은 주관 등이 반영될 수 있다는 이유로 설교는 하나님의 법(말씀)이 될 수 없다고 주장했습니다. 그러나 법관의 판결도 법조문을 해석하는 과정에서 자신의 철학 혹은 주관이 반영됩니다. 뿐만 아니라 그 당시의 여론, 지역의 문화 혹은 관습, 역사 등도 반영됩니다. 따라서 판사의 판결이 법으로 인정되듯이 목회자의 설교가 하나님의 말씀으로 인정되어야 합니다.

사회자 그럼 성경이 법전의 역할을 한다면 목회자의 설교는 판사의 판결 역할을 한다는 의미이네요.

변호사 정확합니다. 그래서, 목회자들이 자신들이 영적 법관인 것을 인지하고 성경을 법으로 해석하는 능력을 함양해야 합니다.

평론가 그럼, 목회자의 설교가 하나님의 말씀이라면 그 오류나 개인적인 의견에 대해 도전할 수 없다는 것인가요?

변호사 그렇지 않습니다. 생각해 보십시오. 법원 판례에도 오류가 있고 개인적인 차이가 있습니다. 예를 들면, 대법관이 9명이라도 서로의 의견에 차이가 있지 않습니까? 또한, 시대에 따라 그 해석과 적용도 달라지기도 하고요. 중요한 것은 시대에 따른 차별적 해석이 새시대를 선도

한다는 것입니다.

사회자 변호사님 그러한 예가 있나요?

변호사 설명을 쉽게 하기 위해 제가 오늘 특별히 영화를 한편 추천해 드려도 될까요?

사회자 변호사님이 영화를 추천하시면 더 의미 있겠는데요. 어떤 영화인가요?

변호사 《Belle》이라는 영화입니다. 판사의 새로운 판결이 시대를 어떻게 여는가에 대한 내용입니다. 말씀 드렸듯이, 목회자의 설교는 시대의 기준이 되고 사회를 새 시대로 이끌어 나갑니다. 비슷하게 판사의 판결도 시대의 기준이 되고 사회를 새시대로 이끕니다. 이 영화가 그런 영화입니다. 영국 노예제 폐지에 결정적인 영향력을 행사한 판결에 관한 내용이거든요. 판사의 판결로 노예시대가 끝나고 평등의 시대를 알린 거에요.

사회자 실화인가요?

변호사 그렇습니다. 이 영화에서 한 상선이 보험금을 타기 위해 노예들을 일부러 바다에 빠트려 수장시킨 사건을 맨스필드라는 판사가 담당하게 됩니다.

사회자 당시의 사회적 분위기로는 노예의 인권을 대변하기가 어려웠겠군요?

변호사 그렇습니다. 판사 맨스필드는 노예선 관련 판결을 앞두고 고뇌하게 됩니다. 현재의 관습과 자신의 철학(주관)이 충돌했기 때문입니다. 또한, 새롭게 일고 있는 민심의 변화도 그를 자극하고 있었기에 고뇌했던 것입니다.

사회자 결국 판사는 시대를 앞서는 판결을 했나요?

변호사 네, 결국에는요. 그의 주관이 반영된 판례는 영국의 법이 되었고, 노예 해방이라는 큰 사회적인 물줄기를 만들게 되었습니다. 판례와 설교의 공통점은 사회의 기준을 제시하고, 사회가 그 기준으로 재정립되도록 역할을 한다는 것입니다. 중요한 것은 사회적으로 사법권에 대한 신뢰가 없으면 누가 그 법을 따르려고 할 것인가 입니다. 동일한 맥락으로 교회적으로 목회자에 대한 신뢰가 없으면 누가 그 설교의 내용을 따르려고 할 것인가 반문하고 싶습니다.

사회자 그럼, 이 시점에서 변호사님이 소개해 주신 영화를 살펴보도록 하겠습니다. 변호사님께서 직접 소개해 주시죠?

변호사 그렇게 하겠습니다.

영화 《Belle》: 영국 노예제 폐지 판결

이 영화는 영국을 배경으로 한 법정 영화이다. 이 영화는 켄우드에 전시되었다가 스코틀란드 소콘 성에 걸려 있는 1779년 그림에서 영감을 받아 제작된 영화이다. 이 그림에는 혼혈아 Dido Elizabeth Belle(1761-1804)와 그 사촌 Lady Elizabeth Murray(1760-1825)가 등장한다.

이 영화는 인종차별의 부당함을 알리기 위해 영국의 노예제 폐지의 중요한 법원판결을 기초로 제작되었다. 즉, 실화를 바탕으로 제작된 것이다. 당시 영국은 백인 우월주의가 팽배한 사회였고 그 사회에서 한 판사가 정의에 입각한 판결을 한다는 것이 얼마나 많은 용기가 필요했는지를 보여주고 있다. 그 스토리는 다음과 같다.

영화『Belle』의 한 장면.
사진출처 The New York Times, 2014-04-25.

주인공 벨 린지는 백인 아버지와 흑인 어머니 사이에서 태어난 혼혈아다. 아버지가 아프리카로 여행을 하며 딸 벨 린지를 숙부에게 맡긴다. 숙부 맨스필드 경은 영국 최고의 법관으로서 아내의 재력과 자신의 노력으로 영국 최상위 기득권에 속하게 된 인물이었다. 숙부 집에는 또 다른 사촌이 맡겨졌는데 그녀의 이름은 엘리자베스였다. 엘리자베스의 아버지가 다른 여자를 만나 집을 나가면서 그녀도 숙부에게 맡겼다

숙부는 무척 정의로운 사람이었고, 두 명의 질녀들이 영국식 귀족 가정교육을 받도록 했다. 그러나 숙부는 집에 손님이 올 경우에는 벨을 식사에 동참시키지 않았다. 가정 안에서는 벨이 질녀임을 인정하면서도 혼혈아 벨에 대해서 차별을 둔 것이다.

어느 날, 숙부 맨스필드는 영국 사회가 주목하는 중요한 판결을 앞두게 되었다. 노예 상인들이 배에 노예들을 태우고 오다가 식수가 부족하다는 이유로 노예들을 바다에 수장시키고 보험금을 요구한

사건이다. 이에 대해 보험회사는 노예 상인들의 요구는 부당하다며 보험금을 지급할 수 없다고 주장했다.

한편, 다비니에라는 청년은 목사의 아들로서 맨스필드에게 법을 배우기 위해 자주 맨스필드 집에 방문하게 된다. 그러면서 다비니에는 벨과 종종 이야기를 나누게 된다. 다비니에는 사회의 정의를 꿈꾸는 인물로서 벨에게 노예선 사건이 부당함을 느끼고 그의 관점을 벨에게 이야기해 준다.

다비니에는 또한 자신의 멘토인 맨스필드에게도 정의롭게 판결해 주기를 요청한다. 맨스필드는 사실 노예선이 8개의 항구를 일부러 지나쳐 식수가 부족하도록 의도했다는 것을 감지하고 있었다. 즉, 보험금을 노린 사건이라고 짐작한 것이다. 그러나 만약 맨스필드가 보험사에 유리하게 판결한다면 자신의 질녀(혼혈아 벨)를 위해 그러한 판결을 했다고 영국사회가 비난할 것을 두려워하고 있었다.

맨스필드는 수많은 고뇌의 시간을 보내고 결국 정의와 대의를 위해 판결하기로 결심한다. 그는 노예선이 고의적으로 항구들을 지나쳐 식수가 부족하게 하고 보험금을 노리고 노예들을 살해했다고 했다. 즉, 보험을 받기 위해 생명을 바다에 내던지는 것은 불법이므로 보험회사의 승소를 최종 판결했다.

이 판결은 결국 영국사회의 큰 변화를 일으켰고 영국의 노예제 폐지의 초석이 된다. 다비니에는 맨스필드의 도움으로 법학원에 등록하게 되고 벨과 결혼하게 된다.

하브루타를 조직에 이식하라!

사회자 목회자가 성경을 법으로 성경을 해석하는 능력을 함양해야 하는 이유는 알겠습니다. 그런데 일반 성도들은 어떻게 해야 하죠?

정책박사 자신의 가정 혹은 일터에서 하브루타를 위한 소그룹을 결성해야 합니다.

사회자 하브루타 소그룹이요? 성경을 법으로 해석하고 적용하기 위해 토론하는 그룹을 의미하시나요?

정책박사 그렇습니다. 회사원이라면 자신의 회사에서 모임을 결성하고 공무원이라면 자신의 부처에서 모임을 결성하면 될 것입니다. 물론 하브루타 그룹이 공식적일 필요는 없습니다.

사회자 잠시만요? 신우회와는 다른 성격인가요?

정책박사 신우회의 모임 내용을 바꾸면 신우회도 그 역할을 할 수 있습니다.

사회자 예를 들면요?

정책박사 우선 신우회 주제를 변경해야 할 것입니다. 예를 들면, 많은 신우회가 그 정체성에 혼란을 느낍니다. 왜냐하면, 교회에서 하는 주제를 가지고 신우회에서 성경공부를 또 하거든요. 그럼, 신우회원들은 고민하게 됩니다. 왜 교회에서 한 것을 회사에 와서 또 반복해야 하는지를요.

사회자 그럼 어떻게 변화하면 되나요?

정책박사 앞에서 목회자와 같은 역할을 해야 합니다. 즉, 사회로 파견된 법관의 역할을 감당해야 합니다. 예를 들면, 성경을 법으로 토론하고 기업과 정부에 필요한 새로운 정책을 개발하여 새로운 시대를 열어주어야 한다는 의미입니다.

사회자 정말, 기독교인들이 그런 일들을 할 수 있을까요?

정책박사 할 수 있는 것이 아니라 해야 한다고 생각합니다.

사회자 박사님이 열정에 가득해서 이야기해 주시니 제 마음도 뜨거워지는데요. 이제 어느 덧 우리 프로그램 전체를 마무리해야 할 시간이 다 가오는 것 같습니다. 그럼, 오늘 토론을 마무리하면서 정책탐색을 해야 하는데 어떤 내용으로 대미를 장식해 주실 것인가요?

정책박사 저는 모든 성도가 법관으로서, 자신의 일터에서 새로운 시대를 선도해 주기를 원하는 마음으로 미국대법원의 판결과 인종차별 철폐에 대해 소개해 드리고 싶습니다. 미국은 법원을 통해 흑인이 평등을 누리게 됩니다. 맨스필드의 판결이 영국 노예해방에 기여했듯이, 미국에서도 흑인들의 권익을 성장시키는데 법원의 판단이 중요한 영향을 미쳤습니다. 즉, 법원의 판결은 미국 인종차별 철폐를 위한 역사와 함께 했습니다. 관련하여 대표적인 3개의 재판에 대해 브리핑해 드리겠습니다.

사회자 그렇지 않아도 궁금했던 내용인데 잘 되었네요. 영국의 사례와 함께 미국의 사례도 궁금했거든요. 부탁 드리겠습니다.

탐색 : 미국 대법원의 위대한 3대 판결

1. 역사적인 첫 번째 재판은 1875년에 있었던 드레드 스코트 사건

(Dred Scott vs. Sandford)이었다. 흑인 드레드 스코트의 주인은 미국 군인이었다. 그 군인은 새로운 부임지로 옮겨갈 때마다 자신의 종이었던 흑인 스코트를 데리고 다녔는데 위스콘신에도 머물게 되었다. 그 군인이 사망하고, 얼마 후에 스코트는 용기를 내어 그 군인의 부인을 상대로 소송을 했다.

스코트는 자신은 노예제가 불법인 위스콘신에도 오랫동안 머물렀으므로 자신은 자유인이 되었다고 주장했다. 그러나 미국 연방 대법원은 미국에 온 흑인과 그 후손은 미국 시민이 될 수 없기 때문에 미국 연방법원에 소를 제기할 권리가 없으며 미국 연방정부가 개인의 사유재산(노예 포함)에 침해할 권리가 없다고 판시했다.

이러한 판결은 역으로 노예 폐지론자들을 결집하는 계기가 되고 아브라함 링컨에게 대거 투표하게 되어 남북전쟁에 간접적인 영향을 미치게 된다. 남북전쟁 후에는 그들의 노력이 미국 수정헌법 제13조, 14조, 15조로 대체되게 된다.

수정헌법 13조: 노예제도 폐지
수정헌법 14조: 공민권(흑인의 시민권)
수정헌법 15조: 흑인의 투표권

2. 두 번째 판결은 1896년에 있었던 플래시 재판(Plessy vs. Ferguson)이다. 남북전쟁이 끝나고 노예제도는 폐지되었다. 그러나 남부 주정부들은 흑인들이 백인들의 공공시설과 편의시설을 분리하도록 한 법안

들을 통과시켰다. 공공시설은 대부분 도서관, 극장, 전차, 식당, 공원, 학교 등을 포함했다. 심지어 화장실도 분리되었다.

플래시 재판을 제기한 호머 플래시는 8분의 7의 백인혈통이다. 그는 백인 전용 객실에 탑승했으나 혼혈이라는 이유로 차장에 의해 흑인 전용 객실로 쫓겨나게 된다. 이에 플래시는 루이지애나 주법원에 관련한 소를 제기했으나 패소하게 된다.

그러나 플래시는 여기서 멈추지 않고 연방법원에 주 법관 존 하워드 퍼거슨을 고소한다. 연방대법원은 이 건을 검토하고 인종분리정책에 대해 '분리하되 평등하다 (separate but equal)'라는 판결을 내리며 편의시설을 분리하는 것은 정당하다고 판결한다. 노예 해방은 되었으나 아직 인종차별이 정당화되던 시기의 판결이다.

3. 플래시 재판은 1954년에 뒤집힌다. 즉, 역사의 한 발자국을 걸어가는데 58년이라는 세월이 필요했던 것이었다. 전환점을 마련해 준 것이 브라운 재판(Brown vs. Board of Education)이었다.

1951년 흑인소녀 린다는 캔자스 주 토피카에 거주하던 초등학교 3학년 학생이었다. 린다는 바로 옆에 섬너 초등학교가 있었지만 흑인이란 이유로 1마일이 떨어진 흑인학교를 다녀야 했다. 당시에는 남부의 17개 주에서 백인과 유색인종의 공립학교를 분리하여 운영하고 있었다. 이에 린다의 아버지(올리브 브라운)는 딸을 위해 섬너 초등학교로 전학을 신청하지만 흑인이란 이유로 거절당한다. 결국 린다의 아버지는 이에 대한 법정소송을 시작하게 된다.

결국 이 재판은 연방 대법원까지 올라가게 되고, 대법원이 '공립학교의 인종차별은 위헌'이라는 판결을 내리게 된다. 동일 수준의 시설과 교육을 제공하더라도 인종을 분리시키는 것 자체가 인종차별이라는 결론을 내린다. 즉, 플래시 재판을 뒤집는 역사적인 판결이 된 것이다.

물론, 이 재판으로 미국 내 인종차별이 종식된 것은 아니다. 다만, 인종차별을 개선하는 신호탄을 올리는 효과를 거두게 된 것이다.

포춘지 100대 기업의 40%, 노벨상의 1/4을 차지한 유대인.

그들의 노하우는 하브루타!

그러나, 단순히 둘이 짝을 이루어 토론을 한다고

하브루타 하는 것이 아니다.

하브루타는 성경(토라)을 토론할 때 활용되는 기법이다.

즉, 유대인들이 이룬 업적은

성경을 토론하고 현실에 적용한 결과이다.